JN416078

초등수학교과교육론

저자소개

고은성
전주교육대학교 수학교육과 교수
서울대학교대학원 수학교육과 교육학박사

김상미
춘천교육대학교 수학교육과 교수
한국교원대학교대학원 수학교육과 교육학박사

김성준
부산교육대학교 수학교육과 교수
서울대학교대학원 수학교육과 교육학박사

김수환
청주교육대학교 수학교육과 교수
한국교원대학교대학원 수학교육과 교육학박사

유현주
전주교육대학교 수학교육과 교수
서울대학교대학원 수학교육과 교육학박사

이동환
부산교육대학교 수학교육과 교수
서울대학교대학원 수학교육과 교육학박사

이종영
전주교육대학교 수학교육과 교수
서울대학교대학원 수학교육과 교육학박사

조영미
공주교육대학교 수학교육과 교수
서울대학교대학원 수학교육과 교육학박사

초등수학교과교육론

초판 발행 2017년 8월 14일
초판 3쇄 발행 2021년 8월 31일

지은이 고은성, 김상미, 김성준, 김수환, 유현주, 이동환, 이종영, 조영미
펴낸이 최국주
펴낸곳 동명사
출판등록 1950년 11월 1일(제1-76호)
주소 (우 10881) 경기도 파주시 회동길 50(문발동)
전화 031-955-7200(대표)~2, 7203(편집부), 7204(물류)
팩스 031-955-7205
전자우편 webmaster@dmsbook.com
홈페이지 www.dmsbook.com

ISBN 978-89-411-8178-1 93370
값 18,000원

이 책의 내용 일부 또는 전부를 재사용하려면 저작권자와 도서출판 동명사의 동의가 반드시 필요합니다. 잘못 만들어진 책은 구입하신 서점에서 교환해 드립니다.

불법복사는 지적재산을 훔치는 범죄행위입니다.

저작권법 제136조 제1항에 따라 위반자는 5년 이하의 징역 또는 5천만 원 이하의 벌금에 처하거나 이를 병과할 수 있습니다.

CONTENTS

CONTENTS

제1장 | 수학의 특성과 수학교육의 목적

ACTIVITY Q 토의문제 1

- 어린 왕자가 어느 둥근 별에 도착하였습니다. 어린 왕자가 이 별을 가장 크게 한 바퀴 돌 때 머리가 움직인 거리와 발이 움직인 거리의 차를 구하여 보세요.
- 여러분이 알고 있는 지식 중에 1000년 전에도 참이었고 지금도 참이라고 생각하는 것을 말해 봅시다.
- 수학하면 가장 먼저 떠오르는 생각을 이야기해 봅시다.

수학을 왜 가르치고 배우는가? 초등학교에 입학하면서부터 수학 성적은 학생과 학부모의 초미의 관심사가 되고, 수많은 학원과 학습지 등 사교육 시장에서 수학 교과가 차지하는 부분이 막대하다. 오늘날 우리가 모든 학생에게 그토록 열심히 수학을 가르치려고 애쓰는 이유는 무엇인가? 21세기는 수학 중심의 과학기술이 지배하는 정보산업 사회이면서, 무한 경쟁이 지배하는 세계화 시대라고 한다. 아마도 이것이 각 나라가 수학교육 개혁을 통해 국민의 수학적 소양을 제고하려고 끊임없이 노력하는 이유 중의 하나일 것이다. 수학이 과학기술 개발에 절대적으로 요구되는 것은 사실이지만, 그렇다고 해서 국민 모두가 과학기술자가 되어야 하는 것은 아니며, 될 수도 없다. 또한 우리가 가르치는 초등학교 수학만을 생각하더라도 학교 수학의 대부분 내용이 일반 국민 모두가 현대 생활을 영위하는데 반드시 필요한 것이라고 주장하기 어렵다. 그럼에도 불구하고 우리는 왜 수학을 학습하고 가르치는가?

여기서는 예를 통해 수학이 무엇인지와 수학의 특성을 다루고 마지막으로 수학교육의 목적을 살펴본다.

1 수학이란 무엇인가?

수학이 무엇인가에 대하여 살펴보기 전에 토의문제 1에서 어린 왕자 문제를 먼저 살펴보자.

이 문제를 보자마자 다음과 같은 질문을 하는 것은 당연하다.

- 어린 왕자의 키는 얼마인가?
- 이 별의 반지름은 얼마인가?

이러한 질문을 하는 사람들은 수학을 계산과 동일시하는 이들일 가능성이 높다. 수학자들은 이 문제를 보고 곧바로 어린 왕자의 키를 h, 머리가 움직인 거리와 발이 움직인 거리의 차이를 d, 이 별의 반지름을 R이라고 하고, $d = 2\pi(R+h)-2\pi R = 2\pi h$라고 생각할 것이다. 그리고 이 식을 보고 머리가 움직인 거리와 발이 움직인 거리는 어린 왕자가 도착한 별의 크기와는 무관하다는 것을 발견할 것이다. 가령 어린 왕자가 태양과 같은 큰 별에 도착하거나 우리가 살고 있는 크기의 별이거나, 탁구공만한 별에 도착했더라도 그 차이는 변함이 없다. 즉 이러한 관계는 구 모양의 모든 별에 적용되는 일종의 패턴이다. 뉴톤이 발견한 만유인력의 법칙은 이 세상에 존재하는 두 물체의 질량이 각각 M, N이고 두 물체 사이의 거리가 R일 때, 두 물체 사이에는 다음과 같은 크기의 인력이 작용한다는 법칙이다.

$$F = G\frac{MN}{R^2}$$

사실인지 아닌지 분명하지는 않지만, 뉴톤이 만유인력의 법칙을 사과나무에서 떨어지는 사과를 보고 발견하였다고 한다. 그런데 수학이 없었다면 뉴톤이 발견한 것은 사과와 지구 사이에 존재하는 인력중력의 발견에 멈추었을 것이고, 만유법칙universal law이 되지 못했을 것이다. 바로 앞에서 생각한 법칙 $d = 2\pi h$도 어린 왕자가 도착한 어느 별에나 해당하는 법칙으로 만유법칙이라고 할 수 있다. 이러한 법칙은 시대나 공간을 초월하여 적용되는 법칙이다. 수학에서 다루는 내용은 특정 시기나 특정한 장소에서만 성립되는 것이 아닌 보편적인 법칙들이다. 따라서 20년 전이나 10년 전이나 초등학교에서 지도하는 내용에는 큰 변함이 없고, 2000년 전에 삼각형의 내각의 합이 180도라는 명제를 참이라고 생각했고, 지금도 그렇게 생각하며 앞으로 1000년 후에도 참이라고 생각할 것이다.

위에 주어진 문제가 수학문제라고 생각하였을 때에는 다음과 같은 질문은 당연히 하지 않는다.

- 과연 그 별을 걸어서 한 바퀴를 돌 수 있는가?
- 이 둥근 별이 과연 완전한 구인가?

수학에서는 실세계와 관련된 문제를 다룰 때 문제의 세세한 부분은 도외시하고 본질적인 부분만을 고려하여 문제를 해결한다. 위 문제를 해결할 때 어린 왕자가 도착한 별을 구로 생각하였는데, 실제로 별들이 완벽한 구는 아니다. 별에는 산과 강도 있으며, 자전에 의해 완벽한 구를 유지할 수도 없다. 또한 별을 한 바퀴 도는 것도 불가능할 수 있다. 그러나 수학에서 이러한 문제를 다룰 때에는 별을 완전한 구로 생각한다. 실제로 완전한 구란 이 세상에 존재하지 않으며 오직 인간의 머릿속에만 존재하는 대상일 수 있다. 실제로 수학에서 다루는 직선에 해당하는 실세계 대상은 어디에도 없다. 빛이 이동하는 경로를 직선이라고 볼 수 있지만 빛도 별의 인력에 의해 휜다.

이제 수학이 무엇인가에 대한 논의를 시작하여 보자. 수학이 무엇인가에 대한 논의는 너무 풍부하지만, 수학과 관련된 교양서적에 공통적으로 나오는 것이 '수학은 패턴의 과학'이라는 말이다. 여기서 패턴이라는 말은 욕실 바닥의 타일이나 벽지에 나타나는 패턴과 같은 시각적 패턴만을 의미하지는 않는다. 따라서 패턴의 과학이라는 말을 약간 길게 표현하면 수학은 질서, 패턴, 구조 그리고 논리적 관계에 대한 과학이라고 할 수 있다. 수학에서 다루는 패턴과 관계들은 자연의 모든 곳에서 나타난다. 꽃들의 대칭적인 패턴, 매듭에서 볼 수 있는 종종 복잡한 패턴들, 모집단의 투표패턴, 주사위를 던질 때 나타나는 패턴, 우리가 음악으로 인식하는 소리의 패턴들 등 무수히 많다. 수학이 이러한 추상적인 패턴을 다루기 때문에 종종 수학은 얼핏 보기에 전혀 다른 것처럼 보이는 두 현상 사이의 유사성을 볼 수 있게 해준다. 따라서 수학이 없다면 볼 수 없었을 것들을 보게 해주는 개념적인 안경이 수학이라고 생각할 수 있다. 마치 의사들이 사용하는 X레이 기계나 병사들이 사용하는 야간 투시경처럼 말이다. 즉 수학은 보이지 않는 것을 볼 수 있게 해주는 학문이다. 수학이 없다면 비행기가 어떻게 공중에 떠 있는지 이해할 수 없다. 비행기를 하늘에 떠 있게 해주는 힘이 무엇인지를 보기 위해서는 수학이 필요한데 18세 초반의 수학자 베르누이가 발견한 방정식이 필요하다. 우리가 우주선을 우주로 내보내서 지구의 사진을 보내와 지구가 둥글다는 사실을 눈으로 보기 2000년 전에 그리스 수학자 에라토스테네스는 지구가 둥글다는 사실을 입증하였으며, 인류가 세계 일주하기 전에 지구의 반지름을 놀랄 만큼 정확하게 계산하였다.

물리학자들은 수학을 이용해서 먼 과거를 들여다보며, 우주의 궁극적인 운명을 알기 위해 노력한다. 즉 인류가 존재하지도 않았던 순간들을 볼 수 있게 해주는 것이다. 수학이 없다면 이런 일이 가능할까?

2 수학의 특성

ACTIVITY Q 토의문제 2

• 수학이 초등학교에서 지도하는 다른 교과와 구별되는 점을 이야기하여 봅시다.

(1) 실용성

수학은 인간 생활의 필요에 의하여 생겨났고 발전되어 왔기에 인류의 역사와 더불어 시작되었다고 할 만큼 오래된 학문이다. 가장 빈번하게 수학이 사용되는 고전적인 분야인 자연과학과 공학 분야뿐만 아니라 오늘날에는 경제, 사회과학, 언어학 등에서도 수학이 필요할 정도로 수학이 적용되는 분야가 넓어지고 있다. 과학자들은 저울 없이도 지구의 질량을 구한다. 달에 가보지 않고서도 달에서의 중력을 계산한다. 이러한 것들이 수학이 없다면 가능할까?

수학은 그 자체의 내적 척도에 의해 추상적으로 전개되지만, 한편으로는 수학적 사고를 통해 얻어진 추상적인 결과물이 실제 현상을 설명하는 모델로 사용된다. 소수素數, 약수, 배수 등을 다루는 정수론과 그 정수론의 발전에 이바지했던 페르마, 가우스, 파스칼 등의 수학자들이 자신들의 이론이 300년 후에 통신과 암호에 중요하게 사용되리라 생각하였을까? 오늘날 수학이 이론 수학으로 발전하고, 응용과는 무관하게 순수하게 수학적으로 전개되고 있을지라도, 수학이 다른 학문과 실생활에 모델로 작용하고 있으며, 또 장차 작용할 개연성이 대단히 높다는 것은 부인할 수 없는 사실이다. 아울러 수학적 수단 없이는 진보가 불가능한 분야가 점점 더 많아질 것이다.

(2) 추상성

수학의 본질은 그 추상성에 있으며 수학의 학습은 추상화하는 활동이 중심이 된다. 추상화란 어떤 구체물의 집합에서 이질적인 속성을 제거하고, 동질적인 속성만을 추출하여 개념화하는 것을 말한다. 예를 들어, 우리 주변의 공 모양의 물건들을 모아 놓고 그 크기나 색, 두께 등 비 본질적인 것들은 제거하고, 그 모양이 둥글다는 본질적인 것에 착안하여 구球각 개념을 추상화하는 것이다. 수학에서 다루는 모든 대상은 추상화된 대상으로서 실제 세계에 준재하지 않고 우리 마음속에 추상화된 아이디어로 존재한다. 수학에서 다루는 직선이 실세계에 존재하는지 생각하여 보아라. 종이 위에 연필로 그은 직선을 확대하면 운동장처럼 크게 보인다. 빛의 경로를 직선으로 생각할 수 있지만 빛도 별의 중력에 의해 휜다. 수학에서 다루는 직선은 우리의 마음속에만 존재한다.

(3) 이상성

이상성은 추상성과 밀접하게 관련된 것으로, 사고 대상인 사물이나 현상을 본질적인 요소만을 고려하여 최적의 수학적 사고가 가능한 수학적 대상으로 단순화시킬 때 드러나는 특성이다. 예를 들어 어느 별도 수학에 다루는 구와 같지는 않겠지만 앞에서 다룬 어린 왕자 문제를 해결하기 위해 누구나 별을 구로 생각한다. 또한 거리와 속도 문제에서 어느 물체도 일정한 속도로 움직이는 것이 가능하지 않지만 특히 사람이 걷을 때에는 일정한 속도로 걷는 것이 불가능하지만 우리는 일정한 속도로 걷는다는 이상적인 가정을 하고 속도-거리 문제를 해결한다.

(4) 형식성

수학적 지식의 형성 과정에서 규칙이나 원리를 발견하고 이를 의사소통하기 위해 기호를 사용하여 정확한 표현 방법을 만들어가는 과정을 형식화로 볼 수 있다. 수학적 대상이나 원리 등을 직관적으로 설명할 때에는 엄밀하지 않은 언어도 그대로 받아들이지만, 논리적으로 설명하기 위해서는 보다 명확하게 표현하여야 한다. 뉴턴의 만유인력의 법칙을 수학적 기호 없이 표현하는 것을 상상해 보아라. 그러면 수학에서 다루는 격식, 틀 등의 형식이 얼마나 유용한지 그리고 수학에서 기호가 얼마나 필요한지를 인식할 수 있다. 수학적 사고를 통해 얻어진 개념과 원리를 기호를 통해 형식화하고 그 기호에 따라 사고를 기계적으로 할 수 있게 해주기에 수학의 형식성은 인간의 사고를 경감시켜 주고 효율적으로 사고하게 해준다. 오늘날 수를 아라비아 숫자 10개로 나타내고 덧셈, 뺄셈, 곱셈, 나눗셈 알고리즘을 수행하는 과정을 생각해보아라. 우리는 덧셈이 무엇인지, 십의 자리가 무엇인지에 대한 사고 없이 덧셈 결과를 얻을 수 있다.

(5) 일반성과 특수성

일반화는 하나의 대상에 대한 고찰로부터 그 대상을 포함한 집합에 대한 고찰로 옮아가는 것을 말한다. 예를 들면, 예각삼각형의 내각의 합이 180도임을 발견하였다면, 이러한 사실이 직각삼각형이나 둔각삼각형에도 성립하는지 즉 모든 삼각형에서 성립하는지를 생각하는 것은 수학 활동에서 흔한 일이다. 수학에서 다루는 모든 원리, 법칙 등은 모두 일반화의 결과로 볼 수 있다. 발견한 수학적 원리나 법칙을 기호를 사용하여 형식적으로 나타내는 과정이 흔히 일반화로 이끈다. 뉴턴이 사과나무에서 떨어지는 사과를 보고 그 관계를 기호를 이용하여 수학적으로 나타내지 않았다면 뉴턴이 발견한 사실은 사과와 지구 사이의 관계에만 머물렀을 것이다.

일반화와 반대되는 개념이 특수화이다. 특수화는 주어진 대상의 집합에 대한 고찰로부터 그 집합에 포함되는 더 작은 집합 또는 단 하나의 대상에 대한 고찰로 옮아가는 것이다. 다각형에 대한 고찰에서 정다각형에 대한 고찰로, n 각형에 대한 고찰에서 삼각형에 대한 고찰로 옮아가는 것은 모두 특수화의 예이다. 이러한 특수화는 일반화된 명제를 검증하거나 그 증명 또는 풀이의 힌트를 제공하기도 한다. 이러한 특수화가 수학 활동에서 빈번하게 이루어지므로 수학은 일반성뿐만 아니라 특수성도 갖고 있다고 볼 수 있다.

(6) 논리성과 직관성

2~3000년 전에도 참이라고 생각하거나 가르쳤고 지금도 똑같은 내용이 참이라고 생각하고 가르치고 있으며, 앞으로 2000년 후에도 인류가 멸망하지 않고 존재한다면 여전히 참이라고 생각하고 가르칠 내용에 무엇이 있는지 생각해 보아라. 수학에서 다루는 법칙과 원리가 그러하다. 삼각형에서 내각의 합이 180도임을 수천 년 전에도 참이라고 생각했고 가르쳤으며 지금도 여전히 똑같은 내용을 참이라고 생각하고 가르친다. 수학에서 다루는 내용이 왜 시간을 초월하여 참인가? 이는 수학의 논리성 덕분이다. 수학의 가장 커다란 특징이 증명 방법의 엄밀성이다. 몇 개의 자명하다고 보는 명제 즉 공리 혹은 공준에서 출발하여 누구도 이의를 제기할 수 없는 방법으로 새로운 명제를 유도해내는 방법으로 수학적 지식을 구성하여 간다.

유클리드 기하의 모든 명제가 참임을 증명하는 출발점이 되는 명제인 공리를 생각하여 보자. 임의의 점에서 임의의 점까지 직선을 긋는 일이 가능하다거나 임의의 중심과 거리를 가지는 원을 그리는 일이 가능하다는 자명한 명제공리는 논리적이기 보다 직관적이다. 그러기에 수학의 출발은 논리적이라기보다 직관적이라고 볼 수 있다. 수학적 사실 뿐만 아니라 논리적 증명의 발견과 발상 과정에서는 논리적 사고보다는 직관적 사고가 유용하게 사용되는 경우가 많다. 이런 의미에서 논리성뿐만 아니라 직관성도 수학의 주요 특성으로 볼 수 있다.

(7) 계통성

계통성은 수학 내용의 위계적이고 누적적인 특성을 말한다. 초등학교 1학년에서 지도하는 수학 내용에 대한 이해 없이는 그 이후 학년에서 학습하는 수학 내용을 이해할 수 없다. 가령 자연수의 덧셈과 뺄셈에 대한 이해 없이는 분수나 소수의 덧셈과 뺄셈을 이해할 수 없다. 이런 점에서 계통성이 가장 강한 교과가 수학이라고 볼 수 있다.

(8) 역동성

초등학교에서 가장 역동적인 교과를 꼽으라고 하면 체육, 음악, 미술 등을 꼽을 것이다. 반면에 수학은 가장 정적인 과목으로 꼽을 것이다. 그러나 수학을 누군가 발견하여 정리해 놓은 결과물이 아니라 그러한 결과물을 발견하거나 논리적으로 정리하는 과정으로 바라보자. 그러면 수학도 역동적인 교과로 생각할 수 있다. 수학적 사실을 발견하기 위해서는 논리보다는 직관적인 사고나 시행착오, 개연적 추론도 필요하고 그 과정에서 오류를 범하고 그 오류에 대한 수정이 필요하다. 우리가 학교에서 지도하는 수학 내용은 이미 완성된 수학이지만 그러한 수학적 지식을 발견하고 정리하는 과정에서 수학자들의 많은 오류와 시행착오가 있었다. 이런 점에서 수학도 역동적인 과목으로 볼 수 있어 역동성을 수학 교과의 특성으로 생각할 수 있다. 수학을 사고 과정으로 보느냐 아니면 그 결과로 보느냐에 따라 수학을 가르치는 방법이 달라질 것이다.

3 수학교육의 목적

ACTIVITY Q 토의문제 3

• 수학을 왜 가르치는지 이유를 말해봅시다.

인간이 사회생활을 할 때 여러 수학적 개념, 기능, 정보 판단 능력이 필요하다. 오늘날 같은 정보화 사회에서 쏟아지는 지식을 모두 배울 수가 없기에 한 가지를 배우면 열 가지를 배울 수 있는 능력을 기를 필요가 있다. 수학도 문학이나 예술처럼 인류가 발전시켜온 문화의 일부로 이를 계승하고 발전시켜 전승할 필요가 있다. 아름다움의 추구는 인간이 갖고 있는 본성 중의 하나며 수학도 예술에 비견할 수 있는 인간 정신의 창조물로 볼 수 있다. 이러한 측면에서 일반적으로 수학의 가치를 다음과 같이 실용적, 도야적, 문화적, 심미적 가치로 생각할 수 있다.

① 실용적 가치

어떤 수학적 지식은 일상생활을 영위하는 데 반드시 필요하다. 수 읽기, 쓰기, 계산, 표 읽기 등을 할 수 없으면 일상생활에서 많은 어려움을 겪을 것이다. 또한 일상생활에서 보통 사람들에게는 필요하지 않지만 특정 직업에 종사하는 사람들에게는 반드시 필요한 수학적 지식도 있다. 수학의 실용적 가치로 인해 수학을 가르쳐야 한다는 주장은 수학이 사회생활을 하는 데나 장차 과학이나 다른 학문을 공부하는 데 도움이 되며, 국가 발전에도 도움이 되기 때문에 가르쳐야 한다는 것이다. 당장 이용하지는 않지만, 과학 기술의 발달로 수학을 필요로 하는 분야가 많아지고 있기에 수학의 중요성은 점점 증대되고 있다.

② 도야적 가치

도야적 가치는 수학 학습을 통한 정신 능력의 훈련과 신장이다. 합리적이고 논리적인 사고력, 추상적 사고력, 창의적 사고력, 비판적 능력, 기호화하고 형식화하는 능력, 단순화하고 종합화하는 능력 등이 수학 학습을 통해 훈련되고 신장될 수 있다고 보는 것이다. 이러한 능력은 수학과 관련이 없는 분야에 진출하는 사람에게도 요구되는 정신 능력으로서, 수학을 배워야 하는 강력한 이유이기도 하다.

이러한 입장에 따르면 수학교육에서 어떤 수학 내용을 가르치고 배우는가보다는 어떻게 가르치고 배우는지가 더 중요하다.

③ 문화적 가치

문학이나 예술, 과학 등은 인류가 발전시켜온 빛나는 문화유산이고 이를 수용하고 발전시켜 다음 세대에 전승하여야 하는 것이 인류의 기본 책무이다. 수학도 마찬가지로 인류의 문명과 발전에 기여한 정신문화의 정수로서 우리가 계승하고 발전시키고 전승할 가치가 있는 문화이다. 여기서 유념해야 할 것은 문학이나 예술이 특수한 사람에게만 필요한 것은 아니다. 마찬가지로 수학도 특수한 사람들에게만 필요한 것이 아니기에 수학교육이 훌륭한 수학자를 양성하는 데 목적을 두기보다는 수학의 좋은 점을 알고 즐겁고 재미있는 학습을 통하여 수학적의 문화적·교양적 가치를 아동들이 알 수 있도록 하는 것에 두어야 한다.

④ 심미적 가치

기하학적 도형이나 황금 분할 등을 보면 수학에서 다루는 대상도 아름답다고 할 수 있으며, 수학적 구조를 탐구하는 수단인 순서, 조화, 대칭은 아름다움을 이루는 요소이기도 하다. 또한 문제를 해결하는 사고의 과정과 문제 해결이 끝났을 때나 동일 문제에 대한 다양한 풀이를 놓고서 어느 것이 우아한 풀이인지를 살펴볼 때 느끼는 감정은 예술가가 작품을 완성했을 때나 아름다운 작품을 보았을 때 느끼는 감정과 유사하다고 한다. 이런 점을 볼 때 수학 활동은 지적인 활동일 뿐만 아니라 예술 활동과 같은 정서적 활동이기도 하다. 그러나 수학의 미적 가치에 대한 견해는 주관적인 요소가 강하기 때문에 수학을 배우는 학생들에게 수학의 심미성을 인식시키기는 매우 어렵다. 그렇기는 하지만 위대한 수학자들은 수학의 아름다움을 인식하였고, 바로 이 아름다움이 그들의 수학 연구에 커다란 원동력이 되었음은 부인할 수 없다

ACTIVITY Q 토의문제 4

• [토의문제 3]에서 말했던 수학 교육의 목적을 실용적, 도야적, 문화적, 심미적 가치 측면으로 분류해 보세요.

[참고문헌]

강문봉 외(2015). 초등수학교육의 이해. 서울: 경문사.

강 완 외(1998). 초등수학교육론. 서울: 양서원.

김수환 외(2009). 초등학교 수학교육론. 파주: 동명사.

김응태 외(1985). 수학교육학개론. 서울: 서울대출판부.

황혜정 외(2008). 수학교육학신론. 서울: 도서출판 문음사.

Devlin, K. J.(2000). 수학 유전자. 전대호(역). 서울: 까치.

제2장 | 수학교육의 변천

1 페스탈로치의 인본주의 수학교육 사상

우리나라에서 페스탈로치를 오랫동안 연구해온 김정환은 페스탈로지를 교육에서 코페르니쿠스적인 전환을 일으킨 사상가와 실천가로 평하였다김정환, 2008. 무엇보다 그에 의해 귀족 중심의 교육이 국민 중심의 교육으로 바뀌었다. 한때 초등학교 교사이기도 했던 페스탈로치의 사상과 실천은 유치, 초등 단계의 교육과 밀접한 관련이 있다. 이 절에서는 먼저 그의 일반교육론에서 주요한 내용을 살펴보고 이어서 그로 인해 수학교육에 일어난 변화와 의의를 살펴보았다.

페스탈로치1746~1827의 교육 사상은 세 가지로 정리할 수 있다. 먼저 인격의 조화로운 도야이다. 모든 아이들은 신이 부여한 소질을 고루 키워 조화로운 인격을 갖춘 인간이 되어야 한다. 특히 몸hands, 가슴heart, 머리head를 조화롭게 키워야 한다고 강조했다. 이는 아이가 자신의 내면에 깃든 양심의 소리에 스스로 귀를 기울여 신과 악이 무엇인지 씨름하도록 도와주는 과정에서 이루어진다. 둘째, 민중교육론이다. 민중에게 역사와 문화에 대한 주인의식을 일깨워 이 민중으로 하여금 새로운 역사와 문화를 발전시키도록 해야 한다. 셋째, 가정교육론이다. 모든 교육의 기조는 가정이다. 아늑한 삶의 공동체 안에서 부모와 아이 사이에 오가는 사랑의 대화와 공감으로 교육이 이루어져야 한다.

그는 교육실천가로서 당시 교육방법이 도덕적으로 옳지 않다고 보았다. 지식을 이해시키기보다 기억 또는 암기만을 강조하며, 자발적으로 공부하도록 하기보다 허영심, 벌에 대한 두려움 때문에 공부하도록 한다고 당시 교육을 비판하였다.

그가 제시한 교육방법은 두 가지로 요약될 수 있다. 먼저 '아이들에게 뜻이와 닿지 않는 빈말을 가르치지 말고 사물 혹은 실물을 사용하여 직관을 통해 가르치라'는 것으로 이를 '직관 도야의 제1법칙'이라고 한다.

> 사물의 감각이 주는 인상을 아이들은 잘 기억할 수 있기 때문에 말은 더욱 쉽게 기억됩니다. 다른 어떤 감각보다 시각에 호소된 사물은 매혹적이며, 그러기에 평생 잊히지 않습니다. 사물로 가르쳐야 합니다김정환, 1999.

두 번째로 '아이가 학습의 주체가 되어야 한다'는 것이다. 아이들은 스스로 사고할 수 있는 능력이 있으므로 교육을 통해 그것을 키워야 한다. 이는 '직관 도야의 제2법칙'이다.

> 어머니들이 꼭 명심해야 할 일은, 아이들에게는 어떤 생각이나 사실을 주목하거나 간직할 능력이 있을 뿐 아니라 다른 사람들의 사상의 영향을 떠나 반성하는 능력도 있다는 것입니다김정환, 1999.

페스탈로치의 교육방법 두 가지는 각각 '실물교육'과 '구성주의'와 연결된다. 이는 오늘날 일반교육은 물론 수학교육의 지향과도 맞닿아 있다.

페스탈로치는 아동의 전인적인 성장에 기여하는 교육을 꿈꾸었다. 따라서 그의 수학교육에 대한 생각도 '아동이 조화롭게 성장하는데 어떤 측면에서 수학이 필수적이며 도움이 될 수 있는가'라는 질문에 대한 답이라고 할 수 있다.

'세기, 재기, 말하기는 교육의 기초'라고 말할 만큼 페스탈로치는 기초 수학을 중요하게 여겼다. 수와 형의 관계와 비례는 인간이 외부로부터 받는 모든 인상을 구성하는 자연스러운 척도가 된다. 또한 수와 형은 일사불란하게 다루어질 수 있기 때문에 어린 시절에 철저히 교육해야 한다.

당시는 암기나 매질이 아동교육에서 자연스러운 시절이었다. 페스탈로치는 암기나 매질 대신 이해를 강조하며 계산을 가르칠 때 수를 나타내는 사물을 보여 주면서 진행해야 한다고 말하였다. 이는 앞서 언급한 실물교육이다.

> 어린이는 두 개의 공, 두 송이의 장미, 두 권의 책은 이해한다. 그러나 이것으로 '둘'이라는 개념을 바로 추상적으로 이해하기는 어렵다. 실제적으로 어떤 물체로 보여주지 않고 둘에다 둘을 더하면 넷이 됨을 어떻게 이해시킬 수 있겠는가. 추상적인 관념으로 가르치기 시작하는 것은 교육적이기보다는 불합리하고 유해하다. 추상적인 관념에 의한 학습의 결과는 이해를 못한 채 기껏해야 기계적으로 해대는 일이다. 문제는 아이에게 있지 않고, 단순한 기계적인 훈련 이상의 좋은 교수방법을 모르는 교사에게 있다. 아이들에게 수사에 대한 지식을 가르친 다음에 바로 해야 할 일이 있다. 그것은, 예를 들면 수를 배울 때 이용한 공 같은 물체를 이용하여 더하기, 빼기, 곱셈, 나눗셈 등 연산을 실제로 하면서 질문에 대답하게 하는 일이다. 이 방법의 상점은 두 가지로, 첫째, 아이들이 스스로 현재하고 있는 일이 무엇인가, 그 이유는 무엇인가를 알고 있다는 것이다. 왜 해답이 이렇게 나오는가에 대한 원리를 알게 된다. 문제가 바뀌어도 절대 당황하지 않고 차분하게 풀어간다. 이 방식은 한편으로는 신뢰감과 안정감을 자아내며 동시에 많은 즐거움을 안겨준다. 성과를 스스로 기대하면서 노력하여 극복한 어려움은 하나의 새로운 어려움의 극복으로 전진한다. 둘째, 이와 같은 직관적인 기본연습으로 교육받은 아이들은 뒤에 암산에 뛰어난 기술을 나타낸다김정환, 1999.

추상적인 관념으로 시작하지 않고 실물을 통한 교육을 하기 위해 그는 스스로 여러 가지 교육용 도구들을 만들었다. 그림 2-1과 그림 2-2는 각각 자연수와 분수 개념지도용 모델이다. 이 모델은 오늘날 초등학교 수학교과서에서 찾

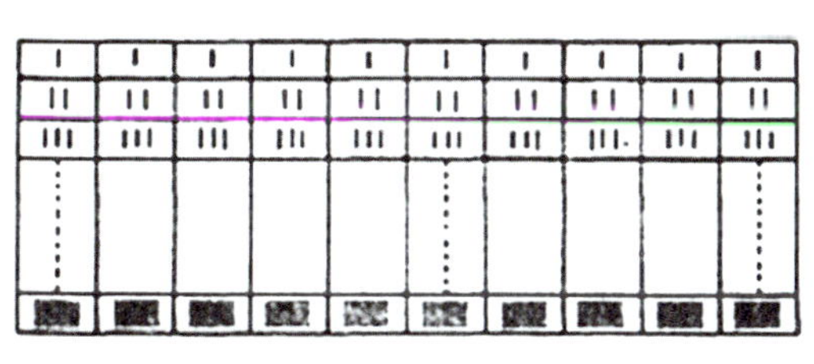

그림 2-1. 자연수

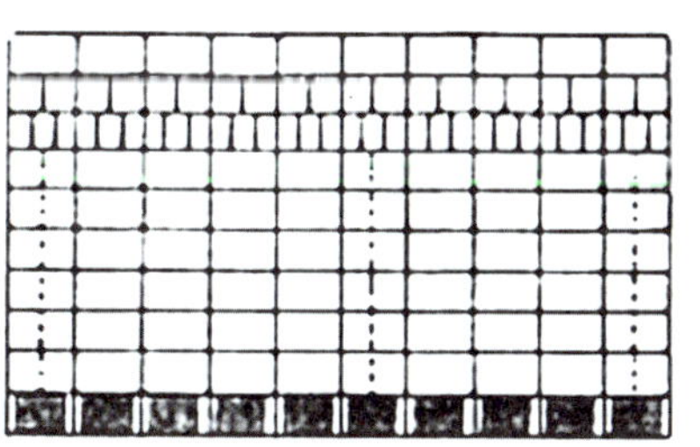

그림 2-2. 분수

아 볼 수 있는 자연수나 분수의 모델과 매우 유사하다.

페스탈로치는 오늘날 초등학교 교사들이 수학교육을 바라보는 안목에 중요한 시사점을 준다. 어린아이가 한 인간으로 온전히 성장하는데 각 교과가 모종의 기여를 할 수 있도록 교사는 노력해야 할 것이다. 수학 교과 역시 다른 교과와 유기적인 관계 속에서 아이의 온전한 성장에 힘이 되어야 할 것이다. 초등학교에서 아동 중심의 교육, 또는 인간 중심의 교육이 어떤 것인지를 페스탈로치는 몸소 보여준 것이다.

2 수학교육개혁운동

기원전 300년 경 고대 그리스 시대에 나온 유클리드BC 330?~BC 275?의 『원론』은 400여개의 명제와 그 증명으로 이루어져 있으며 가설 연역적 방식의 전형을 만들었다. 이 책은 과거 2000여 년 동안 수학의 원형이자 학교수학의 주요 내용 및 방법으로서 뿌리 깊은 전통을 유지해 왔다. 현재 중학교에서 다루는 평면 논증기하는 그 내용과 방법의 근원이 이 책에 있다권석일, 2006.

THE ELEMENTS
OF GEOMETRIE
of the moſt aunci-
ent Philoſopher
EVCLIDE
of Megara.

Faithfully (now first) tran-
ſlated into the Engliſhe toung, by
H. Billingſley, Citizen of London.
Whereunto are annexed certaine
Scholies, Annotations, and Inventi-
ons, of the best Mathematici-
ens, both of time past, and
in this our age.

With a very fruitfull Præface made by M. I. Dee,
ſpecifying the chiefe Mathematicall Sciẽces, what
they are and wherunto commodious: where, alſo, are
diſcloſed certaine new Secrets Mathematicall
and Mechanicall, untill these our daies greatly missed.

Imprinted at London by Iohn Daye.

그림 2-3. 유클리드 원론의 영어 번역본 표지

성경 다음으로 많이 출간된 책이 유클리드 원론이라는 말이 있을 정도로 유클리드 원론은 유명했다. 13세기 경 중세를 거쳐 대학이 만들어지고 중등교육이 형성되면서 유클리드 원론은 수학교육의 교재로, 대학 입시의 주요 과목으로 자리를 잡았다. 그런 가운데 16세기 이후, 교육적인 측면에서 '형식적인' 교육에 대한 비판과 함께 유클리드의 원론이 발견과정을 숨기고 있다는 점에서 지속적으로 비판이 제기되었다권석일, 2006.

19세기 말에서 20세기 초에 영국에서 John Perry, 미국에서 E. H. Moore, 독일에서 Felix Klein의 주

도로 각각의 나라에서 수학교육개혁운동이 일어났다. 이 역시 그 출발은 중등 교육에서 유클리드 원론의 연역적 체계 중심 교육에 대한 비판이었다. 수학자 또는 기술공학자였던 그들은 수학의 발견적 측면이나 응용적 측면까지 고려한 수학교육을 제안하였다. 이러한 현상을 하나로 묶어 수학교육개혁운동 또는 수학교육근대화운동이라고 한다.

영국 Perry는 교육에서 수학의 유용성을 강조하면서 기존 교육의 문제점을 비판하였다. 개개인의 수준을 고려하지 않고 모든 학생들에게 획일화된 방법으로 수학을 가르치고 있으며, 한 명의 수학자를 만들기 위해 수많은 학생들을 희생시키고 있다. 학생들이 가진 경험을 바탕으로 그들의 관점에서 교육해야 한다. 또한 자연 과학 교육의 중요성도 강조하였는데, 자연현상을 연구하기 위해서는 수준 높은 수학적 지식이 필요하며 이를 위해서 정신적 능력과 수학에 대한 끊임없는 연습이 필요하다. 그 예로 계산에서 로그의 사용, 대수공식의 사용, 모눈종이 사용, 미적분학의 도입 등을 하면 두뇌는 빠르게 개발되며, 학생들의 수학 공부를 촉진할 수 있다. Perry는 수학과 과학 교육이야말로 과학기술과 산업 발달을 선도하는 것이며 사회적 진보와 번영을 가져오는 것으로 보았다. 실용 수학을 지지한 Perry에 의해 주도된 수학교육근대화운동은 응용수학자들과 이후의 수학교육과정에 영향을 끼쳤다2013, 김왜정.

미국의 Moore는 초등, 중등, 대학교 등 단계별로 학교에서 가르쳐야 할 수학교육을 말하였다. 초등학교에서는 기하학이 구체적인 것부터 직관기하까지 체계적으로 진행되어야 하며 수와 문자 연산과도 연결되어야 한다고 주장했다. 그는 구체물을 통한 기하 학습 즉, 학생들이 수학을 경험해보는 것이 수학 학습에 도움이 될 것이라고 보았다. 중등학교에서는 대수, 평면 기하, 물리학, 더 나아가 대수의 심화부분과 입체도형 기하 순으로 배워야 한다고 하였으며, 물리학의 실용화를 주장하였다. 수학과 물리학, 공학의 실용적인 관계를 알고, 학생들의 발달을 준비하는 교육은 물리학과 수학의 발전을 가져온다고 하였다. 또한 그는 학생들이 삼각법, 해석 기하학, 미적분의 기본요소들을 빠른 시기에 학습하는 것이 가능하며, 대학에서 교육 실험실 교수법을 도입하면 준비된 교사를 양성할 수 있어 수학교육에 도움이 될 것이라고 주장하였다. Moore는 학교에서 순수수학과 응용수학을 너무 구분하려는 경향이 만연해 있음을 지적하면서 교육과정의 조정을 통한 순수수학과 응용수학의 조화를 주장하였다2013, 김왜정.

독일의 Klein은 수학교육의 역사를, 16세기 인문주의 수학교육, 17~18세기 실용주의계몽주의 수학교육, 19세기1890년까지 신인문주의 수학교육, 1890년 이후 현대의 수학교육으로 나누어 각 시대별로 설명하고 당대의 수학교육이 어떤 이념에 근거해야 할 것인가를 보였다. 클라인은 먼저 인문교육과 과학교육 분열의 심각성을 지적하면서 이러한 분열은 수학에 대한 부족한 이해에 기인한다고 하였다. 분열을 해소하고 양극화된 요소들이 조화롭게 결합되는 통합된 교육을 희망하였다. 이를 위해 그는 교사 교육을 개선하여, 수학 수업에서 일방적이며 형식적, 추상적인 접근을 지양하고 실제적이고 직관적인 방식으로 접근해야 한다고 주장하였다. 클라인은 함수 개념의 정신을 교육과정에 도입할 것도 주장하였고 실제 교사들이 도입하기도 하였다강현영, 2007.

수학교육개혁운동은 한마디로 건전했다. 수학은 크게 발견과 정당화라는 두 가지 모습으로 대별해 볼 수 있다. 유클리드 원론을 시작으로 오랫동안 수학교육에서 정당화의 모습만이 부각되었다. 그러다가 시간이 흘러 수학의 발견적 측면, 더 나아가 수학의 응용적 측면이 지닌 교육적 의미가 되새겨지면서 새로운 수학교육의 흐름이 나타난 것이다.

유클리드 원론 중심의 수학교육은 중등 교육에 해당하지만 그 기저에 있는 수학교육의 경향성은 그대로 초등수학교육에도 영향을 미쳤다. 따라서 수학교육개혁운동이 중등수학교육개혁에 초점을 두고 있지만 그 파장은 초등수학교육에도 적지 않았다. 예컨대, 개인의 수준을 고려하는 것, 만인을 위한 수학을 가르칠 것, 직관기하를 통해 논증 기하로 나아갈 것 등이다. 오늘날 초등수학교육에 이런 주장들이 암묵적으로 반영되어 있음을 주지해야 할 것이다.

3 새수학운동

1950년 전후에 유럽과 미국에서 새로운 수학교육 개선 움직임이 서서히 나타나기 시작하였다. 이 움직임은 옛 소련이 1957년 10월에 세계 최초로 인공위성 발사에 성공함으로써 가속화되기 시작하여 1970년대 후반에는 세계 각국으로 광범위하게 전파되었다. 이러한 수학교육 개혁 움직임을 '수학교육현대화 운동' 또는 '새수학운동new math movement'이라고 한다.

새수학운동은 전통적으로 가르쳐온 수학 대신에 '현대수학'을 학교수학에 적극 들여오자는 취지를 가지고 있다. 현대수학은 19세기말부터 20세기에 걸친 약 80년 사이에 발전된 수학으로서 집합의 개념을 바탕으로 이루어진 수학을 말한다.

유럽에서는 고급 과학 기술 인력을 양성해야 하는 목소리가 높아졌고 더불어 국가적 차원에서 수학교육과정을 현대화할 필요성이 부각되었다. 듀돈데Jean Dieudonné, 1906~1992는 '수학교육에 있어서의 새로운 관점' 제목의 세미나1959, 프랑스 르야몽에서 다음과 같은 사항들을 제안하였다. 먼저 현대수학을 과감히 도입한다. 둘째, 현대수학을 도입하기 위하여 전통적인 수학 교재를 정비한다. 셋째, 논리적 엄밀성을 강조한다. 넷째, 대수적 구조와 공리적 방법을 중시한다.

미국에서 새수학운동의 효시는 1951년 일리노이대학 학교수학위원회UICSM이다. 옛 소련의 인공위성 발사1957년 10월로 위기의식이 매우 커진 미국에서는 국방교육법을 제정하여 수학, 과학 교육계의 개혁을 촉구하였다. 학교수학연구회*SMSG, School Mathematics Study Group, 1958~1977의 활약으로, 유치원 과정에서 고등학교 과정까지의 실험 교과서를 제작하는 등 적극적으로 현대화를 추진하여 세계 여러 나라에 영향을 끼쳤다.

* NCTM(전미수학교사협의회)와 MAA(미국수학협회)의 지원을 받으며, 예일대학의 Edwards G. Begle(1914–1978)가 중심이 됨.

새수학운동은 수학교육의 목표, 내용, 방법의 전 분야에 걸쳐 광범위하게 영향을 끼친 운동으로, 그렇게 될 수 있었던 원인으로는 네 가지를 들 수 있다. 첫째, 수학의 비약적인 발달과 그에 따른 응용 영역의 확대, 둘째, 컴퓨터를 비롯한 과학기술의 비약적인 발달, 셋째, 수학교육을 개선해야 할 필요성이 발생, 넷째, 피아제의 인식론과 부르너의 교육이론과 같은 교육 이론의 발달이었다. 특히 부르너의 "어떤 교과든지 지적으로 올바른 형식으로 표현하면 어떤 발달 단계에 있는 아동에게도 효과적으로 가르칠 수 있다"라는 가설에 따라, 현대수학의 주요 개념들을 학교수학에 들여오게 되었다.

새수학운동에 대해 반대하는 여론은 초기부터 거셌다. 1962년 G. Polya, M. Kline 등을 포함한 미국과 캐나다의 저명한 수학자 65명은 새수학운동을 다음과 같이 비판하였다. 첫째, 장래에 수학자가 될 학생들에게 필요한 특수한 내용을 대부분의 학생에게 부과해서는 안 된다. 둘째, 학생들의 흥미와 동기를 발달시키기 위해서 수학을 다른 과학과 관련지어야 한다. 셋째, 형식적인 증명은 학생들이 귀납, 유추, 직관 등을 사용한 후에 도입되어야 한다. 넷째, 대학 이전의 수학 교육 단계에서는 형식적 방법 대신에 발생적 방법이 사용되어야 한다.

오늘날 새수학운동에 대한 평가는 대체로 부정적이다. 먼저 과학기술 및 수학의 발달이라는 사회적, 학문적 상황에 의해서 추진된 것으로 아래로부터가 아닌 위로부터의 운동이었다. 둘째, 엄밀함과 논리 또는 계산의 원리에 대한 이해를 강조한 새수학운동의 결과로 학생들의 기초적인 계산 능력이 낮아졌다는 것이다.

1970년대 후반 이후로 새수학운동의 바람이 점점 사그라들면서 수학에서 기초기능을 선정하여 수학교육을 새롭게 하자는 움직임이 나타났다. 이를 '기초로의 복귀 운동back to basics movement'이라고 한다.

4 우리나라 초등 수학교육과정의 변천

우리나라에 서양식 수학이 적극 들어온 것은 대략 1893년 개항 이후이다. 서양식 수학은 산술算術이라는 이름으로 불렸다. 국가 차원에서 산술에 주목하기 이전에 이미 민간인들이 산술교육의 중요성을 깨달았다. 1873년 일본과 불평등한 관계 속에서 맺은 강화도조약 이후로 근대문물을 받아들이는데 열심이었던 일군의 우리나라 사람들은 산술의 필요성을 알아 아이들에게 산술을 가르쳤다. 예컨대, 당시 개항지였던 원산에 1883년 세워진 원산학사는 지역의 민간인과 관료가 함께 세운 학교였다. 이 학교의 교과목에 산술이 포함되었다.

우리나라에서 국가의 책임 아래 초등학교시기에 해당하는 아이들에게 수학을 가르치기 시작한 것은 1894년 갑오개혁 이후로 볼 수 있다. 조선의 고종은 1895년 교육입국조서를 반포하고 이어 소학교령을 제정하였다. 오늘날 초등학교에 해당하는 소학교에서 '산술'이 교과목으로 포함되었다. 인도아라비아 숫자에 터한 서양식 수학을 공교육에서 가르치기 시작한 것이다.

개화기를 거치면서 우리나라 사람들은 스스로 산술 교재를 편찬하였다. 간이사칙문제집1895, 정선산학1900, 산술신서1900, 신정산술1901 등 다수의 산술서가 출간되었다. 이 중에서 산술신서를 특별히 소개하면, 이는 독립운동가인 이상설1870~1917이 쓴 책이다. 그는 실용적인 서양 수학을 소개하고 이를 통해 나라를 개화시킨다는 의식이 뚜렷하였다. 당시 천재로 알려졌던 이상설은 독학으로 수학을 공부하여 이 책을 저술하였다고 한다.

이와 같이 우리나라는 국가나 민간 차원 모두에서 산술을 받아들이려고 노력하였다. 일제강점기 이전에 우리나라 사람들은 근대문물을 받아들이는데 적극적이었으며, 산술도 마찬가지였던 것이다. 안타깝게도 일제강점기를 거치면서 우리나라의 수학교육은 왜곡 또는 후퇴의 상황을 맞았다.

해방 후 우리나라 교육과정의 역사는 자립을 향한 노력의 과정이었다고 볼 수 있을 것이다. 이하에서는 해방 후 우리나라 초등수학교육과정이 어떻게 변천되어 왔는지를 살펴보았다.

(1) 교수요목기

일제강점기에서 해방된 1945년부터 제1차 교육과정이 제정되기 전인 1954년까지의 교육과정을 교수요목기라고 한다. 해방된 후 남한에는 미군정이 들어섰다. 미군정은 1948년 대한민국 정부가 수립될 때까지 존속했다. 미군정에서 교육을 맡은 문교부는 1946년 9월 1일 국민학교와 중등학교의 교과편제 및 시간배당을 새롭게 마련하였다. 이어 1947년 1월 10일에 미군청정 문교부 명으로 '각과 교수요목집'을 발표하였다. 이 교수요목집에는 국어, 산수, 사회생활, 이과가 담겼다. 교수요목기가 본격적으로 시작되었다.

1948년 8월 15일 대한민국 정부가 수립되었다. 정부는 1949년 12월 31일에 교육법을 제정하고, 이듬해부터 본격적으로 교육과정 제정 작업에 착수하여 교과서를 편찬, 발행할 준비 단계에 들어가게 되었다. 그런데 1950년 6월 25일 한국전쟁이 일어났다. 교육과정 제정은 늦추어져 제1차 교육과정이 마련된 것은 정전 협정이 체결된 이후인 1954년 4월이었다.

교수요목기에 사용된 초등수학교과서의 이름은 '셈본'이었다. 일제강점기 말에 수학교과서의 이름은 산술에서 산수算數로 바뀌었다. 해방 후 우리말을 되찾은 상황에서 국어학자 최현배나 조선어학회 중심으로 한글을 되살리는 움직임이 활발하였다. 교수요목기에 산수가 셈본으로 바뀌어 발행된 것도 같은 맥락이다.

셈본 교과서는 미군정청 문교부 발행에서부터 대한민국의 문교부 발행에 이

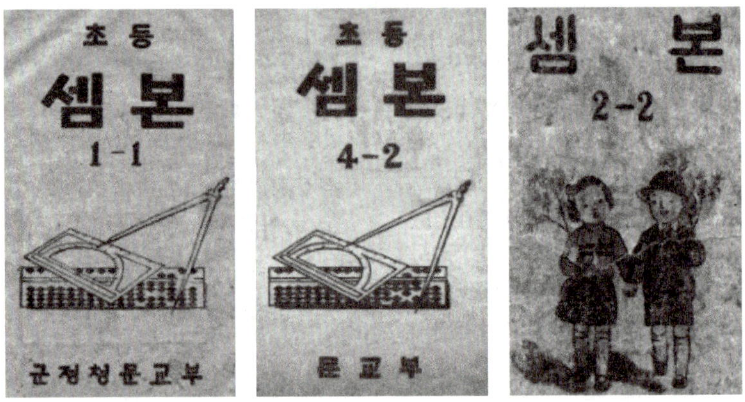

1947년 1950년 1953년

그림 2-4. 여러 가지 셈본 교과서

그림 2-5. 1953년 셈본 2-1학기 교과서

르기까지 시기별로 여러 가지 형태가 있다. 미군정 시기에 만들어진 교수요목을 대한민국 정부 수립 후에 바꾸려고 했지만 뜻밖에 한국전쟁으로 교육과정 제정은 미루어졌다.

그러나 교과서는 사정이 조금 달랐다. 힘든 여건 속에서도 미군정기에 만들어진 교과서를 개정하려는 노력은 꾸준히 이어졌으며 특히 1951년 이후로 그 변화가 두드러졌다. 예를 들어, 표지가 그림 2-4와 같이 딱딱한 장면에서 아이들의 밝은 모습의 장면으로 바뀌었다. 교과서 내용 전개에서도 많은 쪽수를 할당하여 이전보다 자세하게, 체계적으로 설명하였다. 흔히 제1차 교과서를 생활단원학습이라고 하는데, 이미 이 시기 셈본 교과서가 그런 방향에서 집필되었다그림 2-5 참조.

해방으로 인해 우리말로 우리 아이들을 가르칠 수 있게 되었다. '한글은 목숨'이라고 말한 최현배는 물론 많은 지식인들이 아이들에게 좋은 교과서를 제공하고자 애를 썼다. 교수요목기에 교육계가 셈본 교과서에 들였던 노력을 기억해야 할 것이다.

(2) 1차 교육과정

1954년부터 1963년까지의 교육과정을 가리킨다. 개정의 기본 방침은 '어린이들을 장래에 유능한 사회의 일원이 될 수 있는 기반으로 정상적인 성장을 조장하는 노력을 하는 것'이다. 이에 따라서 산수과의 목표는 '일상생활에 있어서 수량적인 관계와 형形에 대하여 고찰하고 이해하고 처리하는 능력과 태도를 기르는데 있다'.

당시 교육계에서는 1946년 봄부터 듀이의 교육이론을 기초로 하는 교육방법에 대한 연구와 실천이 서울, 지방을 막론하고 일선 교육자들 사이에서 일어났다. 이런 상황에서 1차 교육과정은 미국의 진보주의 교육의 영향을 받아 듀이Dewey, J의 실용주의 사상이 크게 반영되었다. 이는 학생들의 경험과 생활을 존중하는 생활 중심 교육과정으로 정리될 수 있다.

1차 교과서는 다음과 같은 특징을 가지고 있다. 먼저 교과서의 '차례'로 1-2학기에서는 '운동회, 소풍, 즐거운 놀이, 정월, 학예회, 영이의 집', 4-2학기에서는 '어린이회, 학습원, 상점, 달력, 심부름' 등과 같이 일상생활의 단어들이

차　례

1. 운동회 ········· 1
2. 소풍 ········· 14
3. 즐거운　놀이 ········· 25
4. 정월 ········· 38
5. 학예회 ········· 56
6. 영이　의　집 ········· 66

그림 2-6. 1차 교과서 1-2학기

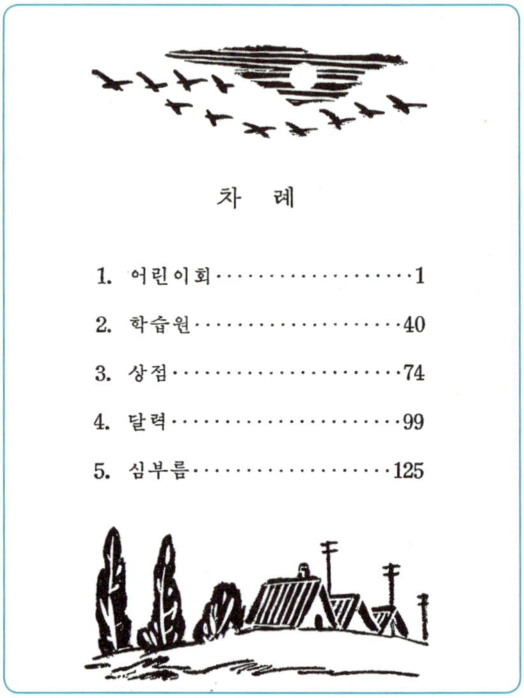

차　례

1. 어린이회 ········· 1
2. 학습원 ········· 40
3. 상점 ········· 74
4. 달력 ········· 99
5. 심부름 ········· 125

그림 2-7. 1차 교과서 4-2학기

단원의 제목으로 나열되어 있다. 오늘날 1학년 2학기 교과서에 나오는 단원명이 '100까지의 수, 여러 가지 모양, 10을 가르기와 모으기, 덧셈과 뺄셈, 시계' 등 수학 용어라는 점을 보면, 1차 교육과정에서 말하는 생활단원이 어떤 형태로 드러났는지 알 수 있다. (그림 2-6, 7)

다음으로 실제 교과서 안을 들여다보면, 이야기를 서술하는 식으로 교재가 구성되어 있다. 그림 2-6과 그림 2-7은 6-2학기에 나오는 장면이다. '수학여행'이라는 생활을 중심에 두고 여행 안내문 만들기를 목표로 한다. 그 과정에서 아이들은 축척, 거리 단위 환산, 길이의 단위 사이의 관계, 시간 등의 개념과 기능을 배운다. 수학 지식을 중심에 두고 생활을 끌어오기 보다는, 생활을 중심에 두고 그 생활 문제를 푸는데 필요한 수학을 도입하는 방식인 것이다.

생활 단원 학습에 대한 비판도 적지 않았다. 무리하게 생활과 관계를 맺음으로써 여러 가지 혼란을 초래했다는 비판이 대표적이다. 예를 들어, 경제 문제의 해결에 치중하느라고 각종 요금 계산이 교재에 들어오고, 이율, 배당 등 전문적인 부분까지도 생활 문제라고 하여 무리하게 취급되었다. 또한 수학적으로 사고, 추리, 처리하는 태도의 배양보다는 결과에만 치중하는 현상이 일어

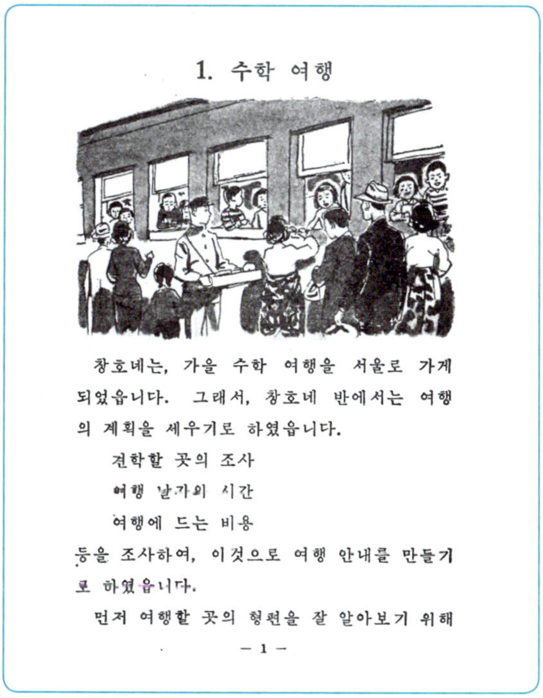
1. 수학 여행

창호네는, 가을 수학 여행을 서울로 가게 되었읍니다. 그래서, 창호네 반에서는 여행의 계획을 세우기로 하였읍니다.

견학할 곳의 조사

여행 날짜와 시간

여행에 드는 비용

등을 조사하여, 이것으로 여행 안내를 만들기로 하였읍니다.

먼저 여행할 곳의 형편을 잘 알아보기 위해

— 1 —

그림 2-8. 1차 교과서 6-2학기

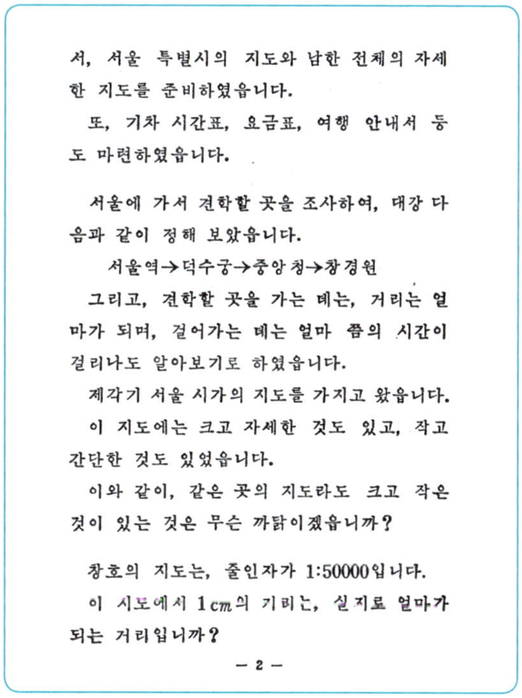
서, 서울 특별시의 지도와 남한 전체의 자세한 지도를 준비하였읍니다.

또, 기차 시간표, 요금표, 여행 안내서 등도 마련하였읍니다.

서울에 가서 견학할 곳을 조사하여, 대강 다음과 같이 정해 보았읍니다.

서울역→덕수궁→중앙청→창경원

그리고, 견학할 곳을 가는 데는, 거리는 얼마가 되며, 걸어가는 데는 얼마 쯤의 시간이 걸리나도 알아보기로 하였읍니다.

제각기 서울 시가의 지도를 가지고 왔읍니다.

이 지도에는 크고 자세한 것도 있고, 작고 간단한 것도 있었읍니다.

이와 같이, 같은 곳의 지도라도 크고 작은 것이 있는 것은 무슨 까닭이겠읍니까?

창호의 지도는, 줄인자가 1:50000입니다.

이 지도에서 1㎝의 거리는, 실지로 얼마가 되는 거리입니까?

— 2 —

그림 2-9. 1차 교과서 6-2학기

났다. 그리고 계산 영역에서 암산이 강조되어 알고리즘의 이해에 소홀했으며, 수학 용어에서 유아어를 사용하여 부담을 주고 있다는 점이 지적되었다.

(3) 제2차 교육과정

1963년부터 1973년까지의 교육과정을 가리킨다. 1959년 문교부에서는 최초로 교육과정에 관한 여론 조사를 실시하였다. 1960년 8월 교육과정심의회규정을 개정하고 이듬해 교육과정 시안 작성에 들어갔다. 거듭된 회의와 수천 명의 의견을 모으는 등 교육과정과 교과서를 위한 기초 조사가 이루어졌다. 마침내 1963년 2월 15일에 새로운 교육과정이 공포되었다.

문교부가 제시한 교육과정 개정의 요점은, 먼저 3R's와 같은 기초 학력 중심, 둘째, 교과 간과 교과 내의 관련 유지, 중복 회피 등과 같은 교육과정 계열의 합리화, 셋째, 생활 경험을 중심으로 하고, 종합 지도도 가능하게 함 등이었다.

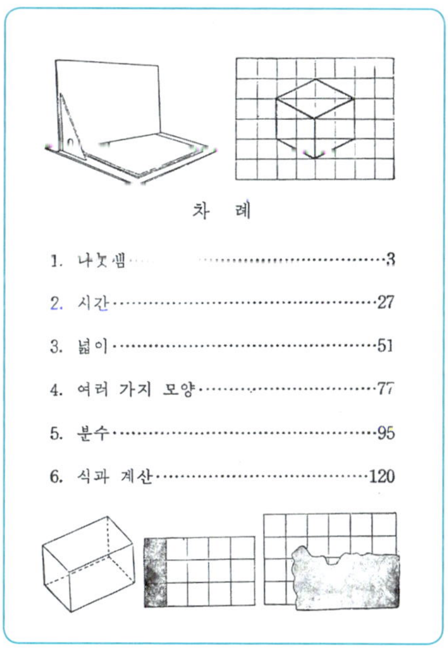
차 례

1. 나눗셈 ……3
2. 시간 ……27
3. 넓이 ……51
4. 여러 가지 모양 ……77
5. 분수 ……95
6. 식과 계산 ……120

그림 2-10. 제2차 4-2학기 교과서

2차 교육과정은 제1차 교육과정과 같이 경험 중심의 교육과정의 노선을 취하였다. 이것은 학생들에게 산수과에 대한 흥미를 유지하기 위해서는 생활과 유리된 산수를 지도할 수 없다는 것에 기인된다고 할 수 있다. 여전히 경험주의에 입각한 생활 교육 사조가 토대가 되어, 생활을 중심으로 하는 경험교육이란 면에서 가능한 종합 지도를 지향하였다.

그러면서도 교과서의 생활단원학습이 안고 있는 단점을 고치고자 하였다. 생활단원학습의 경우, 예컨대 단원명이 생활용어로 되어 있어 교과서의 수학적 내용 체계가 드러나지 않아 여러 가지로 번거로웠다. 이를 바로잡아 새로운 교육과정에서 계통학습으로 바꾸었다.

초등학교 1, 2학년에서는 되도록 관련된 교과의 장벽을 터서 종합 지도가 되도록 권장하였다. 또한 교육과정운영에서 지역의 실정에 맞도록 교육과정을 재구성하여 교육과정의 지역화가 이루어지도록 장려하였다.

1. 나눗셈

인호네는 밭에 호박을 심었다. 올해에는 작년보다 힘들여 가꾸었더니 더 많은 호박이 열었다.

— 3 —

그림 2-11. 2차 교과서 4-2학기

오늘 인호는 호박을 60 개 따 놓고, 한 광주리에 30 개씩 담아서 집으로 날랐다.

호박은 몇 번에 다 날랐는지 알아보자.

60 개 ÷ 30 개

60÷30의 계산은 젯수가 1 자리의 수인 때의 운산 방법과 비교해서 다음과 같이 생각하여 할 수 있다.

(ㄱ) 피젯수의 십의 자리의 6을 젯수 30으로 나눌 수 없으니, 몫의 자릿수는 1 자리의 수임을 알 수 있다.

(ㄴ) 30×2=60, 60−60=0이므로, 몫은 2임을 알 수 있다.

즉, 60÷30=2

이것을 오른쪽과 같이 몫의 자리를 정하여 쓴다.

$$\begin{array}{r} 2 \\ 30\overline{)60} \\ \underline{60} \\ 0 \end{array}$$

답 2 번

다음 나눗셈을 하여라.

$10\overline{)40}$ $10\overline{)50}$ $10\overline{)80}$ $20\overline{)80}$

$20\overline{)40}$ $20\overline{)60}$ $40\overline{)80}$ $30\overline{)90}$

— 4 —

그림 2-12. 2차 교과서 4-2학기

(4) 제3차 교육과정

1973년에서 1981년까지의 교육과정을 가리킨다. 미국에서 1950년대 중반 이후로 20여 년간 유행한 미국의 새수학운동New Math Movement의 영향을 지대하게 받았다. 우리나라에 새수학이 알려지기 시작한 것은 1960년대 초였으나 실제 내용이 우리나라 수학자들에게 알려지게 된 것은 1960년대 후반부터였다. 문교부, 대학교, 일선 학교, 학회 등에서는 각종 세미나, 교재 연구, 교사재교육 등을 통해 새수학의 내용을 파악하고 이를 널리 알리기 위해 노력하였다.

3차 수학과 교육과정의 기본 방향은 다음과 같았다.

- 교육과정 전반을 통하여 집합개념을 그 바탕으로 삼는다.
- 수학적 구조에 중점을 둔다.
- 논리의 엄밀성을 강조한다.
- 현대사회구조에 적응하고 응용범위가 넓은 교재를 정선하여 대담하게 도입한다.
- 발견적 학습방법을 최대한으로 강조한다.

이러한 관점에서 문교부는 교육과정개정 시안을 발표하였고, 교육과정 이해를 위해 교사 재교육을 전국 규모로 실시하였으며, 실험용 교과서를 편찬하여 실험학교에서 미리 사용해보았다.

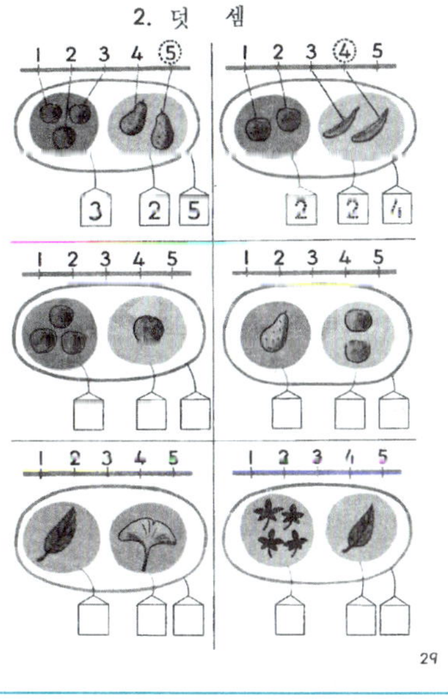

그림 2-13. 3차 교과서 1-1학기
집합 개념에 기초한 덧셈 지도

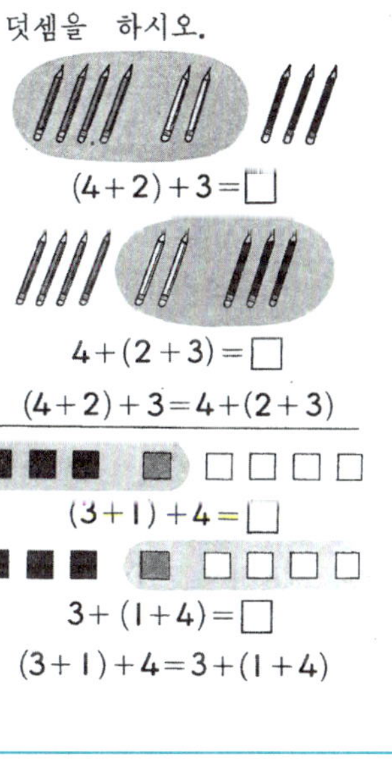

그림 2-14. 3차 교과서 1-2학기
'덧셈의 결합법칙 지도'

초등학생을 대상으로 하는 산수과 교육과정의 개정 방향은 다음과 같았다.

- 현대수학교육의 수학적인 개념을 도입하여 우리 실정에 적합하도록 적용한다.
- 수학적 사고·심리성·논리성에 따른 집합개념을 토대로 한다.
- 계속성·실용성·교양성 등을 강조한다.
- 산수교육을 계산위주에 치중하는 것보다 수학적인 개념·원리 파악에 중점을 둔다.

이 밖에 교과서에서 1, 2차 교과서의 주요 특징이었던 생활단원학습을 완전히 없애고, 계산 절차 중심의 학습형태를 벗어나 계산 원리에 대한 설명을 매

영역		신설 내용
수	1	낱낱의 사물의 집합과 원소, 대등한 두 집합의 비교
	2	집합의 이름과 원소의 이름
	3	집합 기호 { }의 사용, 두 집합 사이의 포함 관계와 기호 ⊃, ⊂의 사용, 원소가 집합에 속하는 관계와 그의 기호 ∈의 사용
	4	합집합과 교집합, 간단한 공집합 , 분수의 동치류
	5	전체집합과 여집합, 공집합, 음의 정수
	6	자연수를 거듭제곱으로 나타내기, 지수법칙 자연수, 정수, 음수를 제외한 유리수의 집합과 구조 구명 이진법의 수, 오진법의 수, 이진법, 오진법의 수와 십진법의 수의 상호관계, 음의 분수(또는 음의 소수)
연산	1	덧셈의 결합법칙, 집합의 합성, 덧셈, 뺄셈에 관한 부등식
	2	0, 1의 곱셈, 곱셈과 나눗셈에 관한 부등식, 두 수의 곱으로 분해된 인수, 미지항이 있는 곱셈과 나눗셈 등식
	3	곱셈의 결합법칙, 배분법칙, 수학적 문장에 관한 참과 거짓말의 판별, 미지항이 있는 곱셈과 나눗셈 등식의 해를 연산과 역연산의 관계를 적용하기
	4	덧셈에 관한 0, 자연수와 분수(또는 소수)의 교환법칙, 곱셈에 관한 0, 자연수와 분수(또는 소수)의 교환법칙, 문자를 품은 등식의 뜻, 문자를 품은 등식의 미지항 구하기, 문자 x의 사용
	5	분수(또는 소수)의 덧셈, 곱셈에 관한 교환법칙, 결합법칙, 분배법칙 음의 정수까지 확장한 덧셈, 뺄셈 등식의 성질을 적용하여 일차방정식의 해를 구하기 수학적 문장에서 '이거나', '이고', '그리고', 또는 '이다', '아니다'의 뜻
	6	사칙연산 이외의 간단한 연산, 정수 범위에서 덧셈, 뺄셈의 숙달, 일차방정식의 기본 성질과 그의 해를 구하기

표 2–1. 제3차 교육과정에서 수 영역과 연산 영역의 신설 내용

우 강화하였다.

표 2-1과 같이 3차 교육과정에서 신설된 내용을 수 영역과 연산 영역에 한해 살펴보면, 집합에서 사용되는 용어가 적극 들어왔으며, 결합법칙, 배분법칙, 교환법칙 등과 같은 대수구조 개념이 들어와 내용이 어려워졌음을 확인할 수 있다.

(5) 제4차 교육과정

1981년에서 1987년까지의 교육과정을 가리킨다. 4차 교육과정은, 새수학운동의 영향을 받은 3차 교육과정의 여러 가지 문제점을 수정, 보완하기 위해 지도 내용의 양을 대폭 줄이고 적정화시키는 것을 전제로 삼았다. 개정의 기본 입장은 다음과 같았다.

- 내용이나 개념의 선정 및 제시 방법은 학습자의 발달 수준, 학교급간의 관련성을 고려하여 기본적인 지식의 습득을 중시하였다. 지난 교육과정에서는 지나친 이론 위주의 내용이 많았고, 또한 중고등 내용과 겹쳐지는 것도 있었다.
- 기초연산의 이해를 바탕으로 계산기능을 강화하였다. 기초연산은 이해 과정으로 머물게 하지 말고 기능의 숙달까지 도달해야 하는 것으로 보았다.
- 단계적 교재의 구성으로 기본개념을 보다 더 철저하게 이해시킬 수 있는 시간을 갖도록 한다. 나선형 교재 배열로 인해 학년 간에, 학교급 간에 중복되는 내용이 많았다. 중복되는 내용은 상급 학교로 넘기고, 기초개념을 철저히 이해시킬 수 있는 시간을 확보하도록 하였다.
- 일상생활의 여러 가지 현상을 수리적으로 생각하는 경험을 통하여 문제해결력을 강화하였다.
- 발견적인 학습 방법을 강조하였다.

4차 교육과정에서 특징적인 것은 교과용 도서의 개발이 연구·개발형의 1종 도서라는 점이다. 1972년 설립된 한국교육개발원은 1979년 교육과정 연구 개발 전담기구로 지정되었고 1981년 교육과정 개편 및 교과용 도서 연구 개발 기관으로 거듭 지정 되었다. 한국교육개발원은 실험본과 정본을 개발하였고, 당시 산수 교과서의 연구, 개발의 추진은 교육과정부 수학교육 연구실의 연구원과 문교부 수학 담당 편수관이 업무를 분담하였다.

4차 교육과정부터 통합 교과가 운영되었다. 1학년에서 산수와 과학을 합쳐 '슬기로운 생활'이 처음으로 만들어졌다. (그림 2-15) 그 결과로 1학년 산수 교과서는 편찬되지 않았다. 또한 산수 교과서에서 문제해결력의 신장이라는 면에서 '여러 가지 문제' 단원명이 등장한 것도 기존과 달라진 점이다. (그림 2-16)

그림 2-15. 4차 교과서 1-1학기 슬기로운 생활

자세히 생각하여 풀어 보자.

① 긴 의자 하나에 5명씩 앉을 수 있다. 32명의 학생이 앉으려면 최소한 몇 개의 의자가 필요한가?

② 250개의 사과를 40개씩 들어가는 사과 상자에 담으려고 한다. 최소한 몇 개의 사과 상자가 필요한가?

③ 지름의 길이가 40 cm인 원주와 지름의 길이가 4 cm 더 긴 원주의 차는 얼마인가?

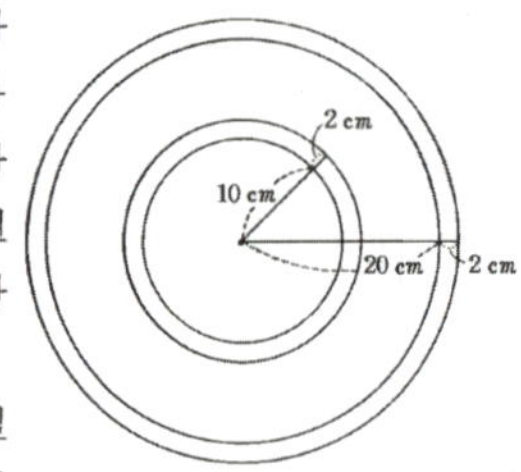

또, 지름의 길이가 20 cm인 원주와 지름의 길이가 4 cm 더 긴 원주의 차는 얼마인가? 그 차가 서로 같은지 비교하여 보아라.

188

그림 2-16. 4차 교과서 6-2학기 11. 여러 가지 문제

(6) 제5차 교육과정

1987에서 1992년까지의 교육과정을 가리킨다. 산수과는 이전 교육과정의 골격은 그대로 유지하면서 부분적으로 수정, 보완하였다. 새 산수과 교육과정 개정 방향은 다음과 같았다.

- 기초 학습능력 및 기초학력과 관련되는 내용을 강화시켰다. 기초 능력은 **讀書算**을 일컫는다. 기초학력과 기초능력의 요구를 만족해 주어야 할 초등수학의 방향은 전

통적인 셈하기만을 강조할 수는 없는 입장이며 각 영역에 걸쳐 폭넓은 내용을 포함시켜 강화하였다.

- 학생용 보조 교과서의 제공으로 학생들의 학습 활동을 늘이고, 자율적인 학습의 기회를 많이 제공하였다. 산수과 보조 교과서인 '산수익힘책'을 발간하였다.
- 수학적 지식과 기능의 활용을 바탕으로 수학적 사고를 통한 문제해결력을 강조하였다. 어떤 수학적인 문제 상황에 부딪혔을 때에 그 문제를 충분히 이해하고 어떤 과정을 거쳐 식을 만들고 해결 방법을 찾아내어 풀어 보고 음미해 보는 습관이 중요한 것이다.
- 학습내용의 양의 수준을 적정화하였다. 기초학습능력과 수학적 활동 및 문제해결력과 관련되는 내용은 강화하는 한편 상위 학년에서 다루어지고 어려운 내용은 약화시켰다.
- 내적인 학습 동기 유발 및 긍정적인 수학적 태도의 육성을 강조했다. 학생들의 자율적인 학습이 이루어지도록 유도하고 있으며, 학습에 대한 성취의 정도뿐만 아니라 정의적인 목표에 대한 사항도 유의하도록 하였다.

그림 2-17. 5차 교과서에서 처음 도입된 '산수익힘책'

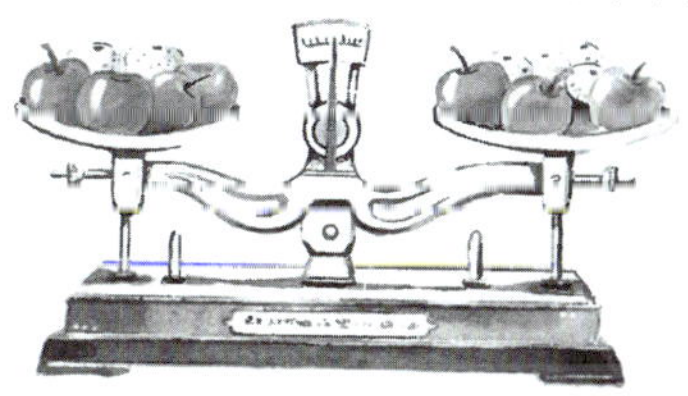

여러 가지 문제를 풀어 보자.

◈ 무게가 똑같은 귤이 6개 있고, 또 무게가 똑같은 사과가 7개 있다. 이것을 그림과 같이 천칭에 올려놓았더니 수평이 되었다. 이 때, 사과 한 개와 귤 한 개는 어느 쪽이 더 무거운가? 또, 그 이유를 설명하여라.

◈ 구슬이 8개 있다. 이 중에서 7개는 무게가 서로 같고, 나머지 한 개는 더 무겁다. 천칭으로 3번 달아 무게가 다른 한 개를 찾아보아라. 또, 2번 달아 찾을 수 있는 방법을 생각하여 보아라.

◈ 구슬 9개 중에 무거운 구슬이 한 개 있을 때, 두 번 달아서 그 구슬을 찾아보아라.

152

그림 2-18. 5차 교과서 6-1학기 여러 가지 문제

그림 2-19. 6차 교과서. '산수'에서 '수학'으로

(7) 제6차 교육과정

1992년부터 1997년까지의 교육과정을 가리킨다. 1996년 '국민'학교는 초등학교로 바뀐다. '국민'은 황국신민의 준말로 일제강점기의 잔재였다. 민족정기를 되살리는 취지에서 용어를 바꾼 것이다. 또 이 시기에는 '산수算數'라는 과목명을 '수학數學'으로 바꾸었다. 산수라는 과목명은 일제강점기에 시작된 것이다. 산수는 일본이 1940년대 계산술과 대수, 기하학 등의 수학의 초보적인 형태를 합쳐 만든 용어이다. 우리나라는 1992년 산수를 수학으로 바꾸었다.

제6차 수학과 교육과정은 이전 교육과정 내용의 분량 및 수준, 지도방법, 평가 방법 등을 수정, 보완하는 방향으로 개정하였다. 따라서 내용상으로는 대폭적인 개정이 아니라 일부만 개정되었다. 다만 제4차, 5차에서 수학적 문제해결력에 대하여 목표에서만 강조하던 것을 지도 내용면에서 그 전략이나 내용, 방법 등을 밝힘으로써 문제해결력의 지도를 적극 강조하였다.

1980년대 말 미국, 영국, 일본 등에서 수학교육을 개선하려는 움직임이 일었다. 1989년 미국수학교사협의회에서 '학교수학을 위한 교육과정과 평가규준'을 펴내었다. 영국에서는 1989년 3월 잉글랜드와 웨일스 지역의 국회가 국정 교육과정에 관한 법을 통과시켜 교육개혁을 실시하였다. 1989년 일본에서도 새로운 교육과정이 확정되었다. 수학적 사고력의 중시, 수학 학습을 위한 컴퓨터의 활용, 의욕적인 학습 태도의 함양 등을 강조하였다. 이러한 국외의 수학교육 개선 움직임이 우리나라 수학교육계의 변화에 적지 않은 영향을 미쳤다.

(8) 제7차 교육과정

1997년부터 2007년까지의 교육과정을 가리킨다. 이 교육과정에서는 '수준별 교육과정'이 쟁점이었다. 이는 학생들이 자신의 능력 수준, 진로, 희망에 따라 스스로 학습 내용과 수준을 선택하는 것을 내세웠다. '국민 공통 기본교육과정'이라고 새롭게 명명된 초등학교 1학년부터 고등학교 1학년까지의 10년간의 수학에 대해서는 '단계형 수준별 교육과정'을 적용하고, 고등학교 2, 3학년의 수학에 대해서는 '선택형 수준별 교육과정'을 적용하게 되었다.

'단계형'이라는 취지를 반영해 초등학교 1학년은 1-가, 1-나 단계, 중학교 1학년은 7-가 단계, 7-나 단계, 고등학교 1학년은 10-가, 10-나 단계와 같은 식으로 불렸다. '수준별'의 취지를 담아내기 위해 교육과정 문서에서 여러 변화가 있었다. 먼저, 국민 공통 기본교육과정인 10단계의 내용은 '수와 연산, 도

5–가 단계
(라) 문자와 식
1 문제 해결 방법
① 다양한 문제를 적절한 방법을 선택하여 해결할 수 있다.
② 문제 해결의 과정을 설명할 수 있다.

[심화과정]
① 하나의 문제를 두세 가지의 방법으로 해결하고, 그 방법을 비교할 수 있다.

표 2–2. 제7차 교육과정 문서의 일부 내용: 기본과정과 심화과정

교과서	기본내용 (활동, 발문 중심)	문제	수행평가 (재미있는 놀이, 과제해결)	문제해결
익힘책	수준별 문제 (기본문제, 발전문제)		형성평가 (잘 공부했는지 알아보기)	보충문제(다시 알아보기) 심화문제(좀더 알아보기)

표 2–3. 제7차 수학 교과서와 익힘책의 내용 전개

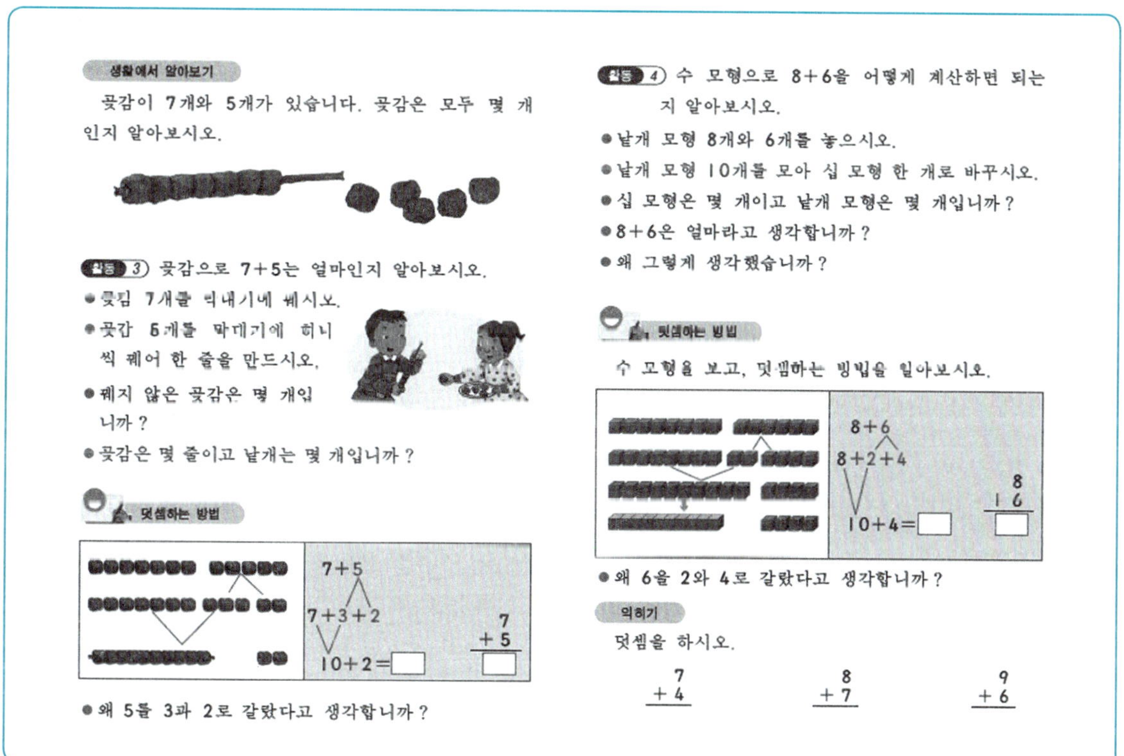
생활에서 알아보기
곶감이 7개와 5개가 있습니다. 곶감은 모두 몇 개인지 알아보시오.

활동 3 곶감으로 7+5는 얼마인지 알아보시오.
● 곶감 7개를 꼬치에 꿰시오.
● 곶감 5개를 막대기에 하나씩 꿰어 한 줄을 만드시오.
● 꿰지 않은 곶감은 몇 개입니까?
● 곶감은 몇 줄이고 낱개는 몇 개입니까?

덧셈하는 방법
7+5
7+3+2
10+2=□
7
+5
□
● 왜 5를 3과 2로 갈랐다고 생각합니까?

활동 4 수 모형으로 8+6을 어떻게 계산하면 되는지 알아보시오.
● 낱개 모형 8개와 6개를 놓으시오.
● 낱개 모형 10개를 모아 십 모형 한 개로 바꾸시오.
● 십 모형은 몇 개이고 낱개 모형은 몇 개입니까?
● 8+6은 얼마라고 생각합니까?
● 왜 그렇게 생각했습니까?

덧셈하는 방법
수 모형을 보고, 덧셈하는 방법을 알아보시오.
8+6
8+2+4
10+4=□
8
+6
□
● 왜 6을 2와 4로 갈랐다고 생각합니까?

익히기
덧셈을 하시오.
7 + 4　8 + 7　9 + 6

그림 2–20. 7차 교과서 1–나 단계 '더하기와 빼기(2)'

형, 측정, 확률과 통계, 문자와 식, 규칙성과 함수'로 구분하여 제시되었다.* 둘째, 기본과정과 심화과정으로 구분하여 내용을 제시하였다. (표 2-2)

수준별 교육과정을 반영하여 초등학교 수학 교과서와 수학익힘책은 표 2-3과 같이 전개되었다. 실제 교과서 내용 전개는 그림 2-20과 같다.

* 이전 교육과정까지는 초등학교, 중학교, 고등학교의 내용 구분 영역명이 상이하였다. 예를 들어 6차 교육과정에서 초등학교의 경우 '수, 연산, 도형, 측도, 관계', 중학교는 '수와 식, 방정식과 부등식, 함수, 도형, 통계', 고등학교(공통수학)는 '대수, 해석, 기하'로 사용하였다.

(9) 2007 개정 교육과정

2007년에서 2009년까지의 교육과정을 가리킨다. 이 교육과정은 기본적으로 제7차 교육과정의 기본 철학이나 체제를 유지하는 것을 목표로 삼고 그동안 교육과정을 실행하면서 발생한 문제점을 중심으로 수정, 보완하는 방향으로 진행되었다.

해방 이후 교육과정 개정이 여러 차례 있었다. 그 방식은 국가나 교육부가 주관하는 중앙집권식 개정, 모든 학급, 모든 교과, 모든 학년에 변화를 주려는 전면적 개정, 한 번 만에 모든 것을 바꾸는 일시적 개정이었다. 이 방식의 문제점으로는, 먼저 교사는 교육과정 문제로부터 소외되어 자신의 전문성을 향상시키거나 발휘할 기회를 얻기 힘들며, 교육의 여러 영역에서 수동적 자세를 갖게 된다. 주기적 개정은 개정의 필요나 이유가 명백하지 않음에도 개정에 들어가 정당화 논의가 궁색하게 진행된다. 현행 교육과정이 현장에 적용, 실천되기도 전에 차기 개정 작업을 시행하는 경우가 발생하여, 새로운 작업에 대한 타당성에 문제를 제기, 냉소적 태도를 야기하였다. 기존 교육과정 개정 방식에 대한 이러한 반성을 토대로, 2007 개정 교육과정은 '부분 개정' 또는 '수시 개정'을 지향하였다.

이런 배경 아래 2007 교육과정의 수정, 보완은 다음과 같이 이루어졌다. '수준별 교육과정' 에서 '수준별 수업'으로 초점이 이동되었다. 7차 교육과정에서는 교육과정 문서 수준에서 기본과 심화를 구분하였지만 학교 현장에서 실효성이 떨어졌다. 이번 개정에서는 국가 수준 교육과정에서는 모든 학생들이 반드시 학습해야 할 수학과 학습 내용만 제시하고, 학교 현장에서는 각 학교의 상황, 학생의 능력, 수준, 적성에 적합하게 수학과 교육 내용을 재조직하여 수준별 수업을 실시하도록 부분 개정되었다. 더불어 단계형 수준별 교육과정에서 '단계형'이 폐기되어, '1-가 단계'와 같은 표현이 사라졌다.

7차 교육과정에서 1학년부터 10학년까지 모두 같은 영역명을 사용하였지만, 이번에는 학교급의 특성과 수준을 반영하도록 바꾸어, 초등학교는 '수와 연산, 도형, 측정, 확률과 통계, 규칙성과 문제해결', 중학교와 고등학교는 '수와 연산, 문자와 식, 함수, 확률과 통계, 기하'로 조정되었다.

(10) 2009 개정 교육과정

총론이 2009년 12월23일에 개정 고시되었다. 2009 개정 교육과정은 '하고 싶은 공부, 즐거운 학교'가 될 수 있도록 학생의 지나친 학습부담은 감축하고, 학생들의 학습흥미를 유발하며, 단편적 지식·이해 교육이 아닌, 학습하는 능력을 기르고, 지나친 암기중심 교육에서 배려와 나눔을 실천하는 창의 인재를 양성하는 교육으로의 변화를 내세웠다. 수학과 교육과정 개정은 2011년 8월 9일에 고시되었다. 이듬해 2012년 1월 11일 교육과학기술부에서는 『수학교육선진화방안』을 발표하였다. 총론과 수학과교육과정의 개정, 그리고 수학교육선진화방안의 발표 등으로 수학과에는 여러 변화가 생겼다.

먼저 총론에서 강조한 '창의 인재'를 반영하고자 수학적 창의성과 인성을 강화하여 내용을 수정, 보완하였다.

둘째, 학년군을 도입한 것으로, 초등학교 1～2학년, 3～4학년, 5～6학년, 중학교 7～9학년의 네 개 학년군을 제시하고, 학년군별로 수업시수를 배당하였다. 이러한 학년군의 도입은 교육과정 편성·운영의 경직성을 탈피하고, 학년 간 상호 연계와 협력을 가능하게 하며, 수업 시수가 적은 교과목의 집중 이수를 원활하게 한다는 취지였다.

2007 개정 기준	1-1학기 교과서	1-2학기 교과서	2-1학기 교과서	2-2학기 교과서
2009 개정 기준	수학 1~2학년군 수학 1	수학 1~2학년군 수학 2	수학 1~2학년군 수학 3	수학 1~2학년군 수학 4

표 2-4. 2007 개정과 2008 개정의 초등 수학 교과서 이름 비교

셋째, '수학적 과정'을 신설하였다. 수학과 교육과정에 문제해결, 의사소통, 추론을 '수학적 과정mathematical process'의 주요 요소로 포함시켜 수학적 사고과정과 활동을 강조하여 다루기로 하였다. 다시 말하여, 수와 연산, 도형, 측

1차시 스토리텔링

옛날 어느 나라에 뽐쟁이 임금님이 살았어요. 임금님의 옷장에는 화려한 옷과 모자, 허리띠, 신발 등이 가득했어요. 그러던 어느 해, 임금님은 생일을 맞아 멋진 잔치를 열기로 했어요.
(중략)
동서남북의 유명한 재단사들이 모두 모여 명령문을 보고 옷을 만들기 시작했어요.
"뭔가 이상한데…. 그 이유를 모르겠단 말이야."
(중략) 임금님께서 입으실 옷을 잘 만들 수 있을까요?

표 2-5. 2009 개정 교과서 2학년 1학기 '길이재기'

정, 규칙성, 확률과 통계로 이루어진 내용 영역과 더불어 문제해결, 의사소통, 추론으로 이루어진 과정 영역을 명시적으로 도입하고, 이 두 영역이 학습에 반영되도록 성취기준을 제시하고자 하였다신이섭 외, 2011.

넷째, 『수학교육선진화방안』 발표에서 '스토리텔링 수학 교과서'가 공식적으로 언급되었다. '쉽게 이해하고 재미있게 배우는 수학'을 위해 스토리텔링 구성을 하게 된 것이다. 이후 스토리텔링 수학 교과서는 곧바로 언론의 주목을 받았으며 이후 교육계와 학부모의 주요 관심사가 되었다.

(11) 2015 개정 교육과정

총론 차원에서 2015 교육과정이 내세운 필요성은, 먼저 창의융합형 인재를 양성하고, 둘째, 교과 역량을 강조하며, 셋째, 학습량 적정화를 위해 교육내용의 질적인 감축, 넷째, 문·이과 통합형 교육과정의 의의를 살리는 것이었다.

수학과 교육과정 개정의 방향은 다음과 같다. 첫째는 수학 교과 역량의 구현으로, 교육부는 지식정보 사회가 요구하는 핵심역량을 갖춘 창의융합형 인재상과 미래사회가 요구하는 역량 함양이 가능한 교과 교육과정의 개발을 언급하면서 핵심역량을 강조하고 있으므로 수학과에서도 이런 방향을 수용하여 교육과정에 구현하고자 했다. 둘째는 학습 부담의 경감 추구로, 이를 달성하기 위한 방안으로 내용 감축과 연계성 강화, '평가 방법 및 유의 사항'을 통한 평가 가이드라인 제공, 교수-학습 방법 개선의 세 가지를 제시하였다. 셋째는 학습자의 정의적 측면 강조로, 이는 수학 성취도에 있어 우리나라 학생들의 인지적 측면과 정의적 측면의 부조화를 해소하기 위해 필요하다. 넷째는 실생활 중심의 통계 내용 재구성으로, 통계는 실생활 맥락으로 내용의 성격을 재조정하는 것이 절실하게 요구되어 왔다. 다섯째는 공학적 도구의 활용 강조로, 기존 교육과정에서의 '권장'을 한층 강화하여 중학교의 경우는 공학적 도구 활용을 성취기준으로 진술하는 방안을 제안하였다박경미 외, 2015.

수학과 교육과정에서 추구하는 수학 교과 역량은 수학교육을 통해 학습자가 길러야 할 기본적이고 필수적인 능력 또는 특성으로, 문제해결 능력, 추론 능력, 창의·융합 능력, 의사소통 능력, 정보 처리 능력, 태도 및 실천 능력의 6가지로 구성된다. 초등학교 수학과 내용 선정 방향은 유치원 교육과정인 누리과정과의 연계성 확보, 학습 부담 경감을 위한 내용 감축 및 이동, 성취기준에 따른 학습량 적정화, 수시개정으로 인한 현장 교사들의 피로도 누적을 고려한 변화의 최소화이다박경미 외, 2015.

2015 교육과정에서는 강조하는 수학 교과 역량은 문제해결, 추론, 창의·융합, 의사소통, 정보처리, 태도 및 실천으로 구분되며 그 개념은 다음과 같다.

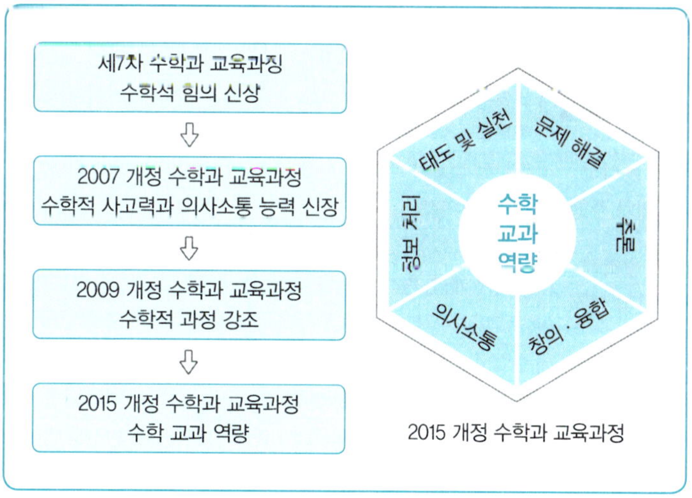

그림 2-21. 2015 개정 수학과 교육과정

1) 문제해결

문제 해결 능력은 '해결 방법을 알고 있지 않은 문제 상황에서 수학의 지식과 기능을 활용하여 문제 전략을 탐색하고 최적의 해결 방안을 선택하여 주어진 문제를 해결하는 능력'을 의미한다.

하위 요소	의미	기능
문제 이해 및 전략 탐색	문제에서 구하고자 하는 것과 주어진 조건 및 정보를 파악하고, 적절한 해결 전략을 탐색하여 풀이 계획을 수립하는 능력	(문제) 이해하기, 분석하기, (조건, 정보) 파악하기, (관계) 파악하기, 계획하기, 탐구하기, 일반화하기, 특수화하기, 유추하기, 분류하기, 조사하기, 거꾸로 생각하기, 단순화하기, 그림으로 나타내기, 표 만들기, 식 세우기, (다양한 전략) 구사하기
계획 실행 및 반성	계획한 풀이 과정을 수행하고 검증 및 반성을 통하여 해결 방법과 해답을 평가하는 능력	계산하기, (절차) 수행하기, 문제 해결하기, 적용하기, 활용하기, 점검하기, 반성하기, 평가하기
협력적 문제 해결	균형 있는 책임 분담과 상호작용을 통해 집단적으로 문제 해결을 수행하는 능력	설명하기, 정당화하기, 질문하기, 비판하기, (의견) 존중하기, (의견) 조정하기, 의사결정하기, 토론하기, 제안하기, 종합하기
수학적 모델링	실생활 문제 상황을 수학적으로 나타내고 분석하여 결론을 도출하고 이를 상황에 맞게 해석하는 능력	(상황) 모델링하기, 변환하기, 분석하기, 적용하기, 활용하기, 해석하기, 해석하기, 결론 도출하기, 점검하기
문제 만들기	주어진 문제를 변형하거나 새로운 문제를 만들어 해결하는 능력	(조건) 변형하기, 유사성 찾기, 비교하기, 관련짓기, 확장하기, 생성하기, (문제) 만들기

2) 추론

추론 능력은 '수학적 사실을 추측하고 논리적으로 분석하고 정당화하며 그 과정을 반성하는 능력'을 말한다.

하위 요소	의미	기능
관찰과 추측	관찰과 탐구 상황에서 귀납, 유추 등의 개연적 추론을 하여 수학적 사실을 추측하는 능력	관찰하기, 추측하기, 규칙 찾기, 탐구하기, 일반화하기, 특수화하기, 유추하기
논리적 절차 수행	수학적 절차와 수학적 사실 도출 과정을 논리적으로 수행하는 능력	형식화하기, 작도하기, 순서 짓기, 대입하기, 단순화하기, 계산하기, 절차 따르기, 풀기, (해) 구하기, 함수 구하기
수학적 사실 분석	수학적 개념, 원리, 법칙을 분석하는 능력	이해하기, (조건, 정보 등) 파악하기, 분석하기, 정의하기, 관계 짓기, 비교하기, 구별하기, 측정하기, (단위, 식) 변환하기, 공식 유도하기, (수, 개수, 경우의 수) 세기, 어림하기, 분해하기, 합성하기
정당화	수학적 사실이 참임을 보이기 위해 증거를 제시하고 이유를 설명하는 능력	정당화하기, 반례 찾기, 예증하기, 증명하기, 설명하기, 규칙 정하기
추론 과정의 반성	자신의 추론 과정이 옳은지 비판적으로 평가하고 되돌아보는 능력	반성하기, 되돌아보기, 비판하기, 평가하기, 검토하기, 판단하기, 판별하기, 확인하기

3) 창의·융합

창의·융합 능력은 '수학의 지식과 기능을 토대로 새롭고 의미 있는 아이디어를 다양하고 풍부하게 산출하고 정교화하며, 여러 수학적 지식, 기능, 경험을 연결하거나 수학과 타 교과나 실생활의 지식, 기능, 경험을 수학과 연결, 융합하여 새로운 지식, 기능, 경험을 생성하고 문제를 해결하는 능력'을 의미한다.

하위 요소	의미	기능
독창성	문제 상황에서 새로운 아이디어, 해결 전략, 해결 방법을 찾아내거나 새로운 관점에서 문제를 제기하는 능력	(새로운 관점에서 문제 해결 방법이나 전략) 찾아내기, (새로운 관점에서) 문제 제기하기, 발견하기, 창작하기, 상상하기, 발명하기, 만들기
유창성	문제 상황에서 많은 아이디어나 해결 방법, 해답을 산출하는 능력	(많은 해결 방법이나 해답) 찾아보기, (문제 해결 방법이나 전략을 2개 이상) 제시하기, (개방형 문제에서 다양한 해답) 산출하기
융통성	고정된 사고방식에서 벗어나 다양한 관점에서 해결 방법이나 전략, 아이디어를 찾아내거나 문제를 제기하는 능력	(다양한 관점에서 해결 방법이나 전략, 아이디어) 찾아내기, 여러 범주(대수, 기하, 식, 표, 그래프 등)에서 해결책 찾아내기, (다양한 관점에서) 문제 제기하기
정교성	기존의 수학적 아이디어에 세부 사항을 추가하거나 변형하여 더욱 가치 있는 것으로 발전시키는 능력	(수학적 아이디어) 구체화하기, (수학적 사실을 표, 그림, 모델, 수학 용어, 기호 등을 사용하여) 간단명료하게 표현하기, (수학적 아이디어나 문제 풀이 과정) 정련하기/정교화하기, (여러 풀이나 설명 중에서) 완결성 높은 것 찾아보기
수학 내적 연결	여러 수학적 지식, 기능, 경험 등을 연결하여 새로운 수학적 지식, 기능, 경험 등을 생성하고 수학 문제를 해결하는 능력	(서로 다른 주제 또는 서로 다른 학년의 수학 지식, 기능, 경험 사이의) 관계 찾기/관련짓기/연결하기/통합하기/재구성하기, (수학 문제 상황에 두 가지 이상의 지식, 기능) 적용하기/문제 해결하기
수학 외적 연결 및 융합	수학과 타 교과나 실생활의 지식, 기능, 경험 등을 연결·융합하여 새로운 지식, 기능, 경험 등을 생성하고 문제를 해결하는 능력	(실생활이나 타 교과 상황과 관련된 수학적 지식, 기능, 경험 등) 찾아보기, (실생활이나 타 교과 상황에 수학적 지식, 기능, 경험 등) 적용하기/연결하기/관련짓기/융합하기

4) 의사소통

의사소통 능력은 '수학적 지식이나 아이디어, 수학적 활동의 결과, 문제해결 과정, 신념과 태도 등을 말이나 글, 그림, 기호로 표현하고 다른 사람의 아이디어를 이해하는 능력'을 의미한다.

하위 요소	의미	기능
수학적 표현의 이해	수학적 의미를 이해하고 정확하게 사용하는 능력	그리기, (수, 시각) 읽기·쓰기, 표현하기, 형식화하기, 서술하기, 작도하기, 이해하기
수학적 표현의 개발 및 변환	자신의 아이디어를 나타내는 표현을 만들고 수학적 표현들끼리 변환하는 능력	(표) 만들기, (그래프) 그리기, 꾸미기, 채우기, 이름 짓기, (그림, 식, 표 등으로) 나타내기, 표현하기, 선택하기, 변환하기(바꾸기)
자신의 생각 표현	수학 학습 활동 과정과 결과를 다른 사람에게 표현하는 능력	설명하기, 쓰기, 말하기, 보여주기, 토론하기
타인의 생각 이해	다른 사람의 생각을 이해하고 평가하는 능력	경청하기, 질문하기, 파악하기, 토론하기

5) 정보처리

정보처리 능력은 '다양한 자료와 정보를 수집, 정리, 분석, 해석, 활용하고 적절한 공학적 도구나 교구를 선택, 이용하여 자료와 정보를 효과적으로 처리하는 능력'을 의미한다.

하위 요소	의미	기능
자료와 정보 수집	실생활 및 수학적 문제 상황에서 적절한 자료와 정보를 탐색 및 생성하여 수집하는 능력	(자료를) 수집하기, 조사하기, 기록하기, 탐색하기, 생성하기
자료와 정보 정리 및 분석	수집한 자료와 정보를 목적에 맞게 분류, 정리, 분석, 평가하는 능력	표현하기, 분류하기, 정리하기, 열거하기, 배열하기, 비교하기, 묶기, 분석하기, 분할하기, 시각화하기, 평가하기
정보 해석 및 활용	분석한 정보에 내재된 의미를 올바르게 파악하여 해석, 종합, 활용하는 능력	예측하기, 설명하기, 해석하기, 종합하기, 활용하기
공학적 도구 및 교구 활용	수학적 아이디어와 개념을 탐구하고 문제를 해결하는 데 적합한 공학적 도구 및 교구를 선택하고 이용하는 능력	선택하기, 조작하기, 공학적 도구 활용하기, 시각화하기

6) 태도 및 실천

태도 및 실천 능력은 '수학의 가치를 인식하고 자주적 수학 학습 태도와 민주 시민 의식을 갖추어 실천하는 능력'을 의미한다.

하위 요소	의미	기능
가치 인식	수학에 대해 관심과 흥미를 가지고, 수학의 실용적, 도야적, 심미적, 문화적 가치를 인식하는 능력	(수학에 대해) 관심과 흥미 가지기, (수학의) 가치 인식하기, (수학의) 역할 이해하기, (수학의) 필요성/유용성 인식하기, (수학의) 편리함 인식하기
자주적 학습 태도	수학 학습 의지와 자신감, 끈기를 가지고 자신 스스로 목표를 설정하여 자율적으로 학습을 수행하며 학습 결과를 평가하는 태도	(즐거움, 성취감, 동기화, 안정감, 만족감, 도전의식, 적극성, 자신감, 끈기) 가지기, 목표 설정하기, 계획 세우기, 조절하기, 점검하기, 평가하기, 시간 관리하기, 자율적 태도
시민 의식	수학적 활동을 통하여 정직하고 공정하며 책임감 있게 행동하고 어려움을 극복하기 위해 도전하는 용기 있는 태도, 타인을 배려하고 존중하며 협력하는 태도, 논리적 근거를 토대로 의견을 제시하고 합리적으로 의사결정하는 태도를 가지고 이를 실천하는 능력	(공정, 정직한) 태도 취하기, (책임감, 도전 정신, 용기) 가지기, 배려하기, 존중하기, 협력하기, 논리적 근거를 토대로 의견 제시하기, 이유 설명하기, 합리적으로 의사 결정하기

[참고문헌]

강문봉, 강흥규, 권석일, 김수미, 남진영(2013). 초등수학교육의 이해. 경문사.

강옥기(1997). 제7차 수학과 교육과정 시안 연구. 수학교육학연구, 7권 2호, 45-62.

강현영(2007). 심성함양으로서의 수학교육: F. Klein의 함수적 사고 교육을 중심으로. 서울대학교 대학원 박사학위논문.

김왜정(2013). 수학교육 근대화 운동에 관한 연구: 페리와 무어를 중심으로. 영남대학교 교육대학원 석사학위논문.

김정환(2008). 페스탈로치의 생애와 사상. 박영사.

김정환(1999). 페스탈로치가 어머니들에게 보내는 편지. 양서원.

권석일(2006). 중학교 기하 교재의 '원론' 교육적 고찰. 서울대학교 대학원 박사학위논문.

박경미 외(2015). 2015 수학과 교육과정 개정 시안 개발 정책 연구. 한국과학창의재단.

박한식(1991). 한국수학교육사. 대한교과서주식회사.

신이섭 외(2011). 2009 개정 교육과정에 따른 수학과 교육과정 연구. 한국과학창의재단.

이종국(2008) 한국의 교과서 변천사. 대한교과서주식회사.

이혜영, 최광만, 윤종혁(1998). 한국 근대 학교교육 100년사 연구(Ⅲ). 한국교육개발원 연구보고 RR98-8.

정재환(2012). 해방 후 조선어학회·한글학회 활동 연구(1945~1957년). 성균관대학교 대학원 박사학위논문.

제3장 | 수학적 사고와 그 지도

초등학교 4학년 학생들이 다음의 문제를 푸는 상황을 생각해보자.

[문제 3-1] 다음 그림에는 모두 몇 개의 정삼각형이 있나요?

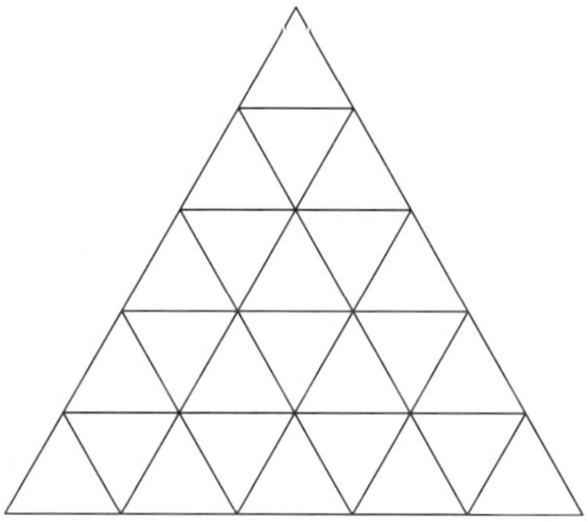

학생들은 이 문제를 풀려고 시도하면서 먼저 문제에서 구해야 할 것이 무엇인지를 분명하게 해야겠다는 생각을 하게 될 것이다. 예를 들면, 가장 작은 정삼각형만 세면된다는 아이들도 있을 것이고, 그기는 다르지만 여러 가지 크기의 정삼각형이 있기 때문에 그것을 모두 고려하여 세어야 한다는 아이들도 있을 것이다. 이런 과정을 통해 문제에서 정삼각형의 크기를 제한하지 않았기 때문에 모든 크기의 정삼각형을 세어야 한다는 것을 학생들이 이해하게 되고 문제를 해결하기 전에 문제를 명확하게 이해하려는 태도를 가져야 한다(①)는 것을 알게 된다.

다음으로 각자 나름대로의 방법으로 서로 다른 크기의 정삼각형을 세기 시작할 것이다. 어떤 아이는 주어진 그림에 자기가 세려고 하는 정삼각형을 덧대어 그리면서 셀 것이다. 그렇게 다 세고 난 뒤 아이는 '세기는 했지만 성가시고 복잡했다. 보다 좋은 방법은 없을까?', '일단 개수를 구했지만 이것이 옳은 답일까?, 옳다면 그 사실을 어떻게 확인할 수 있을까?', '세긴 했지만 틀린 것 같다. 바르게 세려면 어떻게 생각하면 좋을까?', '세기가 어렵다. 어떻게 해야 잘 셀 수 있을까?'와 같은 생각을 자연스럽게 하게 될 것이다.

자기의 해결방법에서 이와 같은 문제점을 깨달은 후 '정삼각형에는 여러 가지 크기가 있으며 그것에 따라 개수를 세면 좋을 것이다'라는 생각을 하게 되고, 정삼각형의 종류를 관점을 정해서 구분하려는 생각(②)을 한다.

크기에 따라 정삼각형을 분류하기 위해 다음과 같은 관점을 정할 수 있다.

가장 작은 정삼각형 한 변의 길이를 1이라고 하면,

변의 길이가 1인 정삼각형	25개
변의 길이가 2인 정삼각형	13개
변의 길이가 3인 정삼각형	6개
변의 길이가 4인 정삼각형	3개
변의 길이가 5인 정삼각형	1개
합계	48개

정삼각형의 한 변의 길이를 1부터 5까지 구분하여 개수를 구하고 난 후 이 아이는 빼놓고 센 것은 없는지, 중복해서 센 것은 없는지 확인하기 위해서 그 크기에 해당하는 정삼각형을 일일이 그림에 덧대어 그리는 방법보다 더 나은 방법이 없을지를 궁리(③)할 것이다. 그리고 각 크기에 대응하는 삼각형을 세기 쉬운 것으로 대응시켜서 바꾸어 놓는다. (그림 3-1)

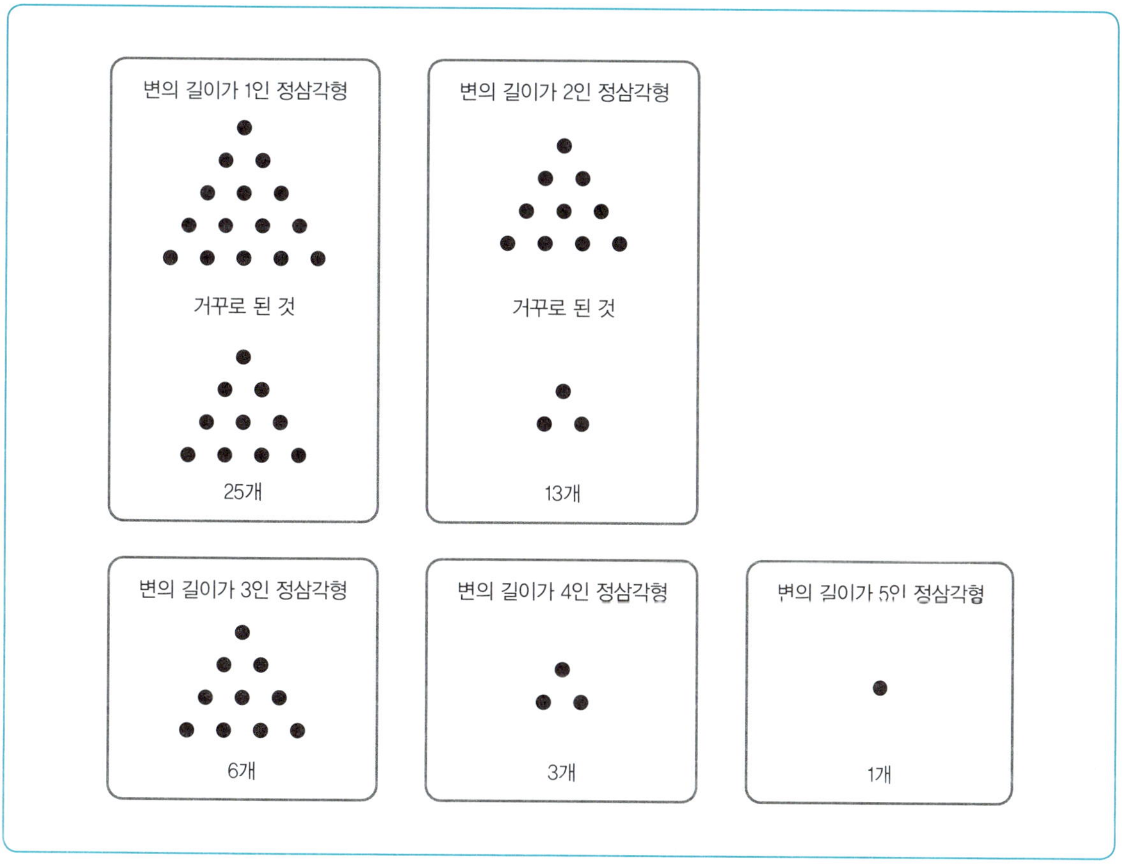

그림 3-1.

그리고 이어서 위의 대상을 일일이 세는 것이 불편하다는 생각을 하고 위의 구조를 적당한 식으로 나타내어 세는 방법을 분명하게 하려고(④) 한다.

변의 길이가 1인 정삼각형 $(1+2+3+4+5)+(1+2+3+4)$
변의 길이가 2인 정삼각형 $(1+2+3+4)+(1+2)$
변의 길이가 3인 정삼각형 $(1+2+3)$
변의 길이가 4인 정삼각형 $(1+2)$
변의 길이가 5인 정삼각형 1

다음으로 위의 문제와 유사한 문제에 적용할 목적으로 일반화하려고(⑤) 노력한다. 원래 주어진 문제에는 정삼각형의 변의 길이가 5였으나 만일 6이라면 그런 그림에서 찾을 수 있는 정삼각형의 개수는 몇 개인지 알아보고자 한다.

확장된 문제를 처음부터 다시 해결하려고 하기 보다는 원래 문제를 해결한 방법에 착안하여 일반화하려고 시도한다. 이를 위해 학생은 변의 길이가 5인 경우의 답으로 나타낸 식이 왜 그렇게 나오게 되는지 그 의미를 곰곰이 음미하여 보게 된다.

그리하여 정 위치의 정삼각형의 개수를 나타낸 식은 변의 길이가 1씩 늘어날 때마다 하나씩 줄어든다는 것과 정 위치로 놓인 정삼각형(△)과 거꾸로 된 정삼각형(▽)의 개수를 나타낸 식의 관계의 의미를 읽어내려고 노력한다. 그것으로부터 정삼각형의 변의 길이만큼 정 위치와 거꾸로 된 삼각형의 식의 항의 갯수가 차이 난다는 것을 알게 된다. 예를 들면, 변의 길이가 2인 정삼각형의 갯수는 정위치의 삼각형의 항의 갯수와 거꾸로 놓인 정삼각형의 항의 갯수의 차가 2가 된다는 것이다. 그리고 항의 개수 차이보다 정위치의 삼각형의 개수를 나타낸 항의 개수가 작으면 거꾸로 놓인 삼각형은 없다는 것도 알게 된다.

변의 길이가 1인 정삼각형	(1+2+3+4+5)+(1+2+3+4)	항의 개수 차이 1개
변의 길이가 2인 정삼각형	(1+2+3+4)+(1+2)	항의 개수 차이 2개
변의 길이가 3인 정삼각형	(1+2+3)	항의 개수 차이 3개
변의 길이가 4인 정삼각형	(1+2)	항의 개수 차이 4개
변의 길이가 5인 정삼각형	1	항의 개수 차이 5개

이러한 인식을 통해 변의 길이가 1인 정삼각형으로 변의 길이가 6인 정삼각형 배열을 만든 그림에는 정삼각형의 개수가 다음과 같은 식으로 나타낼 수 있다고 생각한다귀납적 사고(⑥).

변의 길이가 1인 정삼각형	(1+2+3+4+5+6)+(1+2+3+4+5)	항의 개수 차이 1개
변의 길이가 2인 정삼각형	(1+2+3+4+5)+(1+2+3)	항의 개수 차이 2개
변의 길이가 3인 정삼각형	(1+2+3+4)+1	항의 개수 차이 3개
변의 길이가 4인 정삼각형	(1+2+3)	항의 개수 차이 4개
변의 길이가 5인 정삼각형	(1+2)	항의 개수 차이 5개
변의 길이가 6인 정삼각형	1	항의 개수 차이 6개

이와 같은 문제를 해결하기 위하여 초등학교 4학년 학생에게 요구되는 지식이나 기능은 무엇일까?

① 주어진 모양에서 서로 다른 변의 길이의 정삼각형을 구별하여 인식하는 것
② 변의 길이가 지정되면 그것에 대응되는 대상을 정확하게 파악하여 개수를 세는 것
③ 각 정삼각형에 대응하여 그것을 하나의 점으로 나타내는 것
④ $(1+2+3+4+5)+(1+2+3+4)$와 같은 식으로 나타내는 것

앞서의 문제를 해결하는데 이와 같은 지식이나 기능이 필요하다. 그러나 이러한 것을 가지고 있는 모든 학생들이 이 문제를 성공적으로 해결할 수 있을까? 이 문제를 해결하는데 이상에서 열거한 지식이나 기능이 필요하지만 그보다 더 중요한 것은 다음과 같은 것이다.

① 문제를 해결하기 전에 문제를 명확하게 이해하려는 태도
② 단순한 방법으로 다 세고 난 뒤 '세기는 했지만 성가시고 복잡했다. 보다 좋은 방법은 없을까?', '세긴 했지만 틀린 것 같다. 바르게 세려면 어떻게 생각하면 좋을까?', '세기가 어렵다. 어떻게 해야 잘 셀 수 있을까?'와 같은 생각을 한 후, 자신의 해결 방법에서의 문제점을 깨달은 후 '정삼각형에는 여러 가지 크기가 있으며 그것에 따라 개수를 세면 좋을 것이다'라는 생각을 하게 되고, 정삼각형의 종류를 관점을 정해서 구분하려는 생각
③ 정삼각형의 한 변의 길이에 해당하는 정삼각형을 일일이 그림에 덧대어 정삼각형을 그려서 세고 난 뒤, 그 불편함을 인식하고 이 방법보다 더 나은 방법이 없을지를 궁리하는 생각
④ 대상을 일일이 세는 것이 불편하다는 생각을 하고 그 구조를 적당한 식으로 나타내어 세는 방법을 분명하게 하려는 생각
⑤ 해결한 문제와 유사한 문제에 적용할 목적으로 일반화하려는 생각
⑥ 이미 얻은 식에서 일반성을 도출하는 생각(귀납적 사고)

수학적 지식과 기능으로 위와 같은 문제의 해결을 성공적으로 해내기 위해서 필수적으로 요구되는 것은 위에서 열거한 여러 가지 사고방법이나 생각을 구사할 수 있어야 한다. 만일 이와 같은 사고방법을 구사하지 못한다면 습득한 수학적 개념과 기능은 지극히 제한된 상황에서만 활용되는 무기력한 지식이 되고 말 것이다. 이와 같은 이유에서 2009, 2015 개정 수학교육과정은 그 주요 목표로 '수학적 지식과 기능의 습득'뿐 아니라 '수학적 사고력과 문제해결력 신장'을 강조하였다.

片桐重男1992이 지적한 바와 같이, 21세기까지 살아가게 될 지금의 학생들은 대규모의 기술 혁신에 직면할 것이며, 이와 같이 변화가 격심한 시대에 적응하기 위해서는 고정된 학력이 아니라 새로운 상황에 맞추어 새로운 사고를 하고 행동하는 발전적인 학력으로 갖추어져 있어야 한다. 살아있고 발전적인 학력이라는 것은 그에 따르면 습득한 지식기능이 내적으로는 자신의 것으로 정착되어 있고, 외적으로는 응용력 내지는 적용력을 지닌, 전이하는 학력이다.

수학교육의 결과, 학습자에게 현 사회가 요구하는 수학적 소양을 갖춘 시민을 양성하기 위해서는 수학적 지식과 기능을 길러주는 것만으로는 충분하지 않으며 그것을 어떤 장면이나 상황에서든 활용 가능하도록 하는 바탕인 수학적 사고와 태도를 지도해야 한다. 그런데 수학적 사고는 이러이러한 특징을 가지고 있다고 서술하는 내포적 정의* 의 방식은 수학과 교수-학습에서 수학적 사고를 어떻게 지도할 지에 대해 구체적인 아이디어를 주기에는 모호한 측면을 가지고 있다. 따라서 교사가 수업장면에서 수학적 사고 및 태도의 지도를 용이하게 하기 위해서 수학적 사고를 그 주요 기능이나 역할에 따라 몇 가지로 구분하여 외연적으로 정의** 하고 그 각각의 의미와 역할 등을 구체적으로 서술하는 것이 필요하다고 할 수 있다. 이와 같은 취지에서 본 장에서는 수학적 사고의 의미와 그 구체적인 지도방법을 제시하고자 한다.

* 개념이 가지는 공통적인 성질을 그 개념의 내포라고 한다. 그리고 개념의 내포인 공통 성질을 기술하여 어떤 개념을 정의하는 것을 내포적 정의라고 한다.

** 개념이 적용되는 전 범위를 개념의 외연이라고 한다. 따라서 외연에는 해당 개념의 여러 가지 예, 혹은 원소가 포함된다. 이러한 외연에 속하는 여러 예나 원소를 열거하여 개념을 정의하는 것을 외연적 정의라고 한다.

1 귀납적 사고

어떤 학생이 다각형의 내각의 합의 공식을 알고 싶어 한다고 가정해보자. 이 학생은 몇 몇의 다각형에만 국한되지 않고 모든 다각형, 즉 전체 집합에 성립하는 내각의 합의 공식인 일반성에 관심을 가지고 있다고 할 수 있다. 이것은 알아내기만 한다면 그 다각형이 삼각형, 사각형, 오각형에만 적용되는 것이 아니라 모든 다각형의 내각의 합을 설명해주는 위력을 가지고 있다. 그러나 이러한 일반성은 쉽게 그 모습을 드러내지 않는다. 왜냐하면 그것은 삼각형으로부터 시작해서 모든 다각형에도 통하는 공통성질이기 때문이다. 이런 경우 그 학생은 전체 집합에 속하는 모든 경우를 살펴보는 대신 그 가운데 몇몇의 사례를 수집하여 그것들 사이에 성립하는 공통성을 파악한다. 그리고 이 공통성을 전체 집합에 성립하는 일반성이라고 추정할 수 있다.

이와 같이 '관찰된 개개의 사례를 수집하고 그것들의 공통성을 대상 전체에 성립하는 일반성으로 주장하는 생각을 귀납추리 또는 귀납적 사고'라고 한다. 귀납적 사고에 대한 앞서의 예에 비추어 볼 때, 귀납적 사고는 다음과 같은 절차에 따라 진행된다.

먼저, 일부의 자료를 수집한다. 이때 자료를 수집하는 목표는 공통성을 발견하는 데 있기 때문에 그것이 용이하게 되는 방식으로 자료가 수집되어야 한다. 앞서의 예의 경우 무작정 여러 다각형을 수집하는 것이 아니라 삼각형, 사각형, 오각형, … 이런 방식으로 순서대로 자료를 수집하면 연속하는 경우에 성립하는 공통성을 보다 용이하게 발견할 수 있다.

다음으로 수집한 자료들 사이에 성립하는 공통성을 발견한다. 여기에서 대상의 구조에 기초한 것이 아닌 피상적인 내용이 도출되어 그것을 전체 집합에 성립하는 일반성을 주장하는 오류를 범할 수 있다. 따라서 대상의 본질적인 구조에 기초하여 수집한 자료를 다각형과 그 합의 관계인 공통성이 쉽게 드러나도록 표와 같은 형식으로 정리하는 것이 도움이 된다.

이어서 앞서 발견한 일부 자료에서 성립하는 공통성을 전체집합이 가지는 일반성으로 주장한다. 그런데 이 단계에서 주의해야 할 점은 이러한 일반성은 완전한 '참'은 아니며 일부 자료에 기초하여 얻어낸 잠정적인 '추측'임을 잊지 말아야 한다. 따라서 곧 이어서 이것이 참인지를 확인해보아야 할 필요가 있다. 먼저 앞서 수집한 자료가 아닌 다른 자료에도 이 일반성이 타당한 지 확인해보아야 한다. 그러나 이 과정에서 여러 가지 사례를 사용하여 이 일반성이 타당한지를 확인했다고 하더라도 모든 경우로 확인할 수 없다는 한계점에 부딪히게 된다. 이 과정에서 다른 사례로의 확인이 아닌 방법으로 귀납추론을 통하여 얻어진 결론이 '참'이라는 것을 입증하기 위하여 이와는 질적으로 다른 증명의 방법이 필요하다는 것을 알게 되는데 여기에서 연역 추론이 그 역할을 할 수 있는 것이다.

귀납추론은 앞서의 예와 그 정의를 통해 알 수 있듯이 전체 집합에 성립하는 일반성을 쉽게 발견할 수 있게 하는 발견의 방법으로서의 가치를 가진다.

그리고 귀납적 사고는 주사위에서 마주 보는 면의 합을 알아보기 위해 전체 집합에 속하는 모든 경우인 3가지 경우를 살펴보고 '마주보는 면의 합은 7이다' 라고 그 일반성을 설명하는 완전 귀납과 삼각형, 사각형, 오각형의 합의 공통성을 기반으로 다각형의 내각의 합을 추정하는 불완전 귀납으로 나뉜다.

귀납추론은 전체 집합에 성립하는 일반성을 일부 자료에서 발견한 공통성을 이용하여 도출하는 사고 방법이기 때문에 수학적인 배경지식이 빈약하거나 논리적인 사고에 익숙하지 않은 초등학생들이 쉽게 구사할 수 있다. 그런 이유에서 초등수학의 개념, 기능, 문제해결 방법 등을 도출하는 방법으로 자주 사용된다. 그러나 이 사고 방법이 가지는 발견의 수단으로서의 장점이 부각되고 성급한 일반화에 그치지 않게 하기 위하여 이를 통해서 얻은 결론이 잠정적인 추측임을 인식하게 하고 반드시 확인하는 단계를 갖도록 해야 할 것이다.

수업에서 교사는 "자료를 모아서 공통점을 알아보아라", "어떤 규칙이 있을 것 같을까?", "어떤 추측이 가능한가?"와 같은 발문을 구사하여 학생들의 귀납적 사고를 촉진시킬 수 있다.

다음에 제시된 문제들을 귀납적 사고의 과정을 이용하여 해결해보자.

ACTIVITY Q 토의문제 1

- 정사각형인 색종이를 합동인 두 사각형이 되도록 한 방향으로 계속하여 15번 접을 때, 그 사각형 사이에 생기는 종이 금의 수는 몇 개일까?
- 볼록인 25각형의 대각선의 수는 몇 개인가?
- 1, 2, 2, 3, 4, 3, 4, 5, 6, 4, 5, …의 수열에서 90번째 수는 무엇이 될까?
- 25 각기둥의 꼭지점의 수, 모서리의 수, 면의 수를 구해보시오.
- 귀납추론의 방법으로 각기둥의 부피의 공식을 지도하는 과정을 생각해보고 설명해보시오.

2 유추적 사고

기원전 2000년경의 이집트나 바빌로니아 수학에 관한 수학사의 기록에는 다음과 같은 절두체의 부피를 구하는 흥미로운 문제가 등장한다. 그들은 절두체* 의 부피를 구해야 하는 문제에 직면했다. 그런데 어떤 방법으로 시도해도 절두체의 부피를 구하는 방법을 알아낼 수가 없었다. 그런데 갑자기 누군가가 이 도형은 두 밑면이 평행하기 때문에 윗변과 아랫변이 평행한 사다리꼴과 비슷하다는 점을 발견한다. 따라서 절두체의 부피는 사다리꼴의 넓이를 구하는 방법과 비슷할 것이라고 생각하고 그것을 이용해보자고 제안한다. 그래서 절두체의 부피를 구하는 공식을 사다리꼴의 넓이를 구하는 공식과 비슷하게 $V=(B_1+B_2)\times h\div 2$이라고 생각하고 사용하였다. 지금까지의 과정은 다음과 같이 도식화될 수 있다.

* 절두체는 현재의 용어로 각뿔대이다. 각뿔을 그 밑면에 평행인 평면을 잘랐을 때, 잘린 부분과 밑면 사이의 부분이 이루는 입체를 각뿔대라 한다.

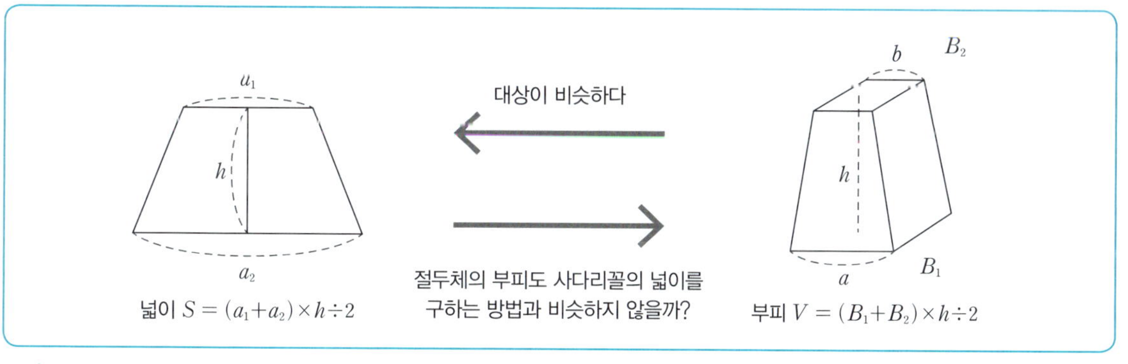

그림 3-2. Eves, H. (1997)

위의 예에서와 같이 어떤 사상 A에 대한 성질이나 법칙 또는 문제해결 방법 P를 곧바로 알 수 없을 때, A와 비슷하면서 이미 알고 있는 사상 A′를 생각해 내고그에 대한 성질이나 법칙 또는 문제해결 방법인 P′가 이미 알려져 있다, 사상 A에 대해서도 P′와 같은 것이 성립하지 않을까 하고 생각하는 사고방법을 유추적 사고 또는 유비추론이라고 한다. 이와 같이 유추적 사고는 사고하는 대상 사이의 구조적인 유사점에 착안하여 그에 대해 성립하는 성질이나 법칙 또는 문제해결 방법을 이끌어내는 발견의 방법으로서의 가치를 가진다. 이미 알고 있는 아이디어나 문제해결 방법을 이용한 사고 방법이라는 측면에서 특히 초등수학의 지도에서 유용하게 활용될 수 있다는 장점을 가진다. 그러나 두 대상간의 유사점에 기초하여 그 성질이나 법칙 또는 문제해결 방법을 이끌어낸 것이기 때문에 유비추론을 통하여 얻어진 결론은 잠정적인 '추측'일 뿐 반드시 '참'이라고 할 수 없다. 따라서 귀납추론과 마찬가지로 유비추론을 통하여 얻은 결론이 '참'인지를 확인하는 과정이 요구된다.

절두체의 부피를 구하는 문제로 다시 돌아가 보자. 기원전 2000년 전 이집트와 바빌로니아 사람들은 유추적 사고를 통해 얻은 결론으로 절두체의 부피가 $V=(B_1+B_2)\times h\div 2$라고 생각하고 사용하였다. 바빌로니아 사람들은 이에 대해 어떤 의구심도 품지 않고 이 공식을 절두체의 부피를 구하는 방법으로 사용했지만 이집트 사람들은 과연 이것이 참일까에 의구심을 품고 절두체의 실측값을 구하여 이 공식과 비교해보았다. 그 결과 이 두 값이 어느 정도 차이가 난다는 것을 알게 되었고 유사한 대상이기 때문에 부피를 구하는 방법은 넓이를 구하는 방법과 유사할 것이라는 생각에서 얻어진 공식인 $V=(B_1+B_2)\times h\div 2$가 조정되어야 할 필요가 있다는 점을 깨닫게 된다.

그래서 두 대상이 유사하지만 동일하지는 않기 때문에 차이가 나는 지점에서 처음에 얻어낸 부피의 공식을 조정한다. 이 두 대상의 본질적인 차이점은 무엇일까? 가장 큰 차이점은 하나는 평면도형이며 다른 하나는 입체도형이라는 것이다. 사다리꼴의 윗변과 아랫변의 길이를 더한 것을 모방하여 절두체의 윗면의 넓이와 아랫면의 넓이를 더한 것(B_1+B_2)에 두 면의 넓이를 곱하고 더하기가 가능하게 되도록 단위를 같게 할 목적으로 제곱근을 취한 $(\sqrt{B_1B_2})$를 더하였다. 그리고 사다리꼴 넓이 공식에서 윗변과 아랫변을 더하여 2로 나눈 이유는 그 둘의 산술평균을 구한 의미라는 점에 착안하여 절두체의 부피에서는 $(B_1+B_2+\sqrt{B_1B_2})$로 세 항이 더해졌기 때문에 3으로 나누는 것으로 원래의 식을 $V=(B_1+B_2+\sqrt{B_1B_2})\times h\div 3$으로 개선하였고 이 값이 절두체 부피의 실측값과 거의 같다는 것을 확인하고 이것을 공식으로 사용하였다. 과연 이집트 사람들이 구한 절두체의 부피의 공식은 참일까?

ACTIVITY Q 토의문제 2

- 각뿔을 그 밑면에 평행인 평면을 잘랐을 때, 잘린 부분과 밑면 사이의 부분이 이루는 입체를 각뿔대라 한다. 각뿔의 부피의 공식과 두 뿔의 비례 관계를 이용하여 절두체의 부피를 구해보고 그것을 이집트 사람들이 사용했던 공식인 $V=(B_1+B_2+\sqrt{B_1B_2})\times h\div 3$와 비교해보자.

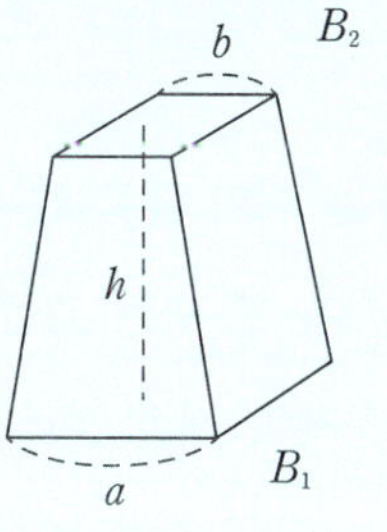

유추적 사고는 어떤 과정을 통하여 이루어지는가?

먼저 지금 고려하는 사상 A와 유사한 사상 A′를 생각한다. 여기에서 중요한 것은 사상 A′에 대한 성질이나 법칙 또는 문제해결 방법인 P′를 알고 있어야 한다는 것이다. 그리고 두 대상 사이의 유사성은 피상적이 아니라 구조적인 측면에서 판단되어야 한다. 만일 피상적으로 유사하다는 점 때문에 생각해낸 대상이라면 그에 대한 성질이나 법칙 또는 문제해결 방법을 지금 고려하는 대상에 대한 성질이나 법칙 또는 문제해결 방법으로 활용하는 것은 오류를 가져오게 하는 원인이 될 수 있다.

다음으로 P′와 유사한 P를 도출한다.

P는 잠정적인 '추측'이라는 것을 인식하고 참인지 확인해본다.

유비추론은 당면한 사상에 대한 문제해결 방법의 모색이 쉽지 않다고 판단될 때 사용하는 우회적인 사고방법이기 때문에, Polya는 문제해결 과정 가운데 계획수립 단계에서 '비슷한 문제를 아는가?', '비슷한 문제로, 이미 풀어 본 적이 있는 문제가 여기 있다. 이것을 이용할 수 없겠는가? 그 결과를 이용할 수 없겠는가? 그 방법을 이용할 수 없겠는가?', '만약, 주어진 문제가 안 풀릴 때는 무언가 그와 관련이 있는 문제를 풀도록 하라. 보다 쉬우면서 이와 비슷한 문제가 생각나지 않은가?'와 같은 유추적 사고에 해당하는 발문이나 권고를 구사하여 장애물을 우회하는 방법으로 유추적 사고를 사용하는 것이 유용함을 설명하였다.

그리고 새로운 수학적 아이디어나 계산 방법 등을 학습할 때 유추적 사고를 활용하면 이미 알고 있는 수학적 지식의 주요 아이디어에 근거하여 이들 둘 사이에 연결이 이루어지게 하여 그 핵심적인 의미를 이해하게 해 줄 수 있다는 장점을 가진다.

수업에서 교사는 '이미 알고 있는 방법과 마찬가지로 할 수 없겠는가?', '기지의 사실과 같아지게 할 수는 없겠는가?', '기지의 문제와 이 문제의 공통점은 무엇인가?', '그 문제의 해결 결과를 이용할 수는 없겠는가?', '이 문제와 닮은 문제를 알고 있는가?'와 같은 발문을 구사하여 학생들의 유추적 사고를 촉진시킬 수 있다.

앞서 제시한 유추적 사고의 과정을 생각하며 다음의 문제를 해결하여 보자.

ACTIVITY Q 토의문제 3

• 다음에서 왼쪽에 제시된 방법은 수학사에 나타난 곱셈의 방법이다. 이 방법대로 오른쪽의 곱셈을 하여 답을 구하여라.

곱셈 26×33 　　　　　　　　　　　　　　37×46

1	33	26 = 16+8+2
* 2	66	∴ 26×33 = 528+264+66 = 858
4	132	
* 8	264	
* 16	528	

ACTIVITY Q 토의문제 4

• 다음에서 왼쪽에 제시된 방법은 수학사에 나타난 나눗셈의 방법이다. 이 방법대로 오른쪽의 나눗셈을 하여 답을 구하여라.

나눗셈 753÷26 487÷26

1	26		753 = 416+337
2	52		= 416+208+129
4	104	*	= 416+208+104+25
8	208	*	∴ 753÷26 = 16+8+4⋯25
16	416	*	

ACTIVITY Q 토의문제 5

• 정사각형 모양인 땅의 각 변에 30그루의 나무를 심어 울타리를 치고 싶다. 모두 몇 그루의 나무가 필요한가?

• $3\frac{1}{4}-1\frac{3}{4}$과 같은 동분모 분수 뺄셈의 계산방법을 지도하려고 한다. 이전에 알고 있는 어떤 방법과 유사한가? 그것을 이용하는 지도의 방안을 설명하라.

• 원기둥의 부피를 구하는 공식을 알아보려고 한다. 이전에 배웠던 어떤 도형의 넓이를 구하는 방법을 이용하면 좋을까?

3 연역적 사고

연역이란 넓은 의미로는, 전제로 주어진 몇몇의 명제로부터 논리적인 규칙을 써서 필연적인 결론을 엄밀하게 도출하는 방법을 의미한다. 이를 좁은 의미로 해석해보면, 일반적인 주장으로부터 특수한 주장으로 나아가는 추리라고 할 수 있다. 그런 이유에서 연역 추론을 통해서 얻어진 결론은 반드시 '참'이기 때문에 이 사고방법은 어떤 사실이 왜 '참'인지를 정당화, 즉 증명하는 방법으로서의 가치를 가진다.

따라서 연역적으로 논의할 때는, 무엇보다 먼저 전제는 무엇인가? 그리고 이용할 근거가 되는 명제는 무엇인가를 명확하게 의식하는 것이 필요하다. 그러나 초등학생의 경우 근거가 되는 명제가 되는 수학적 지식의 토대는 대단히 미약하다. 따라서 어떤 사실이 전제로부터 도출된다는 것의 근거를 이미 알고 있는 수학적 지식 뿐 아니라 조작이나 실제적인 경험, 그림에 둘 수도 있으며 추론의 단계도 한 단계나 두 단계에 머무르는 경우가 많다.

그러므로 초등수학 수준에서는, 학생들로 하여금 자신의 행동에 불충분한 점이 있다는 것을 느끼거나 의문을 가지게 하여 연역적으로 생각할 필요성을 느끼게 해야 한다. 더 나아가 자신의 행동에 대해 행동이 바르고 일반성이 있다는 확신을 갖거나 주장을 펼 의욕을 갖게 하여야 한다. 片桐重男1992이 지적하였듯이, 아동 자신이 스스로 법칙이나 성질을 발견하게 하는 것이다. 스스로 발견한 사실에 대해서는, 그것이 참이라는 것을 강하게 주장하고 싶어지게 되고 그것을 위하여 연역적인 생각을 하게 되는 것이다.

수학의 초기 발생의 역사를 살펴보면, 인류는 귀납이나 유추를 통하여 발견한 것의 진리성을 확보하기 위하여 연역적 사고를 하였다. 이와 같이 초등학생에게도 귀납이나 유추의 방법으로 먼저, 스스로, 일반적인 규칙이나 성질을 발견하도록 하는 것이 그것이 왜 참인지를 설명할 방법을 궁리하게 해주어 연역적 사고를 촉진시킬 수 있다.

한편 NCTM 24연보에서는 어떤 명제가 참임을 증명하기 위해서는 가정알고 있는 것으로부터 어떤 사실을 말할 수 있는지에 대해 생각하도록 하거나, 이와는 반대로 결론이 성립하려면 무엇이 밝혀져야 하는지에 대해 생각하도록 함으로써, 어떤 명제가 참이 아님을 증명하는 데는, 그것이 참이 못되는 보기를 들어서 연역적 사고를 촉진시킬 수 있다고 하였다.

ACTIVITY Q 토의문제 6

- 어떤 학생이 $906 \div 3 = 32$라고 계산하였다. 또 다른 학생이 자신이 이미 알고 있는 것을 이용하여 이것이 왜 틀렸는지 어떻게 증명할 수 있을까?
- 사각형의 네 각의 크기의 합이 360°라는 것을 설명해보아라.
- 어떤 학생이 $\frac{1}{2}+\frac{1}{3}=\frac{2}{5}$라고 잘못 계산하였다. 이것이 왜 틀린지 설명해 보아라.
- $3\div 4 = 3\times\frac{1}{4}$임을 증명해보아라.

ACTIVITY Q 토의문제 7

• 3보다 큰 쌍둥이 소수(twin prime) 사이에 놓이는 수(6, 12, 18, 30)에 대해 탐구하여 보자.

5 **6** 7 ; 11 **12** 13 ; 17 **18** 19 ; 29 **30** 31

㉠ 6, 12, 18, 30의 공통점은 무엇인가?

㉡ 그것은 모든 쌍둥이 소수에 대해서 참인가? 아니면 왜 그렇지 않은가?

수업에서 교사는 '왜 그렇게 되는가?', '어째서 옳은가(틀리는가)?', '기지의 사실을 바탕으로 설명해보아라', '성립하지 않는 경우는 없는가?', '그것이 성립되기 위해서는 무엇을 밝혀야 하는가?'와 같은 발문을 구사하여 학생들의 연역적 사고를 촉진시킬 수 있다.

4 통합적인 사고

많은 사상을 흐트러진 채 두지 않고, 보다 넓은 관점에서 그들의 본질적인 공통성을 추상하여 그들을 모두 같은 것으로 볼 수 있게 종합·정리해나가는 사고방법을 통합적인 생각이라 한다.

다음의 문제들을 예로 들어 생각해보자.

① 20원짜리 우표와 15원짜리 우표를 합해, 모두 25장을 사고 480원을 지불했다. 20원짜리 우표와 15원짜리 우표는 각각 몇 장인가?

② 남자는 20장씩, 여자는 15장씩 종이를 가지고 있다. 그런데 남, 여는 모두 합해 25명이고 이들이 가지고 있는 종이는 모두 480장이라고 할 때, 남, 여는 각각 몇 명인가?

③ 처음에는 매초 20m의 속도로 가다가 도중에 속도를 늦추어서 매초 15m의 속도로 갔는데 모두 480m의 거리를 25초 걸려서 갔다. 각각 몇 초 동안 갔는가?

위의 문제들은 서로 다른 장면을 가지고 있어서 서로 다른 문제로 보인다. 그러나 문제 ①을 풀기 위한 방법으로 그에 대한 그림을 그려보면 다음과 같다.

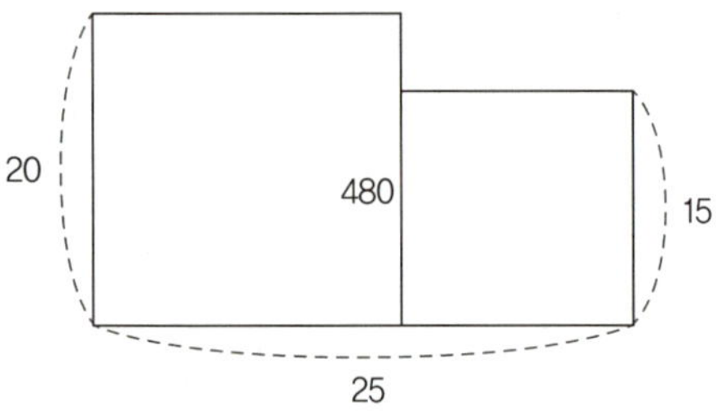

그림 3-3.

그러나 문제 ②, ③을 푸는데 도움을 주는 보조 그림을 그려보면 위의 그림과 같아진다는 것을 알게 된다. 이는 위의 세 문제가 서로 달라 보이지만 구조적으로는 동일하기 때문에 결국 하나의 그림으로 그려져 해결될 수 있다는 것을 의미한다. 이와 같이 각 문제가 가지는 특수성은 무시하고 근본적인 구조에 주목하고 그것을 추출하여 하나로 보는 생각이 바로 통합적인 생각이다. 이렇게 통합적인 생각을 구사하게 되면 이후에 등장하는 유사한 문제의 해결도 용이하게 해결할 수 있게 된다.

통합적으로 사고하는 능력이 부족한 경우, 부분과 전체 사이의 관계를 파악하는 것이 어려워지며, 선후 학습 간의 연결이 되지 않아 각각을 별도로 학습할 수밖에 없게 되어 학습한 내용의 구조화나 관계적 이해를 추구하기 어렵게 된다는 문제점을 가진다. 수학 교과는 그 학문의 특성상 여러 내용들이 서로 관련된 계통성을 가지기 때문에 구조적인 유사성에 기초하여 여러 내용을 통합하여 지도하는 것이 가능하고 이를 통해 학습내용을 관계적으로 이해하도록 도울 수 있다.

내포의 변화 과정을 관찰하여 사각형 상호간의 포함 관계를 도식화한 다음의 그림도 통합적인 사고에 따른 결과이다.

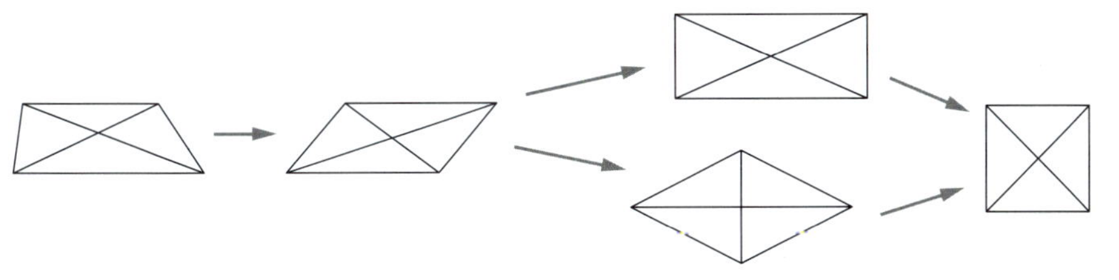

그림 3-4.

통합적으로 사고하면 대상을 일일이 기억할 필요 없이 하나의 구조로 파악하게 하여 주어 기억의 부담을 경감시켜 주며 이후에 이와 유사한 대상으로의 진이를 용이하게 해 준다. 이와 같은 통합적 사고방법을 신장시키기 위하여 교사는 '보다 세련된 좋은 꼴로 나타낼 수는 없을까, 어떤 관점에서 보면 같다고 볼 수 있을까, 공통점은 무엇일까, 그 공통점을 요약·정리하여 나타낼 수는 없을까', '알고 있는 것 중에 이것과 같아 보이거나 이것의 특수한 경우라고 여겨지는 것은 없을까?'와 같은 생각을 하게하고, 그것을 명확하게 나타내기 위해 '요약·정리하여 나타내는 방법식, 그림, 언어을 알아보고, 요약·정리하여 나타낼 궁리를 하게 하도록 격려해야 한다. 다음의 문제를 통합적인 사고의 관점에서 해결해보자.

ACTIVITY Q 토의문제 8

- 다음의 뺄셈이 가지는 공통적인 성질을 찾아보고, 그것에 기초하여 통합적인 방법으로 지도할 수 있는 방안을 설명해보고 현행 교과서의 지도방법과 비교해보아라.

① 자연수의 뺄셈 $25-8$

② 소수의 뺄셈 $0.25-0.08$

③ 분수의 뺄셈 $3\frac{1}{4}-1\frac{3}{4}$

④ 시간의 뺄셈 3시간 10분－1시간 40분

⑤ 양의 뺄셈 $3l\ 5dl-1l\ 8dl$

ACTIVITY Q 토의문제 9

• 분수의 곱셈을 어떤 순서대로 지도하는 것이 좋을 지를 그에 대한 이유와 함께 설명해보시오. 그리고 현행 교과서의 지도 내용과 비교해보시오.

① $\frac{3}{5}\times 4$

② $4\times\frac{3}{5}$

③ $\frac{3}{5}\times\frac{4}{7}$

ACTIVITY Q 토의문제 10

• 각기둥의 부피의 공식을 통합적인 생각으로 지도하려고 한다. 이전에 학습했던 어떤 내용과 연결시킬 수 있을까?

5 발전적인 사고

대상을 고정적인 것으로 보지 않고, 새로운 것을 끊임없이 창조·발전시켜서 그것을 보다 높은 또는 보다 넓은 관점에서 통합하여 보려는 생각을 발전적인 생각이라고 한다. 통합한 것을 보다 넓은 범위에 적용하려 하거나, 하나의 결과가 얻어졌더라도 다시 보다 나은 방법을 알아본다거나 또는 이를 바탕으로 보다 일반적인, 보다 새로운 것을 발견하려는 생각이 발전적인 사고이다.

이와 같이 발전적인 사고는 수학적 지식의 확장이나 발달에 중요한 역할을 하였는바, 정수만으로는 주어진 기준량보다 작은 크기의 대상을 나타낼 수 없기 때문에 이를 해결하기 위하여 소수를 생각한 것도 발전적 사고의 예라 할 수 있다.

특히 수학적 문제해결 과정 가운데 최종 단계인 〈점검 및 반성〉의 단계는 본 문제의 해결에 그치지 않고 더 나은 해결 방법을 찾아보도록 하거나, 조건을 변경하여 새로운 문제를 만들어 해결해보게 하는 발전적 사고로 추진되는 대표적인 예이다. 학생들은 비정형 문제를 처음 접했을 때 직관적이고 조잡한 방법으로 그 해결을 시도한다. 한참의 씨름을 한 결과 문제를 모두 해결한 후에 '결과를 다른 방법으로 이끌어 낼 수 있을까?'라는 발문을 스스로에게 하면서 발전적인 사고를 구사하면 문제해결 전반에 대한 반성이 이루어지면서 처음에 시도했던 서투른 방법을 뛰어넘어 보다 세련되고 일반화된 해결전략의 구사가 가능하게 된다. 〈점검 및 반성〉의 단계에서 이러한 경험을 한 학생들은 차후에 이와 유사한 문제상황에 접했을 때 보다 높은 차원의 문제해결 방법의 구사가 가능해지게 되는 것이다. 여기에서 중요한 것은, 전반적인 문제해결 과정 전체가 사고의 대상이 되어 그것이 가지는 본질적인 특징이 반성되도록 문제해결 직후에 발전적인 생각을 하도록 의도적으로 지도해야 한다는 것이다.

片桐重男1992에 따르면, 발전적인 생각은 보다 나은 것을 알아보려는 데서 시작되기 때문에 어떤 내용을 탐구할 때에 그 조건을 바꾸어본다거나 조건의 일부를 강화 또는 약화시킨다거나, 장면을 바꾸어서 생각해보게 하는 것이 도움이 된다. 그리고 문장제를 해결하는 과정에서 그 해결방법이 식으로 세워졌을 때 그것을 반대로 하여 식에 대한 문장제를 만들어 보게 하는 것도 발전적인 사고를 활성화시켜 준다. 그리고 관점을 바꾸어서 발전적인 사고를 할 수 있도록 주어진 진술에 대한 역逆이나, 이裏, 대우對偶 등을 생각하여 그것의 참 여부를 알아보는 것도 도움이 된다.

발전적 사고를 격려하기 위해 수업에서 교사는 '조건을 바꾸어서 생각해보아라', '다른 관점에서 볼 수 없는가?', '달리 해결할 방법은 없는가?', '그 주장의 역逆, 이裏, 대우對偶는 어떻게 되는가?', '그런 식이 성립하는 구체적인 장면을 만들어보아라'와 같은 발문을 사용할 수 있다.

ACTIVITY Q 토의문제 11

- 다음 문제를 해결하시오.
  ① 어느 날 목수가 다리 3개인 의자와 다리 4개인 탁자를 만들고 있었다. 어느 날 목수가 1주일 동안 만든 의자와 탁자의 다리를 모두 세어 보니 31개였다. 이 목수가 만든 의자와 탁자는 각각 몇 개인가?
  ② 다른 방법으로 풀어 보세요.

ACTIVITY Q 토의문제 12

- 같은 모양과 크기인 성냥개비 6개를 가지고 삼각형 4개를 만들어 보시오.
  어떻게 만들었는지 설명해 보세요.

6 추상화의 사고

유리창, 책상, 칠판, 공책, 핸드폰은 그 가격, 크기, 용도, 색상 등 서로 다른 속성을 가지는 대상들이다. 그러나 이들을 모양이라는 측면에서 살펴보면 이들 모두 네 개의 선분으로 둘러싸여 있고 네 각이 직각이라는 공통점을 가진다. 그리고 이러한 공통점을 가지는 대상에 '직사각형'이라는 이름을 붙임으로 직사각형이라는 개념이 생성된다. 片桐重男1992에 따르면 이와 같이 '전체로서의 사물의 표상에 포함되는 여러 징후 가운데 하나 또는 몇 개를 분리시켜, 이것만을 단독으로 사유의 대상으로 삼는 정신 작용'을 추상화의 사고라고 한다. 이와 같이 추상화의 사고는 개념이 형성되는 과정과 불가분의 관련을 가지며, 동질적인 속성이 추상되는 과정과 함께 이질적인 속성이 사상되는 과정이 동시에 작용한다.

이를 앞서의 예로 보다 쉽게 서술하면 '여러 대상을 모아두고 그들이 가지는 이질적異質的인 속성은 버리고사상(捨象), 동질적同質的인 속성은 끄집어내어추상(抽象) 사고의 대상으로 삼는 정신 작용'이 추상화의 사고인 것이다. 이 과정에서

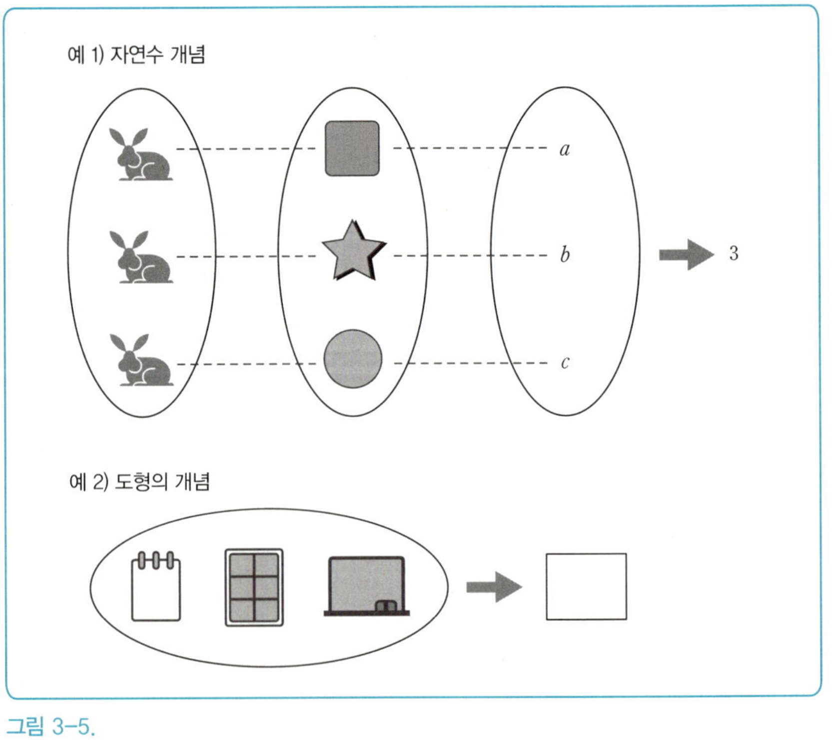

그림 3-5.

모아진 여러 대상은 이 개념이 적용되는 대상 즉 개념의 외연에 해당하며, 동질적인 속성은 해당 개념의 내포이므로, '외연을 고정시키고 내포를 분명하게 하는 생각'이 추상화의 사고이다.

한편 '직사각형'의 개념을 학습하는 과정에는 앞서와 같이 구체적인 세계로부터 동질성을 끄집어내서 사고의 대상으로 삼는 과정과 함께 이렇게 이끌어내진 개념이 어느 대상에 적용되는지를 알아보는 일반화의 과정이 수반되어야 한다. 이처럼 추상화의 사고와 함께 일반화의 사고에 의해 수학적 개념이 형성되는 것이다.

교사는 '어떤 점이 같은가?, 공통적인 것은 무엇인가?', '어떤 경우의 것으로 봐야 하는가?', '말의 뜻이 무엇인지 분명하게 하여라', '무엇어떤 조건이 중요한가?'와 같은 발문을 사용하여 추상화의 사고를 촉진시킬 수 있다.

7 단순화의 사고

어떤 학생이 다음의 문제를 풀고 있다고 가정해보자.

> **[문제 3-2]** $4\frac{3}{7}\,l$의 페인트로 $5\frac{3}{4}\,\mathrm{m}^2$의 벽을 색칠할 수 있다고 합니다. $7\frac{5}{8}\,\mathrm{m}^2$의 벽을 색칠하려면 몇 l의 페인트가 필요한가?

대부분의 학생들은 이러한 문제를 해결하면서 조건이 분수로 주어졌다는 것 때문에 어려움을 겪는다. 그러나 문제의 틀은 변화시키지 않은 채 조건인 분수를 자연수로 바꾸어서 다음의 문제 3-3을 만들어보면 상황은 사뭇 달라진다. 새로 만들어진 문제는 자연수로 그 조건이 서술되어있어서 분수로 된 앞서의 것에 비해 이를 해결하기 위해서는 어떤 계산 방법을 사용해야 하는지를 분명하게 파악하도록 해준다.

[문제 3-3] $4l$의 페인트로 $12\,m^2$의 벽을 색칠할 수 있다고 합니다. $24\,m^2$의 벽을 색칠하려면 몇 l의 페인트가 필요한가?

이와 같이 '주어진 몇 개의 조건 모두를 만족하는 해결 방안을 알 수 없을 때, 조건을 단순한 것으로 대체하거나 조건의 일부를 우선 무시하여 주어진 문제를 간단한 문제로 바꾸어서 그것의 해결방법의 고찰을 통하여 본 문제의 해결 방안을 알아보는 생각'이 단순화의 사고이다. 이 과정에서 유의해야 할 것은, Schoenfeld가 지적하였듯이, 본래 주어진 문제의 구조나 일반성은 훼손되지 않도록 해야 한다는 것이다片桐重男, 1992, 재인용. 이 사고는 본 문제의 해결에 곧바로 나아갈 수 없을 때 그것과 동일한 구조를 가지되 조건의 일부만을 고려하거나 단순하게 손질하여 문제를 해결하고 그 고찰을 통하여 본 문제를 해결하는 방안을 찾아 해결한다는 점에서 유추적 사고와도 밀접한 관련을 가진다.

단순화의 사고를 통해 문제를 해결할 때 '간단한 수또는 경우로 바꾸어 보아라', '조건을 간단히또는 무시하여 보아라', '알고 있는 간단한 경우를 떠올려 보아라'와 같은 발문을 하는 것이 도움을 줄 수 있다. 다음의 문제를 스스로에게 이와 같은 발문을 사용하여 해결하여 보자.

ACTIVITY Q 토의문제 13

• A에서 B에 도달하는 가장 짧은 경로의 수는? 이를 해결하는 단순한 문제를 만들어서 해결해보고 주어진 문제를 해결해보세요.

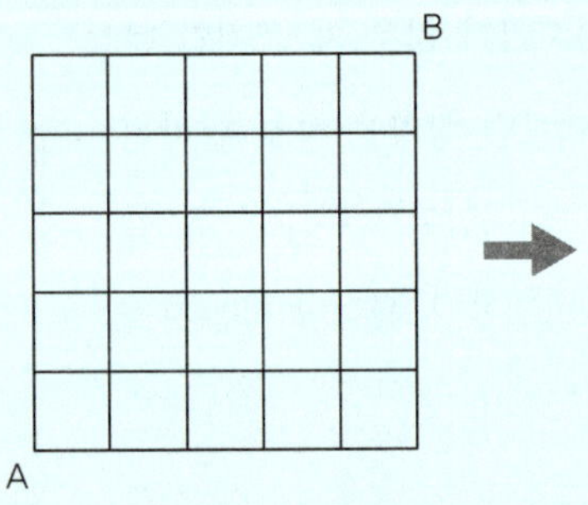

ACTIVITY Q 토의문제 14

• 한 직선과 정팔면체가 주어져 있을 때 주어진 직선을 지나고 주어진 정팔면체의 부피를 이등분하는 평면을 구하여라.

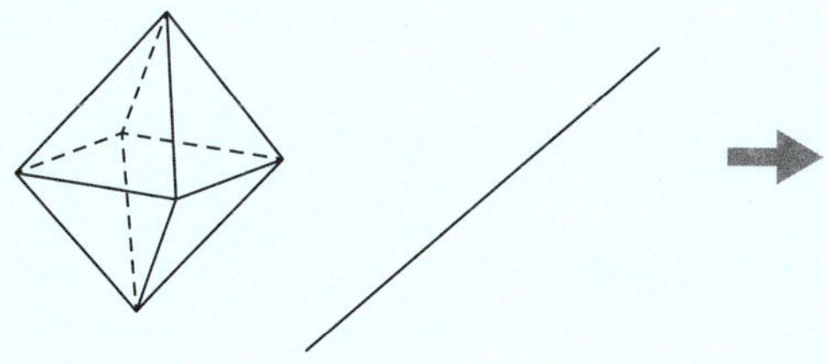

8 일반화의 사고

다음의 문제를 풀어보자.

[문제 3-4] 12각형의 대각선의 수는 모두 몇 개인가?

학생은 어떤 방법으로 이 문제를 해결할까? 가장 쉽게 생각할 수 있는 것은 4각형의 대각선의 수를 구하고, 이어서 5각형, 6각형, 7각형, …의 순서대로 대각선의 수를 구하여 이들이 가지는 공통성을 발견하여 그것을 전체 집합에도 성립한다고 주장하는 귀납추론의 사고이다. 그러나 이렇게 하는 것이 공통성을 발견하기에 용이하지 않고 불편하다고 생각하는 또 다른 학생들은 처음부터 n각형에서 대각선은 어떻게 존재하는지에 곧바로 접근할 수도 있다. 다음은 그 과정을 예시한 것이다.

> '다각형에서 대각선은 서로 다른 꼭지점을 곧게 이은 선이니까, 한 꼭지점에서 그을 수 있는 대각선의 수를 구해서 그것에 꼭지점의 수만큼을 곱하면 되겠구나.'

'한 꼭지점에서 그을 수 있는 대각선은 자기 자신과 인접한 양 옆의 꼭지점을 제외한 만큼의 갯수이다. 그러니까 $(n-3)$'

'자, 이제 이것에 꼭지점의 수만큼 곱하면 된다. $(n-3)\times n$'

'그런데 서로 다른 꼭지점에서 그은 대각선은 서로 겹치게 되는 경우가 있으니까, 이것을 2로 나누어주어야겠구나. $\frac{(n-3)\times n}{2}$,

'12각형이니까 n에 12를 대입하면, $\frac{(12-3)\times 12}{2}$, 12각형의 대각선의 수는 54개이다.'

해결해야 할 문제는 12각형의 대각선의 수에 관한 문제였지만, 이 학생은 n각형의 대각선의 수에서 찾아 볼 수 있는 일반성이나 12각형을 포함하는 전체 집합인 n각형에서 성립하는 일반성을 구하여 문제를 해결하였다. 이와 같이 문제해결을 위해, 거기에서 볼 수 있는 일반성을 알아내거나, 혹은 해결된 문제를 바탕으로 이를 포함하는 집합전체에서 성립하는 일반성을 알아내는 생각을 일반화의 사고라고 한다. 일반화를 통해 전체집합에 성립하는 일반성을 바르게 도출하기 위해 문제해결자는 고려하고 있는 대상의 피상적인 특징이 아니라 본질적인 구조에 기초하여 사고하여야 한다. 그리고 가능하다면 그것을 결과적인 숫자로가 아니라 대상의 구조가 들어가 있는 식의 형태로 나타내는 것이 바람직하다.

한편 일반화의 사고는 수학적 개념 형성의 과정에서도 그 중요한 역할과 의미를 찾아 볼 수 있다. 구체적인 세계에서 모아진 여러 대상의 이질적인 특성은 사상하고 공통적인 특성을 추출하여 사고의 대상으로 삼는 사고를 추상화의 사고라 하였다. 학습자는 이렇게 추상화된 개념이 어디에 적용되는지를 탐구하는 활동을 하여야 해당 수학적 개념이 바르게 형성될 수 있는 것이다. 이렇게 추상화된 개념이 어디까지 적용되는지를 알아봄으로써 외연을 명확하게 하거나 확장하는 생각을 일반화의 사고라고 한다. 추상화의 사고는 외연을 고정하고 내포를 분명하게 하는 생각인 것에 비해 내포를 고정시키고 외연을 명확하게 하거나 확장시키는 생각이 일반화의 사고이다.

'다른 경우에도 적용되도록 할 수 없을까?', '범위를 보다 넓히면 어떻게 될

까?', '수치를 차례차례 바꾸어 보아라'와 같은 발문을 하는 것이 일반화의 사고를 하는데 유용하다.

ACTIVITY Q 토의문제 15

• 다음의 정육면체 모양의 나무토막의 모든 면을 파란색 페인트로 칠하여 가로, 세로, 높이를 각각 8등분하여 작은 정육면체를 만들었다. 이렇게 만들어진 작은 정육면체를 파란색 페인트가 칠해진 면의 수에 따라 분류하여 그 개수를 구해 보아라.

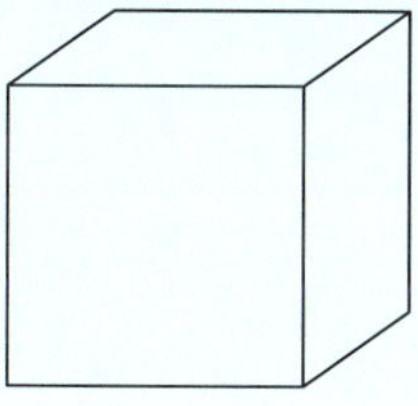

① 귀납추론의 방법으로 해결해봅시다.

② 일반화의 사고로 해결해봅시다.

ACTIVITY Q 토의문제 16

• a에 놓인 n개의 원판을 다음의 조건을 따라 c로 똑같이 옮기려면 몇 번 이동을 하여야 할까?

① 3개의 막대 중 첫 번째 막대기 (a)에 크기가 모두 다른 n개의 원판이 끼워져 있다.

② n개의 원판은 작은 원판이 큰 원판 위에 있도록 차례대로 포개져 있다.

③ 이 n개의 원판을 세 번째 막대기 (c)에 모두 옮겨 놓아야한다. 이때도 작은 원판이 큰 원판 위에 포개져 있어야 한다(큰 원판이 작은 원판 위에 올려져 있으면 안된다).

④ 원판을 옮길 때는 반드시 한 번에 한 개씩 옮길 수 있고 두 번째 막대기 (b)를 이용할 수 있다. 예를 들어 첫 번째 원판을 두 번째 막대기로 옮겨 놓은 후, 두 번째 원판을 세 번째 막대기로 옮길 수 있다.

⑤ 옮기는 과정에서 절대로 큰 원판이 작은 원판 위에 놓이지 않아야한다. 예를 들어, 첫 번째 막대기에 있는 첫 번째 원판을 두 번째 막대기에로 옮긴 후, 다시 첫 번째 막대기에 있는 두 번째 원판을 두 번째 막대기에 옮기면 안된다. 왜냐하면 이 경우에는 두 번째 막대기에 있는 두개의 원반에서, 위의 것이 큰 원반이 되기 때문이다.

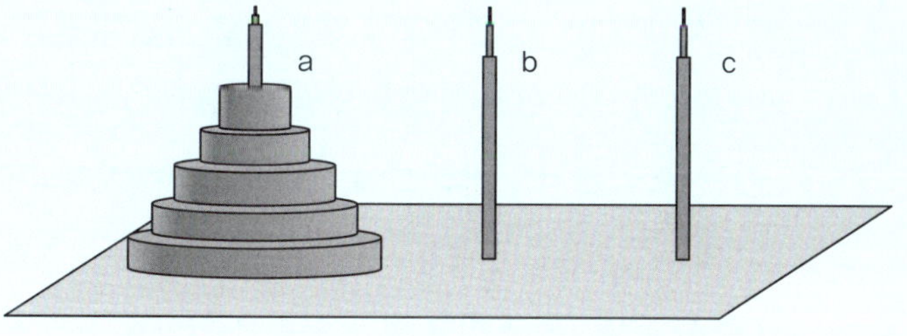

ACTIVITY Q 토의문제 17

• 다음의 그림은 〈1단계〉의 정삼각형의 각 변을 3등분하여 새로운 정삼각형을 만들어가는 프랙탈에 의하여 만들어진 눈꽃송이 모양이다. 처음 정삼각형의 한 이런 식으로 계속 만들어나갈 때 〈5단계〉에서 만들어지는 눈꽃송이의 둘레의 길이는 얼마일까?

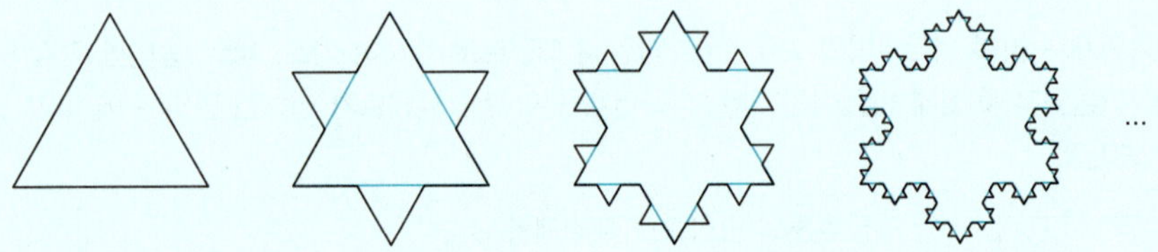

9 특수화의 사고

다음의 문제를 해결해보자.

> [문제 3-5] 두 사람이 직사각형 모양의 탁자에 마주 앉아 있다. 두 사람이 교대로 탁자 위에 100원짜리 동전을 올려놓는데 반드시 수평으로 놓아야하고 이미 올려놓은 동전에 겹치지 않게 하기로 한다. 이때 마지막으로 동전을 올려놓는 사람이 이기는 것으로 한다면 누가 이기겠는가?

이 문제는 그때마다의 우연에 의존하는 것처럼 보인다. 그러나 片桐重男1992이 언급했듯이, 한 수학자는 다음과 같은 방법으로 그 해결을 시도한다.

"먼저, 탁자가 100원짜리 동전 하나로 완전히 덮을 수 있는 작은 탁자라고 가정해보자. 그러면 동전을 처음 놓은 사람이 이 경기에서 이긴다."

"다음으로 크기를 점점 크게 하여 직사각형 모양의 탁자를 만들어보면 어떤 크기의 탁자이든지 점대칭도형이라는 것과 처음 동전을 올려놓는 사람이 대칭의 중심에 동전을 올리고 다음 사람이 임의의 곳에 동전을 올려놓으면 이 탁자는 점대칭도형이기 때문에 반드시 그에 대응하는 곳이 있기 마련이고 처음 사람이 그 곳에 동전을 올려놓는 방식으로 대응할 수 있다. 이런 식으로 탁자를 완전히 덮을 때까지 경기를 이어나가면 마지막에 동전을 올려놓는 사람은 처음에 동전을 올려놓은 사람이다. 따라서 이 방식을 따르면 이 경기의 승자는 처음 동전을 올려놓은 사람이 된다."

처음에 이 문제는 어떻게 그 해결에 접근해야 할지 막연했지만 문제의 구조를 손상하지 않은 상태에서 탁자의 모양을 동전 하나로 완전히 덮을 수 있는 작은 경우로 만들어 봄으로서 해결의 결정적인 실마리를 찾게 되었다.

이와 같이 어떤 사상의 집합에 대한 고찰로부터 문제의 일반성을 잃지 않는 범위에서 문제의 변수를 특수한 수량으로 바꾸거나 극단적인 경우를 생각해봄으로써 문제를 이해하거나 풀이 방법의 발견을 용이하게 하기 위해 그 집합에 포함되는 보다 작은 집합이나 하나의 사상에 관한 고찰로 이행하는 사고 방법을 특수화의 사고라고 한다.

片桐重男1992이 언급하였듯이, 특수화의 사고는 다음과 같은 4가지 경우에 유효한 생각이다.

① 문제 가운데 변수 등을 특수한 경우로 변경하여 문제 풀이 방법을 고안하는 경우
② 극단적인 경우를 생각하여 그 경우의 해결 결과나 방안을 본래의 문제 해결에 반영하는 경우
③ 극단적인 경우를 생각하여 해가 옳은지 여부를 판단하는 경우
④ 극단적인 경우를 사용하여 어떤 명제가 거짓임을 증명하는 경우

특수화가 하는 역할을 생각하면서 다음의 문제를 해결해 보세요.

ACTIVITY Q 도의문제 18

• 바람이 없는 대기 속을 시속 v km로 나는 비행기가 있다. 이 비행기는 t 시간 동안 안전 비행할 수 있는 연료를 싣고 있다. 이 비행기가 시속 w km의 바람을 안고 날 때 안전하게 갔다가 돌아올 수 있는 비행 거리는 얼마인가? G. Polya(2001)

교사는 특수화의 사고를 장려하는데 '구체적인 예로는 어떤 것이 있는가?', '특수한 경우를 생각하여 보아라', '조건을 고정시켜 보아라', '극단적인 경우를

생각하여 보아라'와 같은 발문을 구사할 수 있다.

10 기호화의 사고

초등학교 3학년 학생이 다음의 문제를 해결하는 과정을 생각해보자.

> **[문제 3-6]** 남희, 동호, 가영, 미자, 성수. 이 다섯 명의 학생을 일렬로 세우는 방법은 모두 몇 가지일까요?

이 아이는 위의 문제를 풀기 위해 다음과 같이 아이들의 이름을 나열하기 시작하였다.

남희, 동호, 가영, 미자, 성수
남희, 가영, 동호, 미자, 성수
남희, 가영, 동호, 성수, 미자
…

이런 식으로 계속 아이들의 이름을 일일이 쓰면서 문제를 해결하려고 하다가 문득 아이들의 이름을 모두 쓸 필요가 없다는 생각이 떠올라서 다음과 같이 아이들 이름의 첫 글자만 쓰기 시작하였다.

남, 동, 가, 미, 성
남, 가, 동, 미, 성
남, 가, 동, 성, 미
…

그러다가 이제 첫 글자도 모두 필요 없고, 각 이름에 다음과 같이 1, 2, 3, 4, 5라는 기호를 대응하여 써서 문제를 해결하기에 이른다.

1, 2, 3, 4, 5

1, 3, 2, 4, 5

1, 3, 2, 5, 4

…

사상의 처리를 위하여 대상을 기호로 나타내려는 생각이나 기호로 나타낸 것을 읽어내려는 생각을 기호화의 사고라고 한다. 위의 문제의 해결에서 볼 수 있듯이 문제를 해결하는 과정에서 고려하려는 대상을 간결하게 나타내어 그 사상의 처리를 신속, 정확하게하기 위해 기호화의 사고를 구사하게 된다. 그 결과 사고를 정리하고, 엄밀하게 따져보는 것이 보다 용이해지게 된다. 그리고 위의 문제에서와 같이 대상을 기호로 나타내면 처음에 풀고자했던 다섯 명의 사람을 일렬로 세우는 방법의 수를 구하는 문제와 최종적으로 풀었던 서로 다른 다섯 가지 수로 만들 수 있는 자연수의 개수를 구하는 문제가 구조적으로 같다는 것을 알게 되는 문제의 구조에 대한 일반화에도 기여하게 된다.

특히 초등 수학의 지도에서 도형이나 측정 영역에서 여러 도형을 제시하고 그것들 사이의 관계를 탐구하거나 그 구성 요소간의 관계를 탐구할 때, 그 대상을 기호로 나타냄으로써 사고를 간결하고도 명확하게 진행할 수 있게 된다. '다음 그림의 직사각형에서 어느 면과 어느 면이 서로 평행인가?', '어느 선분과 어느 선분이 서로 수직인가?'와 같은 탐구활동을 할 때, 기호가 붙어있지 않은 왼쪽 직사각형보다 각 부분에 기호가 표시된 도형에서 그 사고활동이 좀 더 간결하고도 명확하다는 것을 알 수 있다.

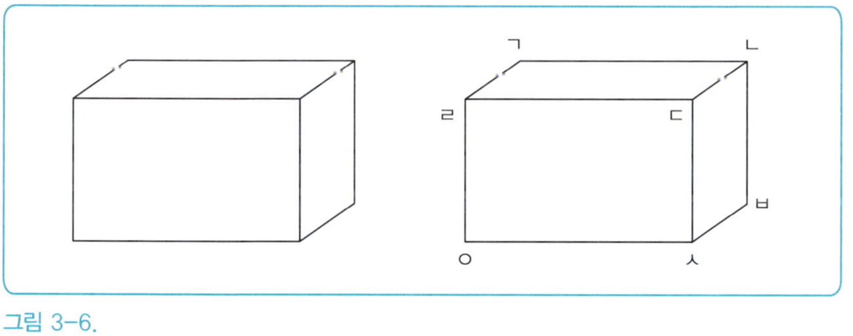

그림 3-6.

'(기호가 붙어있지 않은 상태에서) 어떤 어려움이 있는가, 잘 알아볼 수 있는가?', '적당한 기호를 붙여 보아라', '식이 지니고 있는 의미는 무엇인가?'와 같은 발문이 기호화의 생각을 구사하는 데 유용하다.

ACTIVITY Q 토의문제 19

- 바둑알 6개가 왼쪽 그림과 같이 놓여 있다. 옆에 있는 두 개를 함께 움직여야 하는데, 3번만 움직여서 오른쪽 그림과 같은 모양이 되도록 만들어 보아라.

○○○●●● → ○●○●○●

11 수량화·도형화의 사고

'가능성'과 같은 질적인 사상에 기초하여 합리적인 판단을 내리려는 목적으로 이를 적절한 양으로 나타내려는 생각을 수량화의 사고라고 하며, 수적인 대상이나 그 대상 상의 관계를 도형이나 도형 사이의 관계로 나타내려는 생각을 도형화의 사고라고 한다.

다음 문제는 두 개의 문자를 사용하여 두 개의 식으로 나타내어 대수적으로 해결할 수 있다. 그러나 초등학생의 경우 이를 대수적으로 해결할 수 없기 때문에 보다 직관적인 방법으로 접근할 수밖에 없다. 여러 가지 방법을 생각해 볼 수 있으나 도형화의 생각으로 다음 문제를 해결하여 보자.

> **[문제 3-7]** 연필 한 자루와 공책 한 권의 값을 사려면 340원을 지불해야 한다.
> 똑같은 연필 3자루와 공책 5권을 사려면 1560원을 지불해야 한다.
> 연필 한 자루와 공책 한 권의 값은 각각 얼마인가?

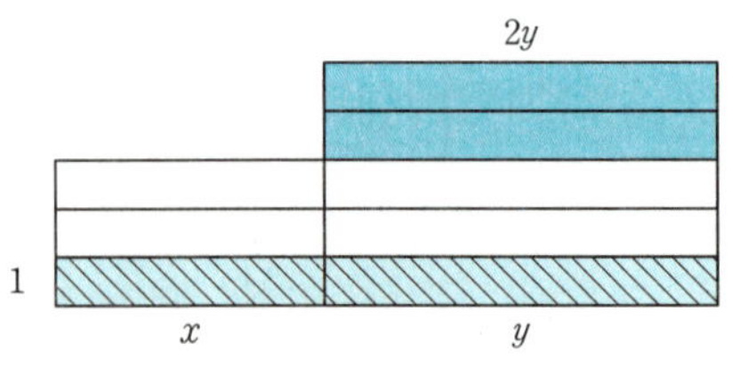

이 그림에서 아래 빗금 친 부분(왼쪽 사각형 한 칸과 오른쪽 사각형 한 칸)은 연필 한 자루와 공책 한 권을 나타낸 것이므로 340이다. 따라서 왼쪽 사각형 세 칸과 오른쪽 사각형 세 칸은 340×3, 즉 1020이다. 그런데 전체 그림은 연필 3자루와 공책 5권을 나타낸 그림으로 1560이므로 오른쪽 사각형 두 칸은 1560에서 1020을 빼서 540이다. 그러므로 오른쪽 사각형 한 칸의 값은 270이고, 왼쪽 사각형 한 칸의 값은 70이다.

이와 같이 대수적으로 해결할 수 없는 문제 상황을 도형으로 나타내면 보다 직관적으로 문제해결에 이를 수 있다. 초기 수학의 발생의 역사를 살펴보면, 그리스 이전의 수학에서 이와 같이 대상이나 사상을 도형으로 시각화하여 직관적으로 문제를 해결한 예를 더 찾아 볼 수 있으며 여기에서 도형화의 사고를 구사하는 이유를 엿볼 수 있다.

수량화·도형화의 사고를 구사할 때, '수를 써서 나타낼 수는 없을까?', '그림으로 나타낼 수는 없을까?', '그림이 뜻하는 의미는 무엇일까?'와 같은 발문이 유효하다.

다음의 문제를 풀어 보아라.

ACTIVITY Q 토의문제 20

- 12명의 사람이 서로 서로 악수를 하면 모두 몇 번의 악수가 이루어질까?

[참고문헌]

교육부(2015b). 수학과 교육과정.

강문봉 외(2015). 초등수학교육의 이해. 서울: 경문사.

강 완 외(1998). 초등수학교육론. 서울: 양서원.

김수미 외(2010). 수학 문제해결 지도의 이해. 서울: 학지사.

김수환 외(2009). 초등학교 수학교육론. 파주: 동명사.

김진규(2014). 형성평가의 101가지 기법. 서울: 교육과학사.

남승인 외(2004). 초등교사교육을 위한 수학 프로그램 적용 및 확산 연구. 교육인적자원부.

片桐重男(1992). 수학적인 생각의 구체화. 이용률 외(역)(1992). 서울: 경문사.

Eves, H.(1997). 수학의 위대한 순간들. 허 민(역). 서울: 경문사.

Polya, G.(2001). 어떻게 문제를 풀 것인가. 우정호(역). 서울: 천재교육.

제4장 | 수학교육의 심리학적 연구

실험 심리학자와 발달 심리학자들이 학습, 사고, 그리고 지능에 대하여 의문을 가지고 있는 것과 같이, 수학심리학은 수학의 특별한 내용에 대한 관점에 초점을 맞춘다. 다시 말하면, "사람들은 어떻게 사고하는가?"와 같은 일반적인 질문을 하는 대신에 "사람들은 수학에 대하여 어떻게 사고하는가?"에 의문을 가지는 것을 의미한다. "사람들의 사고과정이 어떻게 발달되는가?"라고 묻는 대신에, "수학적 개념의 이해가 어떻게 발달되는가?"라고 질문한다. 수학학습 심리학에서는 경험과 지능이 어떻게 결합되어 수학적 능력mathematical ability을 형성하는지에 관심이 있다. 수학학습 심리학자들은 수학적으로 중요한 기능에 대한 인간의 수행능력이 어떻게 능숙해질 수 있는가를 알고자 하며, 그러한 기능이 수학적 문제해결의 맥락에서 어떻게 통합될 수 있는가를 알고자 한다.

지난 20세기는 수학 학습에 관하여 세계적인 탁월한 학자들이 연구에 박차를 가하여 괄목할 만한 연구 성과와 업적을 달성하였다고 볼 수 있다.

이 장에서는 세계적으로 알려진 많은 심리학자 중에서 특히 수학교육에 공헌한 미국의 손다이크의 연구와 독일의 형태 심리학파의 연구, 피아제의 연구 및 정보 처리 심리학의 연구를 중심으로 살펴보기로 한다.

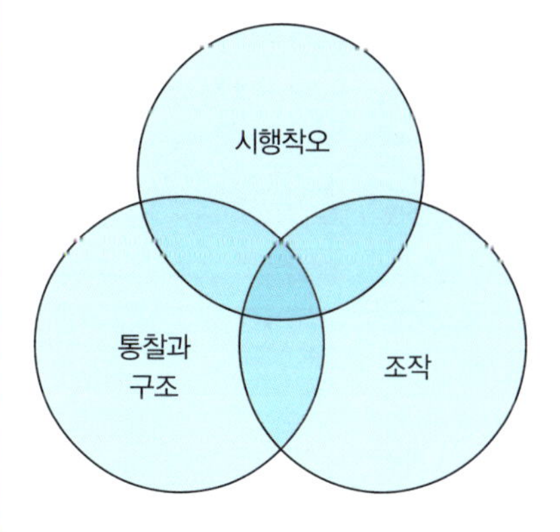

그림 4-1. 인간의 사고 과정

1 손다이크(Thorndike)의 결합이론과 수학교육

미국의 손다이크E.L. Thorndike: 1874~1949는 1922년 『산술의 심리학』The Psychology of Arithmetic이라는 저서에서 산술 학습에 관한 많은 실험적 연구를 하여 수학교육 발전에 기여하였고, 그 후의 수학 학습심리 연구 발전에 기틀을 마련하였다고 볼 수 있다.

그림 4-2. 구구단

ACTIVITY Q 토의문제 1

• 구구단 외우기가 수월하지 않은 학생들에게는 2016년 2학년 2학기 교과서에서의 다음 그림과 같은 학습 방법이 어떠할 지에 대하여 설명해보시오. 아울러, 구구단 공부의 방법에 대한 현재의 교과서에 제시된 방식을 분석하고, 각자의 의견을 말해보시오.

나비전시장과 구구단

(1) 결합이론

미국의 교육심리학자 손다이크E.L. Thorndike: 1874~1949가 주장한 학습이론으로, 그는 발판을 밟으면 문이 열려 밖으로 나올 수 있게 장치한 상자에 허기진 고양이를 가두어 두고 그 바깥에 먹이를 놓아, 고양이가 어떻게 해서 먹이를 먹게 되는가를 실험하였다. 이 실험을 여러 번 되풀이하였더니 처음에 보이던 불필요한 반응은 점차 감소하고, 결국에는 고양이를 상자에 넣으면 바로 줄을 잡아당기고 나와서 먹이를 먹게 되는 것을 관찰하였다. 이외에도, 개, 닭 등 여러 동물 실험을 하였다고 한다.

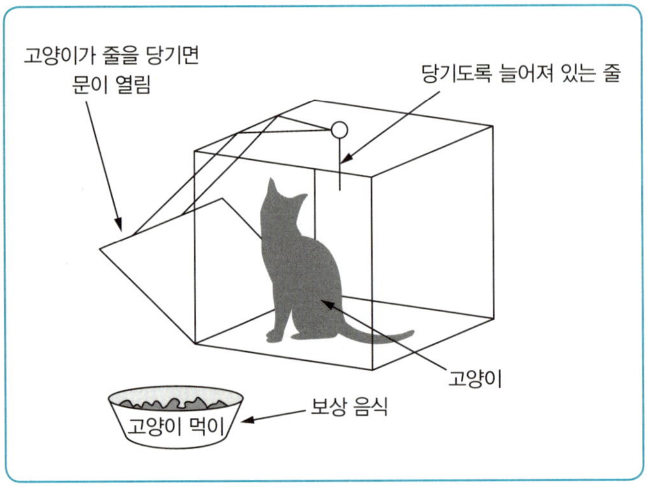

그림 4-3. 손다이크의 상자 속 고양이 실험

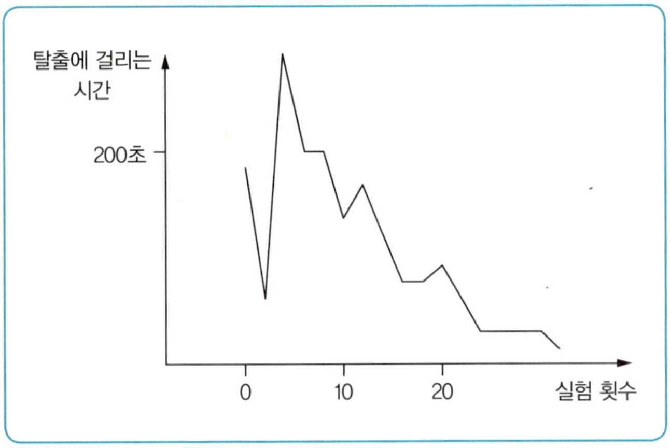

그림 4-4. 고양이 상자 학습 실험

이들 실험 결과로부터 그는 학습은 상자에 넣는다는 자극stimulus과 장치를 찾아 줄을 당기면 문이 열려 먹이를 먹을 수 있다는 반응response과의 결합에 의해서 생기는 것이고, 그 결합은 시행착오를 되풀이하는 과정 속에 생기는 것이라고 하였다. 이로부터 그의 이론은 결합이론, 연합이론, S-R이론, 시행착오설로 다양하게 불리고 있다.

손다이크는 이런 실험을 거듭하여 학습을 보다 효율적으로 이루게 하는 원리로 다음 3가지 법칙을 제시하였다.

① 효과의 법칙(law of effect, 자극과 반응이 반복되고 중지되는 조건)
유기체에 만족한 결과가 따르는 반응은 강화되고, 만족을 주지 않는 반응은 약화되어 사라져 간다.

② 연습의 법칙(law of exercise, 연습 또는 중지가 S-R결합에 미치는 영향)
연속적으로 되풀이되는 연습의 빈도와 연습의 중지 시간 간격에 따른 자극과 반응의 결합에 따라 학습의 정도는 달라진다.

③ 준비의 법칙(law of readiness, 만족 또는 불만족을 주는 상태)
학습자의 학습에 대한 심신의 준비가 되어 있을 때 학습은 보다 효과적으로 이루어진다.

이와 같이 여러 동물 실험을 통하여 학습의 원리까지 끌어낸 것도 대단한 업적이며, 특히 산술 학습에 대해서도 결합이론에 기초한 연습과 훈련 및 전이의 중요성을 주장하게 된다. 결합이론은 동물의 학습에 대한 것이고 고전적인 것으로, 오늘날의 인간 그것도 수학의 학습에 그대로 적용할 수는 없지만, 수학의 학습에서 계산 등의 기능적인 면과 전이에 대해서는 이 이론의 적용을 통한 효과도 기대할 수 있을 것으로 생각된다.

『산술의 심리학』은 일관하여 결합설connectionism의 입장을 취하고 있는데, 그는 도입 부분에서 다음과 같이 기록하였다. "초등학교 각 교과목의 심리학은 결합관계에 관련되어 있다. 곧, 이 결합관계에 의하여 아동은 인쇄된 글을 보고, 반응하여 그 의미를 생각하고 6과 8을 합하면 곧 14를 생각해 낸다. … 차차 여러 사항에 대해서도 대처해 갈 수 있는 것이다. … 초등수학교육의 목적은 … 결합관계또는 습관라는 수없이 많은 변화를 인간성 속으로 산출하는 것이다."

손다이크의 학습에 관한 입장은 모든 심리과정을 자극S과 반응R과의 결합으로 설명하였고, 그 원리는 수학교육의 각 영역에 많이 적용되었으며, 지금도 많은 관심을 불러일으키고 있다.

(2) 산술능력

그는 초등교육의 산술능력으로써 수의 의미, 산술용어, 문제해결, 산술의 추리 등을 들어, 이것들을 일정한 학년에서 어느 정도까지 길러낼 것인지를 고민하였다. 그러한 능력을 확실하고 용이하게 길러내기 위해서는 어떻게 하면 좋을 것인가 등의 문제를 특정한 자극과 반응과의 관계로 환원하면서 고찰하였다. 예를 들면, 그는 당연히 만들어 주지 않으면 안 될 결합관계인데도 이제까지 소홀히하였던 것으로써 다음과 같은 것을 들었다.

① 연속량의 눈금으로써의 수: 수를 사물의 개수와 함께 사물의 크기나 양(측도)과 결합하여 가르치지 않으면 안 된다.

② 한자리 받아 올리는 덧셈: 16+7 = 23, 24+8 = 32 등의 결합은 특히 잘 연습하여 그 습관이 일반화되도록 하지 않으면 안 된다.

③ 나누어떨어지지 않는 나눗셈: 실제 생활에서는 완전히 나누어떨어지는 경우가 극히 적기 때문이다.

④ 등식의 형식: 4+8 = ( ), 5+( ) = 14 등 미지의 수를 포함하고 있는

등식의 형식은 앞으로 대수나 분수를 다루기 위한 기초가 된다.

⑤ 분수의 조작: 가감법의 경우는 편리한 분모로 고쳐서 계산하는 습관을 붙인다. 곱셈과 나눗셈의 경우는 "곱하면 큰 수를 얻고, 나누면 작은 수를 얻는다."라는 지금까지의 결합관계를 배제하고, 새로운 결합관계, 즉 "어떤 수에 1보다 큰 수를 곱하면, 결과는 그 수보다 큰 수가 되고 1을 곱하면 결과는 같아지며, 1보다 작은 수를 곱하면 결과는 작아진다(나눗셈에서는 반대임)."는 것을 연습에 의하여 습득시킨다(약분이 필요할 때에는 약분하는 습관을 붙인다).

⑥ 퍼센트의 의미: 이 관계는 5분 정도씩 4회쯤 연습하면 1시간 내내 말로만 설명해 주는 것보다 효과가 있다.

⑦ 답을 확인하는 습관: 9+9까지의 덧셈이나 18~9까지의 여러 가지 뺄셈에서도 아동이 이해할 때까지 8회 내지 10회 정도 헤아려 알아보게 할 필요가 있다.

(3) 산술 훈련

위의 산술능력을 향상시키기 위한 지도 원리를 습관화하는데 어느 정도로 할 것이며 또 얼마나 지속시킬 것인가, 그리고 그 결합관계를 보다 경제적인 순서로 배열하는 방법 등을 고찰하면서 아래와 같은 원리를 세웠다.

① 특별한 사정이 없는 한, 새로운 결합관계는 그 이전의 것이 완전히 습관화되지 않았을 때까지 시작하여서는 안 된다. 즉, 다른 두 종류의 것을 동시에 시작해서는 안 된다. 예를 들면, (한 자리 수)×(세 자리 수)의 경우, 처음에는 받아 올림이 없는 수나 0의 혼란이 없는 수를 도입하고, 그 후에 206이나 320과 같은 수를 사용하는 것이 좋다는 것이다.

② 특별한 사정이 없는 한, 나중에 곧 파괴되지 않는 순서로 결합관계를 만들어야 한다. 예를 들면, 일찍부터 나머지가 있는 나눗셈에 습관을 가지게 할 필요가 있다.

③ 특별한 사정이 없는 한, 변화 있는 배열을 해야 하며 단조로운 학습은 지양해야 한다.

④ 특별한 사정이 없는 한, 산술의 과정, 곧 추리를 함과 동시에 이것을 확인하기 위하여 객관적인 도움을 이용하는 것이 좋다. 예를 들면, 덧셈을 가르치기 시작할 때, 사물을 3개 보인 뒤 책 밑에 감추고 또 다음에 2개를 보인 후 또 책 밑에 감춘다. 그리고 책 밑에는 모두 몇 개인가를 묻는다. 다음에는 계산이 정확한가를 보기 위해 실제로 세어보게 한다.

⑤ 특별한 사정이 없는 한, 어떤 산술의 과정이 왜 옳은가라는 설명은 아동 자신이 정확하게 사용하거나, 또 틀리지 않았다는 것을 확신할 때까지 내버려두는 것이 좋다. 예를 들면, 소수의 나눗셈에서 소수점을 찍는 방법이라든지, 분수의 나눗셈에서 제수의 역수를 취하여 곱하는 방법 등의 이유를 처음부터 가르쳐 주어도, 아동은 알지 못한다. 그것을 이해하게 되는 것은 그 계산방법을 충분히 소화하고 난 후인 것이다.

⑥ 수학 이외의 과목이나 학교 밖에서 실제로 필요한 것을 적절히 고려하여 결합관계의 순서를 배열하여야 한다.

(4) 산술적 사고

그는 산술에 있어서 추상적 관념, 일반적 관념 및 추리의 문제를 다루고 있다. 추상적 관념을 가진다는 것은, 각각의 사물에 공통적인 요소를 뽑아서 그것에 반응시키는 것이다. 5명의 아동, 5자루의 연필, 5cm의 막대기 등에서 5라는 공통의 요소를 추출하는 것이 추상적 관념을 가지는 것이다.

또 일반적 관념을 가진다는 것은, 어떤 것이 어떤 종류에 속하고 있는 가를 앎으로써 종류라는 사물에 반응하는 것이다. 예를 들면, 특정한 장소에 특정한 크기를 가진 직사각형을 그대로 파악하는 것이 아니라, '직사각형' 일반을 파악하는 것을 일반적 관념을 가진다고 한다. 이 추상화와 일반화의 과정은 거기에 포함되어 있는 여러 가지 요소를 분석하는 것을 전제로 하고 있다.

(5) 결합이론에 관한 문제점 및 요약

이상은 손다이크의 『산술의 심리학』의 일부인데, 철저하게 결합이론의 입장에서 기술하고 있다. 이 책에 실려 있는 실례는 풍부하며, 특히 산술 테스트는 지금까지도 우리들이 참고하고 있는데, 반복에 의한 자극과 반응의 결합만이 학습의 기초라고 하는 기계론적인 입장에 대해서는 많은 지적을 받아 왔다.

손다이크는 처음으로 교육심리학의 체계를 세운 사람으로, 교육사상 잊힐 수 없는 존재이지만 그의 출발점이 된 것은 동물에 의한 학습심리의 연구였다. 동물을 문제상자 속에 가두어 두고 문을 여는 방법에 대한 학습과정을 실험적으로 연구한 결과, 그는 이른바 시행착오에 의한 학습이론을 세웠다. 문제 상황에서 여러 가지의 시행을 거듭함으로써, 성공과 실패의 경험을 몇 번이고 반복하는 가운데 점점 소용없는 행동은 하지 않게 되고 필요한 행동만 하게 된다. 이때에 문제의 자극과 동물의 일정한 반응 사이에 연합association; 결합이 이루어진다는 것이다.

손다이크의 결합이론의 결함은, 모든 것을 요소에 환원하고 그것들을 기계적으로 결합한다던가, 분석한다던가 하여 만족하고 있는 점이다. '왜'라는 의미를 붙이는 것은 습관이 붙은 후 설명하여 주면 된다고 하였다. 이와 같이 기계론적 입장을 가장 잘 보여주는 것은 학습의 전이에 관한 실험이다. 그에 의하면 학습효과가 다른 학습에 파급하여 그 효과를 높이는 것은 두 학습상황에 동일한 요소가 있기 때문이며, 두 가지 경험이 아주 닮았을 때에는 전이가 크고, 다를 때에는 전이가 작다고 주장하였다.

이 점에 대해서는 당시의 교육심리학계에 큰 논쟁을 일으켰는데, 특히 이 전이는 경험이 닮았기 때문에 생긴 것이 아니고 아동이 그 경험을 일반화하기 때문에 일어나는 것이라고 비판받게 된다. 그 후 아동들에게 언어로 이론적인 설명을 해 줌으로써 습관형성에 큰 역할을 한다는 사실을 인정하면서부터는 그 역시 결합이론을 수정하기에 이른다.

(6) 정보-처리 심리학의 기본 입장

수학의 개념 학습과 문제해결력 육성을 위해 개념과 문제에 대한 철저한 분석을 통해 위계를 설정하여 위계에 따른 학습이나 문제해결력 향상을 위한 연구들이 1960년대 이후 정보-처리 심리학자 가네Robert Gagné, 그리노Greeno, 레즈닉Resnick 등에 의해 많이 행해지고 있다. 이것은 1920년대의 손다이크의 수학 학습에 있어 전이 이론에서 기인된 것으로 볼 수 있다.

사람들이 어떻게 이해하는가라는 의문은 심리학에 있어서 새로운 것은 아니다. 정보-처리 심리학에서는 이 의문이 보다 새로운 주제 중의 하나이며, 가장 활발하고 빠르게 변하는 주제 중의 하나이다.

수학 학습에서 계산적 접근 방법과 개념적 접근 방법 사이의 경계를 연결하려는 이 분야의 심리학에 대한 전망이 인식되기 시작했다는 것을 의미한다.

순서적으로 나열된 사건, 활동, 그리고 정보의 조작을 강조하는 정보-처리 심리학은 인간이 수학의 개념을 어떻게 이해를 하는가에 대한 의문을 밝힐 수 있는가? 정보-처리 심리학은 개념적 이해를 증진시키기 위하여 교수 방법을 어떻게 체계화할 것인가에 대한 시사점을 제시할 수 있는가? 현대의 인지 연구의 구성과 방법을 통하여, 우리는 개념적 이해와 정형적routine인 수학적 과제의 수행능력간의 관계에서 동찰을 이끌어 낼 수 있겠는가?

처음으로 정보-처리 심리학자들이 인간의 과제 수행 능력에 포함된 기능과 그 수행 능력의 기저가 되는 이해의 본질을 동시에 처리할 수 있는 언어와 실험 방법을 찾게 되었다.

(7) 수학적 과제를 위한 학습 위계

가네Robert Gagné, 1962, 1970는 가능한 한 엄격하게 전이 이론을 학교 교육과정에 연결하려고 하였으며, 이것은 누적 학습이론으로도 알려져 있다. 복잡한 과제가 동일하고 보다 단순한 요소로 이루어져 있다는 사실은 단순한 것에서 복잡한 것으로의 전이를 가능하게 한다고 생각하는 것이다.

가네는 정수의 덧셈이나 뺄셈에 관하여 기능을 하위 기능으로 분석하는 접근 방법, 즉 전이를 용이하게 하기 위한 학습 위계를 만들어 그림으로 나타내었다. 그림 4-5는 임의의 범자연수를 빼는 제한된 능력의 위계를 나타내는 것이다.

범자연수를 빼기 위하여 아동은 몇 가지 조건하에서 "받아 내림"을 할 수 있어야 하고하위 기능 Ⅶ, Ⅷ, Ⅸ, Ⅹ, 연속된 자리에서 받아 내림이 없는 뺄셈을 할 수 있어야 하며Ⅵ, 받아 내림 있는 한 자리수의 뺄셈을 할 수 있고Ⅴ, 등등 …, 점점 아래로 내려가면서 기본적인 뺄셈구구Ⅰ에 답할 수 있어야 한다는 것을 나타낸다.

학습 위계에 관한 중요한 특징과 가정은 다음과 같다.

첫째, 확인된 기능과 각각의 하위 기능들은 수행능력이다. 즉, 기능들은 행할 수 있는 것이어야 하며 행동적으로 정의되어야 한다.

둘째, 학습 위계의 본질은 하위과제가 상위 과제에 포함되거나 상위 과제의 중요한 요소가 된다는 것이다. 이것은 학습이나 발달의 초기에 획득된 능력이 이후의 학습에 영향을 줄 수 있다는 것을 의미한다.

셋째, 학습위계에서 상위 과제는 하위 과제보다 학습하기 어렵거나 시간과 노력이 더 필요하다는 것을 의미하지는 않지만, 실제로 상위과제는 하위 과제보다는 복잡하다.

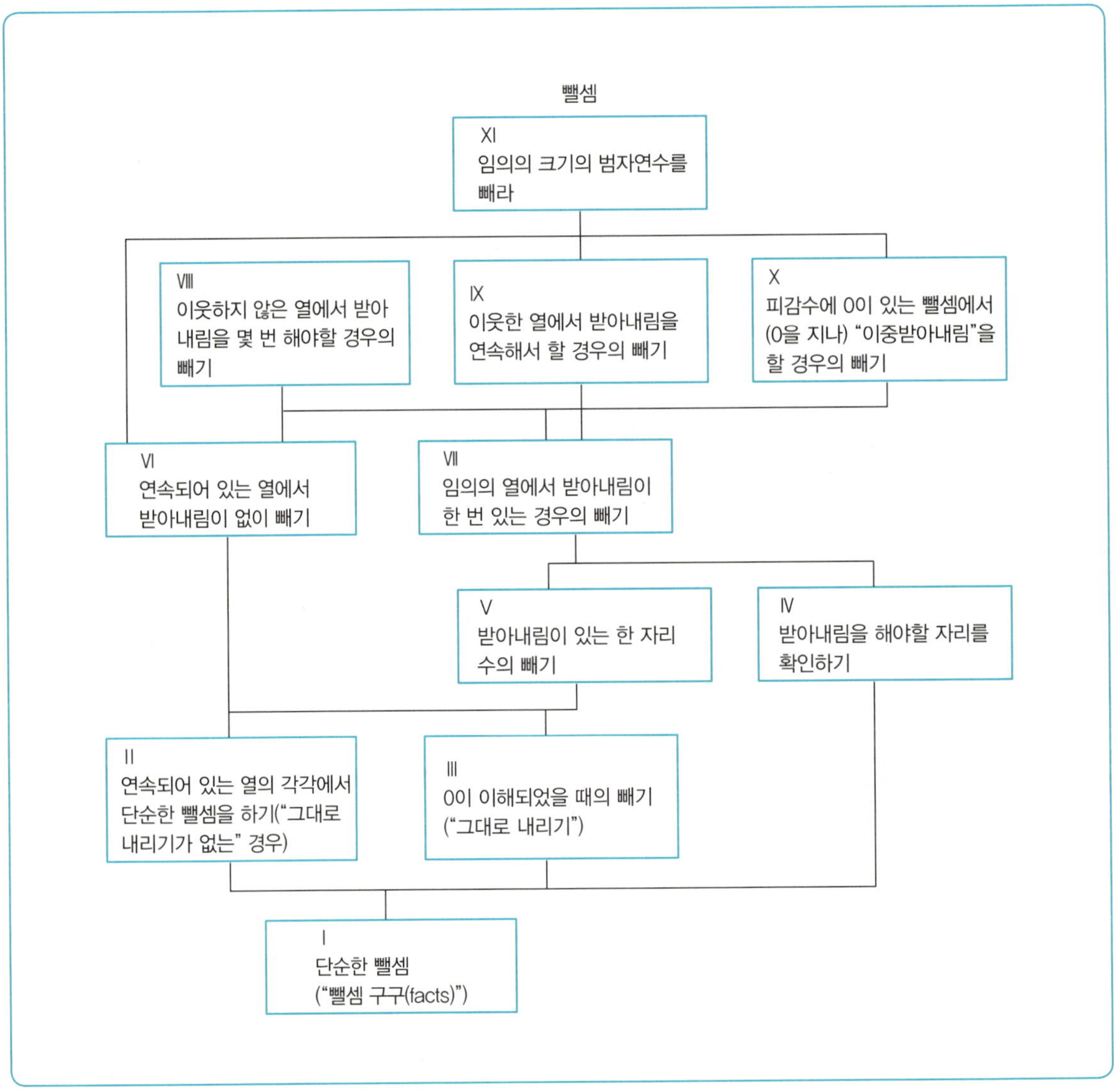

그림 4-5. 뺄셈의 학습위계

넷째, 특정한 위계에서 확인된 각각의 하위기능들은 다른 위계에서도 역할을 할 수 있다. 학습위계는 일반적으로 특정한 과제의 수행능력의 구성요소인 기능들 사이의 전이 관계를 포함하지만, 그러한 각 하위기능들이 단지 한 위계에 속한다는 것을 의미하지는 않는다.

학습 위계 이론에 의한 지도는 치밀한 프로그램화 된 수업과정의 설계가 요구되며, 그 효과를 검정하는 타당성에 관한 연구에서도 좋은 결과가 나왔음을 Resnick1973등이 밝히고 있다. 이러한 학습위계에 따른 치밀한 프로그램화 된 학습지도안을 작성하여 적용하는 연구 또한 수학교육의 발전을 위해 필요하다고 생각된다.

2 형태 심리학과 수학 교육

형태Gestalt심리학파의 '場field의 이론', '인지 이론'은 손다이크의 결합이론에 대립되는 것으로 알려져 있다. 형태심리학에 의하면, 정신 현상은 어떤 요소가 더해져서 결합된 것이 아니라 애초부터 어떤 구조를 가진 하나의 전체를 이루고 있다고 보는 것이다.

예를 들면, 쾰러W. Köhler, 1887~1913는 손다이크의 시행착오 설을 부정하여

그림 4-6. 전경과 배경

그림 4-7. 착시

가설을 세웠는데, "학습은 우연적인 성공에 기인한 것이 아니고, 돌연히 '아! 그런가.'라는 체험과 더불어 그 학습장學習場의 구조에 대한 연관을 간파하는 데서 성립된다."는 것이다. 이것을 그는 '학습장의 재구조화'라 하고 학습의 본질이라고 생각하였다. 쾰러는 침팬지의 실험으로 그것을 입증하였는데, 이것을 더욱 일반화한 것은 베르트하이머M. Wertheimer, 1880~1943와 덩커K. Duncker, 1903~1940이었다. 형태심리학자들은 "부분의 합보다 더 큰 전체"를 중시하였다.

(1) 형태 심리학의 기본 입장

이 이론은 형태 심리학파의 한 사람인 쾰러W. Köhler의 유인원chimpanzee에 대한 지혜실험으로부터 시작되었다. 그 실험 중의 하나로 그림 4-8과 같이 우리cage 안의 천장 높은 곳에 바나나를 매달고, 바닥에는 상자 몇 개와 막대기를 무질서하게 늘어놓고, 허기진 침팬지를 가두고 그가 바나나를 어떻게 따 먹을 수 있는지를 관찰하였다.

침팬지는 처음에는 직접 손으로 바나나를 잡으려 했으나 여의치 않자, 한참 주위를 살펴보며 무언가 생각하는 듯하더니 갑자기 상자를 몇 개 포개고 막대기로 바나나를 따먹었다.

이 사실로부터 쾰러는 학습은 시행착오적으로 성립하는 것이 아니라, 지금까지는 목적 수단의 의미 관계가 있는 것으로 알지 못했던 상황의 구조가 지금까지와 다른 새로운 인지구조로 의미를 전환함으로써 성립한다고 설명한다. 이 인지구조의 변화를 '장의 이론', '장의 재구조화'로 불렀다.

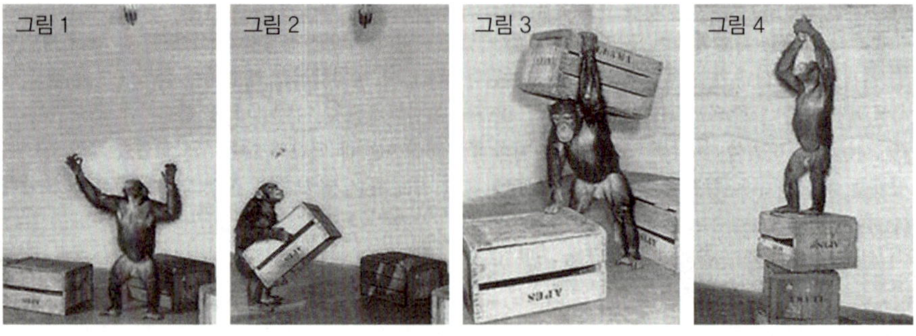

그림 4-8. 유인원의 바나나 실험

인지이론은 유인원의 학습으로부터 얻어진 것이지만, 인간의 학습 특히 사고가 수반되는 학습, 즉 이해가 수반되는 학습을 설명해 주는 이론이라고 할 수 있다. 이 주장은 유기체의 정신구조의 생득성을 전제로 하고 있는 것으로, 지금에 와서는 크게 발전하여 인간의 인지 양상이나 이해의 메커니즘 mechanism 등을 연구 대상으로 하게 되었다. 이들 연구의 성과 중에는 수학교육에 적용 가능한 원리나 수학의 학습을 대상으로 한 것도 많다.

형태 심리학자들—쾰러Köhler, 코프카Koffka, 베르트하이머Werthimer, 덩크Duncker—은 인간의 정신은 정보를 단순히 받아들이는 것이 아니라 어떤 방식으로든 이해가 이루어질 수 있도록 인간에게 입력되는 모든 감각과 경험을 어떤 원리에 따라 해석한다고 주장한다.

인간은 지각 경험에 따라 독특하게 지각하며, 일반적으로 그 자신의 지각에서 구조를 보려는 경향이 있다. 즉, 어떤 환경에서 전체적인 모양이나 형태를 찾으려는 경향이 있으며, 이것은 지각의 특별한 법칙에 영향을 받는다고 생각한다. 형태 심리학자들의 관심은 지각적 현상에 관심을 가지면서 결국은 일반적인 문제, 즉 사고와 문제해결의 본질에 초점을 맞추었다.

(2) 통찰과 문제의 구조

문제해결에 대한 형태 심리학자들의 주된 연구 중의 하나는 통찰의 현상이다. 문제해결에서 통찰의 역할은 지각에 대한 초기의 실험들을 베르트하이머와 같이 연구한 쾰러1925의 노력으로 대부분 소개되었다.

손다이크는 동물의 사고와 문제해결을 목표지향적인 시행착오와 자극·반응의 단순한 결합으로 전체를 구성하는 것으로 설명하려고 하였지만, 쾰러는 관찰을 통하여 사고와 문제해결은 보다 전체적인 조직 과정에서 이루어지고 기능적인 전체로서 문제를 지각한다고 확신하였다.

행동은 항상 목표가 되는 대상을 향하여 곧바로 나아가지 않으며, 목표에의 접근이 어려울 때는 피하기도 하고 같은 결과를 가져오는 우회 경로를 찾아 해결하기도 한다. 즉, 문제와 그 해결의 본질에 대한 인식은 한 동안 겉으로는 멋대로 행동을 한 후에 갑자기 그리고 동시에 일어나는데, 장을 재구조화 하여 학습이나 문제해결을 이루는 순간, 통찰이 일어난 순간이라고 주장한다.

문제구조에 대한 인식으로 해석되는 이해나 통찰은 새로운 상황에서 볼 수 있는 문제 요소들의 재조직에 기인된다. 침팬지는 상자나 막대기가 바나나 문제를 구성하고 있는 요소들의 형태와 관계가 있다는 것을 갑자기 깨닫고 거의 즉각적으로 문제해결을 하게 된다.

문제 해결이 즉각적으로 되지 않고 문제 상황에서 갈등이 있게 되면, 역동적인 정신력은 어떤 재조직을 통하여 평형화를 이루는데, 이 재조직은 긴장 상태를 해소하게 된다. 즉, 문제의 올바른 구조를 밝혀내어 해결하게 된다는 것이다.

이러한 내적 갈등의 해소는 문제의 구성요소들이 전체와 관련하여 그들의 적절한 기능에서 지각되었을 때에만 일어날 수 있는데, 이러한 재구조가 이루어지는 시점이 바로 통찰의 시점이다.

수학의 문제해결을 위한 통찰을 용이하게 하는 방법으로는 폴리아의 문제해결의 4단계가 대표적인 것으로 생각된다.

ACTIVITY Q 토의문제 2

- 다음 그림과 같이 좌표평면 위에 반지름이 10인 원 위의 어떤 점 Q에서 x축, y축에 내린 수선의 발을 각각 P, R이라 할 때, 선분 PR의 길이는?

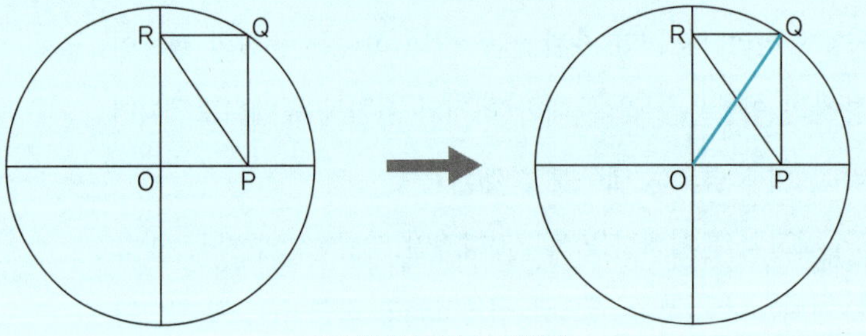

문제 상황의 요소의 재배열

풀이 위의 그림과 같이 주어진 문제의 장면에서 보조선 $\overline{OQ}$를 그림으로써 답을 쉽게 구하는 것을 주어진 문제 상황의 요소를 재배열하는 것으로 볼 수 있다.

(3) 베르트하이머의 평행사변형 문제

수학 학습·지도에 관심을 가졌던 베르트하이머는 아동의 사고 과정을 연구하기 위하여, '생산적 사고' 또는 구조의 이해에 기초한 사고를 입증하려는 연구를 하였다. 그 예로 평행사변형 문제를 사용하여 생산적 사고의 조작과 필요성을 주장하였다.

베르트하이머1945/1959는 다음 그림 4-9의 위 그림의 평행사변형으로 넓이를 계산하는 지도를 하고 그것과 비슷한 다른 평행사변형의 넓이를 구하는 연습을 시키고, 학생들은 어려움 없이 알고리즘을 사용하여 쉽게 넓이를 구한다.

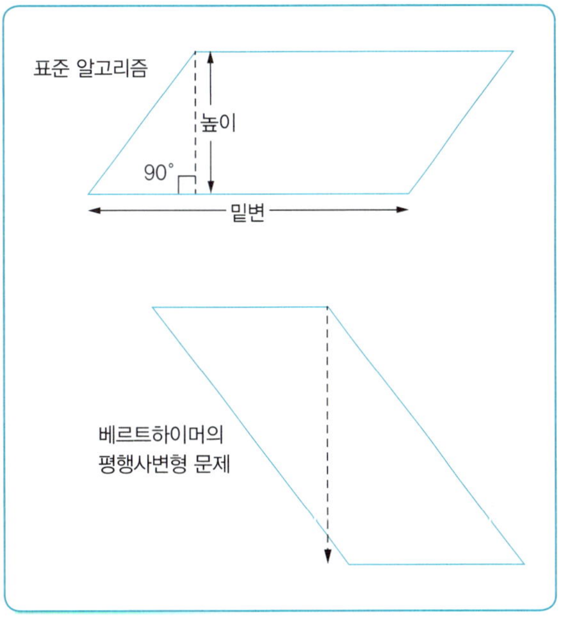

그림 4-9. 베르트하이머의 평행사변형 문제

조금 뒤에, 교사는 이제와는 전혀 다른 그림 4-9의 아래와 같은 평행사변형위 그림과 똑같은 평행사변형을 90°돌린 것을 제시하여, 넓이를 구하게 하였다. 아동들의 반응은 이 문제는 배우지 않았고 심지어 틀린 문제라고 하고, 밑변×높이의 알고리즘을 적용할 수 없다고 하기도 하며, 문제 풀기를 포기하기도 하였다.

평행사변형의 넓이를 구하기 위한 알고리즘의 기초가 되는 구조적인 원리를 이해하지 않은 채 알고리즘을 학습한 아동들은 교사가 제시한 방법을 무조건 따르기만 하였다.

이 예로 아동들은 평행사변형의 넓이 구하는 알고리즘을 기계적으로 학습했으며, 유의미 학습이 되지 못했기 때문으로 지적한다. 즉, 평행사변형과 직사각형의 기능적 동치관계등적 변형를 이해하도록 지도할 필요가 있음을 지적한다.

문제에서 본질적인 기본은 구조이므로, 과제의 목표넓이 구하기와 평행사변형의 지각적이고 수학적인 특성을 조직하고, 문제 상황이 전체와 부분의 관계가 모두 고려되어야 함을 강조한다. 이 예를 통하여, 생산적 사고가 일어나게 하려면 유의미 학습이 되어야함을 시사하고 있다.

ACTIVITY Q 토의문제 3

• 2016년 5학년 1학기 삼각형의 넓이와 관련된 아래 그림 활동의 의미를 설명하시오. 아울러 형태주의 심리학의 관점에서 삼각형의 넓이를 구하는 공식인 $S=b\times h\div 2$, $S=\frac{b}{2}\times h$, $S=h\times\frac{b}{2}$를 구조적으로 이해할 수 있도록 시각화하고 현 교과서에서 삼각형의 넓이 구하는 공식을 지도하는 방식을 분석하시오.

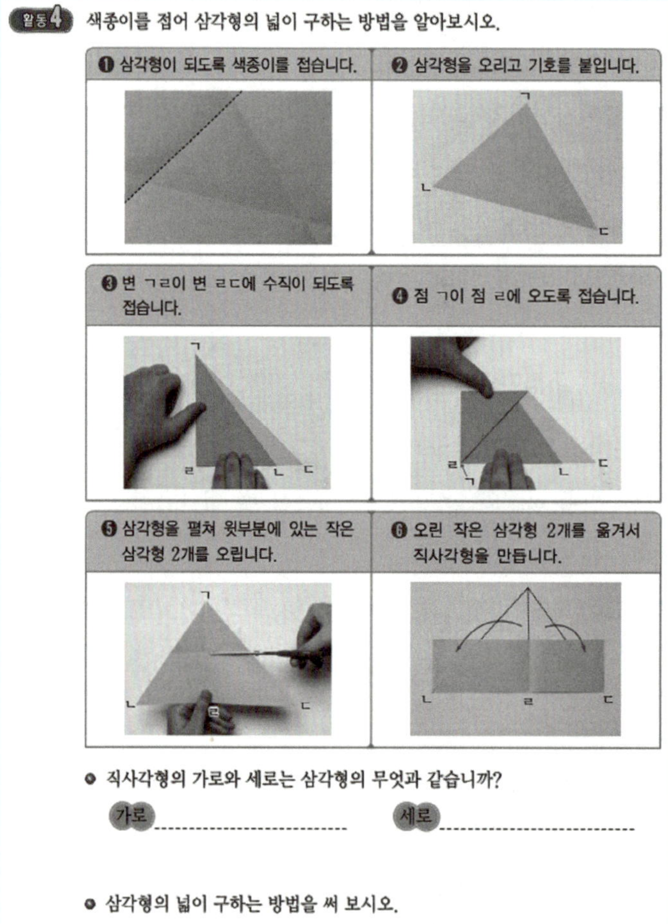

종이접기와 삼각형 넓이

(4) 생산적 사고의 과정

전체의 구조가 그것의 부분들의 기능과 그들의 상호 관계를 분명히 한다는 형태 심리학자들의 관점은 특히 문제 해결과 일반적인 사고 기능技能의 개발에 관련이 있는 것 같다. 위에 든 생산적 사고의 예로 평행사변형의 넓이 구하는 문제를 보았다. 그림 4-9의 밑의 평행사변형의 넓이도 구할 수 있는 학생은 생산적 사고를 하였다고 볼 수 있으며, 그러기 위해서는 그림 4-10과 같은 등적 변형을 이해할 수 있어야 하는데, 그러한 사고는 어떻게 진행되는지에 대해서는 의문이 남아 있다.

형태 심리학자들 또한 이러한 능력은 통찰이 일어난 것으로만 보고 있는 듯하다. 사실 아동들에게 생산적 사고를 하도록 고무하고 도울 수 있는 방법을 찾는 것은 쉬운 일이 아니다.

문제 해결에 관한 최근의 연구에서 2가지 주장 즉, '낮은 수준에서 높은 수준으로, 부분적인 것들에서 통합체로 이동하는 과정아래에서 위로(bottom-up)'과 '높은 수준의 것을 낮은 수준으로, 구조적인 문제점의 본질에서 구체적인 단계들로 이동하는 과정위에서 아래로(up-bottom)'에 관한 것이다.

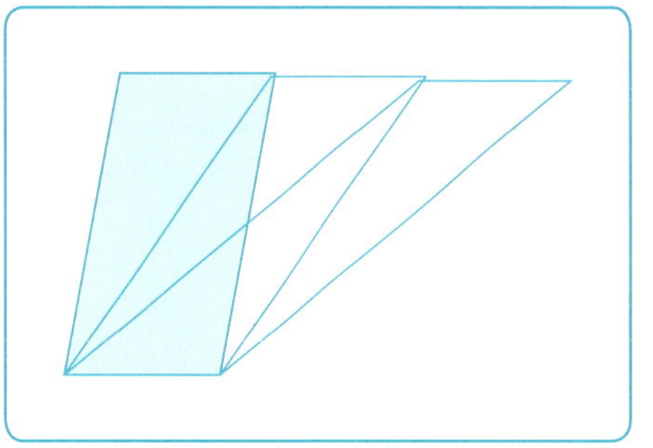

그림 4-10. 평행사변형의 등적 변형

그림 4-11. 아르키메데스의 일화

이 두 가지 유형의 과정은 학습·지도 방법에 완전히 상반되는 접근 방법을 제공한다.

'아래에서 위로'의 과정은 수학의 개념 학습이나 초기 단계에서 주로 사용되는 것으로 생각되며, '위에서 아래로'의 과정은 문제해결이나 발견을 포함한 창조적인 능력의 육성을 요할 때 적용될 수 있을 것이다.

덩커는 통찰의 과정에 관한 연구에서 목표의 분석과 문제의 재구성을 먼저 시작하는 위로부터 아래로의 과정과 문제 자료의 분석에서 시작하는 아래에서 위로의 과정을 구별하였다. 이것은 인지적 수행 능력의 연구에 공헌하고 있는데, 이 두 과정의 상반성보다는 상호작용에 관한 연구가 좋은 평가를 받고 있다.

베르트하이머, 덩커 등의 형태심리학파에서 생산적 사고의 육성이나 창조성의 육성과 관련되는 문제해결에 관한 연구를 보면, 전체적인 구조나 형태의 파악을 강조하고 있으므로 '위에서 아래로'의 사고 과정의 학습이 예상된다.

이러한 생산적 사고의 과정은 다음 그림 4-11과 같이, 포화saturation: 의식적인 차원 끝에 도달할 때까지 문제에 매달리는 것, 부화incubation: 잠재의식이 문제를 풀고 있는 동안에 문제를 잠시 옆에 두는 것, 영감inspiration: 해결점이 드러나는 아하!의 경험, 실증verification: 증명, 확인의 4단계 과정을 거친다Wallas, 1926.

ACTIVITY Q 토의문제 4

• Katona(1940/1967)의 실험, 즉, 1491625364964의 긴 수열을, 서로 다른 3집단에게 다르게 과제를 지시한 결과 매우 다른 결과가 나왔음을 보고한다. 어떤 지시가 가장 좋은 결과를 도출하였을까?

(5) 학습에 대한 형태심리학의 관점

카토나Katona, 1940~1967는 구조와 의미에 관한 형태 심리학자들의 관심을, 어른들이 과제를 수행하기 위하여 학습을 어떻게 하는가에 대한 형태심리학의 이론과 전통적인 학습 이론의 설명을 체계적으로 비교하였다.

카토나는 학습을 기계적인 암기에 의한 학습을 '무의미 학습'으로, 구조적으로 관련된 일련의 개념과 요소들에 근거를 두고 이해하는 학습을 '유의미 학습'으로 구분하였다.

그녀는 유의미 학습에 의한 기억력에 관한 실험을 통하여, 유의미 학습에 관한 본질을 다음과 같이 서술하고 있다.

① 암기에 의한 학습과 이해에 의한 학습은 학습의 과정이 서로 다르다.

② 이해에 의한 학습은 문제해결—원리의 발견—과 본질적으로 같은 과정을 가진다.

③ 문제해결과 유의미 학습은 모두 자료를 변화시키고 조직하는 활동으로 구성된다. 조직의 역할은 내재적인 관계를 설정하거나 발견하고 이해하는 것이다.

아래에서는 형태 심리학 연구의 교육에 관한 몇 가지 시사점에 대하여 서술하기로 한다.

통찰이 수학적 문제 해결로 이끈다는 것은 수학적 구조로 표현될 수 있고, 또한 생산적 사고의 기반이 되는 구조 또한 수학적 구조로 귀결된다.

형태심리학에서는 사고와 지각은 구조를 이해하려는 선천적인 기질에 지배된다는 것이다. 이런 점에서 지각이나 사고의 경험은 객관적으로 확인될 수 있는 개별 요소나 자극을 모아 놓은 것 이상의 조직화를 획득하는 것이다.

수학 문제에서 부분에 대한 전체의 우월성을 증명하면서, 베르트하이머는 기본이 되는 구조, 즉 수학적 구조에 대한 이해는 생산적 사고와 세련된 문제 해결로 이끌 수 있음을 밝히려 하였다. 문제 해결 자는 문제 구조에 대한 통찰을 통하여 문제의 요소들과 해결 절차의 관련성 및 기능들을 이해할 수 있기 때문이다.

문제해결에 대한 형태심리학의 관심은 통찰이 문제를 전체로 이해함으로써 전체와 부분간의 관계로부터 이루어진다는 것이다. 형태심리학 이론에 영향을 받아 폴리아는 구체적으로 수학 문제해결의 4단계론을 주장하며, 문제 해결력 및 통찰력을 육성하는 구체적인 방법을 제시하였다.

(6) 형태 심리학 연구가 수학교육에 미친 영향

형태 심리학은 구조화의 원리를 주장한 나머지 그 전체구조의 개념을 요소로 환원되지 않는 집합으로 보는 경향이 강하였다. 예를 들면, 어떤 멜로디를 1옥타브 위에서 연주할 때, 개개의 음은 분명히 이전의 음과는 다른 것인데도 이전과 같은 멜로디 감을 느끼게 된다. 즉, 멜로디는 모든 요소가 다르더라도 같은 멜로디로서의 전체구조를 가지고 있다. 전체란 요소의 총합이 아니고, 그 이상의 것이라고 형태 심리학은 주장한다. 지각 면에서는 그러한 사실이 이해되지만, 사고 면에까지 이 원리를 적용하는 것은 무리라고 생각된다.

특히, 수학에서는 요소의 가법성($1+1=2$, $2+1=3$, …)이나, 감법성($2-1=1$, $3-1=2$, …)은 처음부터 전제하고 있다. 이것을 부정해 버리면 수학자체가 성립되지 않는다. 그렇다고 해서 기계적인 결합만을 주장하는 손다이크의 심리학이 정확하다는 것은 아니다. '부르바키 학파'가 말하는 것과 같이 수학에는 수학자체의 구조가 있고, 각각의 요소는 그 구조에 따라 처음으로 상호관계를 가지게 된다. 더욱이, 이 구조는 그 내부의 가법성이나 가역성 등을 전제하고 있다.

형태심리학의 연구는 반복보다는 구조화의 원리를 중시하는 생활단원 학습기의 교육방법을 발전시켰는데, 이로 인해 수학 학습에서 반복연습이 소홀해지고 수학의 기초적인 기능을 저하시키는 원인이 초래되었다고도 한다.

그러나 형태심리학의 사고와 지각에 대한 조직의 중요성에 관한 연구가 인지심리학 연구의 출발점이 된 것은 인정해야 할 것이다.

3 피아제의 인지발달 이론과 수학교육

피아제J. Piaget, 1896~1980는 스위스의 심리학자로, 그의 연구는 손다이크의 일반 동물 실험이나 형태 심리학자들의 침팬지 실험과는 달리, 인간인 자기 딸들을 실험의 대상으로 하여 인간의 성장 과정에 따라 인지에 관한 임상실험을 하였다. 그 결과 다음 그림 4-12와 같은 인간의 지적 발달 단계론을 끌어냈으며, 그의 실험 결과는 인간의 인지 발달과 지적 성장을 돕는 학습·지도에 바로 적용할 수 있음을 시사하였다.

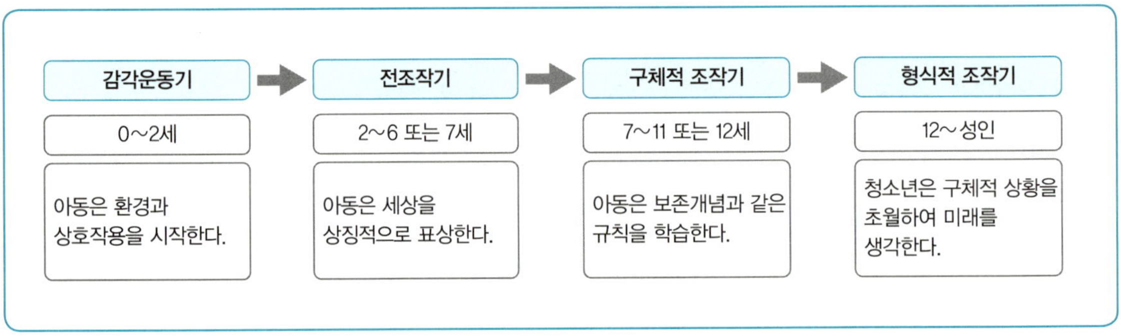

그림 4-12. 피아제의 인지 발달 단계

(1) 피아제의 발생적 인식론과 균형이론

피아제는 인간의 인지 문제를 심리학적으로 접근하여, 외부세계에 대한 인식론적 가정이 성장기의 인지발달 과정에서 형성됨을 구명하였다. 인식 주체는 인식하는 대상과 항상 상호 작용하여, 변화하고 성장하며, 발달의 방향은 정해져 있지만, 실제로 언제, 어떻게 발달하는 가는 경험에 의한다고 주장한다. 이것을 발생적 인식론이라 한다.

피아제의 인식론에 대한 견해는 경험론에서 말하는 개인의 감각기관을 통해 외부에서 내부로 들어오는 감각적인 정보에 의한 것이라는 주장과, 이성론에서 말하는 진리는 이성에 의하여 가장 명확하게 보증된다는 주장을 종합한 입장이었다. 즉, 감각적 경험과 이성과의 밀접한 상호작용에 의해 지식이 구성된다고 생각하였다. 그래서 "경험은 이성을 만들고, 이성은 경험을 만든다"는 말을 하면서 인지 발달과정에서 경험과 이성은 분리될 수 없고 서로 융합되어 하나의 전체를 이룬다고 주장하였다.

피아제의 발생적 인식론은 인간의 정신과정 또는 인지과정을 생물학적 발생과정의 일부로 보고, 인간이 외부의 지식을 습득하기 위해 동화와 조절에 의한 환경에의 적응을 근간으로 하고 있다.

수학적 개념 또한 실제적인 동적인 경험 활동, 즉, 자연수의 개념은 조약돌을 1대1로 대응시키거나 직접 세거나 하면서, 도형 개념은 색종이를 잘라서 직접 구성하거나 분해하고, 반성적으로 사고함으로써 수학적 개념이 발생되고 형성된다고 하는 것이다.

피아제는 형태 심리학자들과는 달리 '전체구조'가 처음부터 인간정신 속에 갖추어져 있다고는 보지 않고, 전체구조가 어떠한 순서를 밟아서 만들어져 가는가를 규명하는 것에 연구의 목표를 두었다.

그에 의하면 이 '전체구조'는 이상적인 균형 상태를 이루고 있어, 이 구조의 내부에서 여러 가지 지적 조작이 이루어질 수 있는 것이다. 아동의 사고구조는 불안정한 상태인데, 그 구조 중의 일부분만 변하여도 전체구조가 완전히 변하게 되며비가산성, 한 번 변한 것은 결코 이전과 같은 상태로는 되지 않는다비가역성는 것이다. 예를 들면, 둥근 진흙 덩어리가 평평하게 되면 무게가 변하였다고 생각하고, 머릿속에서 처음의 둥근 진흙 덩어리로 되돌려 생각하지를 못한다.

이와 같은 불안전한 상태로부터 차차 균형 상태로 변화해 가는 과정을 파악하기 위하여, 그는 수 개념, 양 개념, 공간 개념, 시간 개념, 운동 개념, 확률 개념우연이 개념, 순열, 조합의 개념 등의 발달적 연구에 착수하였다.

형태 심리학은 아동과 어른의 사고과정 사이에 차이를 인정하지 않고, 다같이 '재구조화'의 법칙에 따라 사고가 진행된다고 하였지만, 피아제는 양자의 이질성을 강조하였으며, 심지어 같은 아동일지라도 4세 아동과 10세 아동과는 사고방식이 전혀 다르다는 것이다.

인간은 환경에 대하여 수동적으로 머물러 있지 않고, 가능한 범위 내에서 환경을 조절하고 자신의 의도대로 변화시켜, 균형 상태를 유지하기 위한 상호작용을 하게 된다.

예를 들어, 물에 빠진 사람이 익사하지 않고 생존하고자 하는 것이 그의 욕구라면, 여기에 개재되는 균형을 이룩하여 유지하고자 하는 지적인 행동이 수

영운동이다. 이러한 상호작용에는 인지적 측면 이외에 정의적인 측면도 포함되지만, 피아제는 인지적 측면을 주로 연구하였다. 인간은 유전적으로 환경과 상호작용 하는 기능을 타고난다고 생각하였다.

피아제의 인간이 환경에 적응하기 위해, 끊임없는 상호 작용을 한다는 것이며, 그의 발달 이론의 기본이 되는 균형의 개념을 도입한 점이다.

인지적 적응은 개인의 환경에의 순응을 통해서도 추구되고, 그때그때 개인의 인지적 양식에의 환경의 병합을 통해서도 추구된다. 개인은 환경과의 상호작용의 결과를 내면화하여 가능한 한 통일적이고 관련성을 갖는 행동 및 사고의 양식을 구성하고자 부단히 활동하며, 이는 발달과 더불어 끊임없이 세련되고 심화되며, 미래의 행동이 보다 나은 결과를 얻을 수 있는 방향으로 조종되게 된다.

적응은 동화와 조절기능으로 분류되는데, 동화는 새로운 지식을 현존하는 인지구조에 합체시키는 것이고, 조절은 새로운 지식이 개인의 현존하는 인지구조에 합체되기에 부적절할 때, 필요한 자신의 인지구조를 분화하고 조종하는 것을 의미한다.

외부 세계와의 인지적 만남은 항상 동화와 조절의 상보적인 측면을 지닌다. 새로운 환경 요소들은 자신에게 동화시키고 이들에 맞추어 스스로 조절하려는 반복적인 시도를 통해 인지체계의 내부적 구조는 점차 변화하여 인지 발달이 이루어진다.

이상의 내용을 그림으로 나타내면, 다음 그림 4-13과 같다.

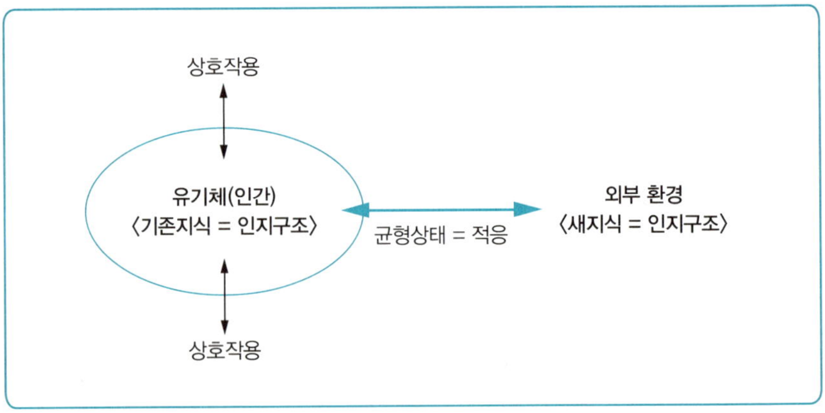

그림 4-13. 균형상태(적응)

그런데 구체적인 행동으로부터 지적인 조작으로의 이행은 행동이 특수한 대상과 결부되어 있는 상태에서 점차 벗어나 내면화, 상징화, 언어적인 표현이 가능한 보다 추상적인 성격을 갖게 되는 표상으로 대체됨으로써 이루어진다. 지적인 발달은 조작이 보다 안정된 균형 상태를 이루는 가동적인 체계로 조직됨으로써 달성되어지며, 그로 인하여 지적인 적응이 가능하게 되는 것이다.

인간은 환경과의 균형을 이룩하여 그의 행동 및 사고양식의 무모순성을 달성하려는 기본적인 욕구가 있다. 적응과 조직기능에 의한 그러한 균형화 과정에서의 행동 및 사고양식의 변화를 학습이라고 할 수 있는바, 피아제에 의하면 인간은 학습을 위한 강력한 인지적 동기를 소유하고 있으며, 이는 학문적으로는 탐구충동에 해당된다.

(2) 수학적 지식과 수학적 사고

피아제는 수학적 지식 및 사고의 본질을 '조작operation'으로 보고, 그 발생과정을 분석하여 제시하였는데, 피아제 이론은 수학교육에서 이해, 문제해결능력 및 창조성의 개발 등에 적용할 수 있다.

피아제의 학문적 연구의 주된 목적은 과학 자체와 개인에 있어서의 지식 발생의 구조를 밝혀 보려는 것이었다. 어떤 발달단계에서의 개인의 지능이란 그 개인이 주변 세계와 효과적으로 상호작용할 수 있는 구체적 활동 혹은 정신적 활동의 총체라고 말할 수 있으며, 지능은 개인의 고정된 특성이 아니라 발달에 따라 변하는 것이다. 즉, 지능의 실제적인 메커니즘은 '조작'이라고 표현되는 내면화된 행동이므로 실제적인 행동은 지능의 기원이며 지능을 키우는 토양인 것이다.

환경의 보다 나은 적응을 향한 유기체의 진화과정이라는 기본적인 생각을 인식론에 적용하여, 지식의 발달은 보다 지적인 행동양식과 사고양식의 구성을 뜻하며 이는 인식주체와 현실과의 보다 나은 균형을 이루기 위한 것이다.

인간만이 내면적인 행동인 사고로, 미래의 잠재적인 가능성을 부단히 조종하고 수정해 가면서, 그의 행동방향과 동기에 따라 현실을 능동적으로 변화시킬 수 있는 것이다. 피아제는 이러한 기본적인 입장을 취하면서 수학과 논리학에서 개발된 기호적인 사고모델을 질적으로 가장 높은 형태의 지능으로 보고 있다.

논리-수학적 개념은 유기체의 구조에서 출발하여, 감각-운동의 형태로 나타나고, 다시 행동의 일반적 조정이 이루어지면서 '반영적 추상화'가 일어나 구성된 '조작' 및 보다 고차의 조작이다. 다시 말해, 수학적 사고를 내면화된 행동 곧 조작으로 보고 아동의 활동 가운데 그 형성적 근원을 찾고 있다. 이러한 수학적 지식과 수학적 사고에 관한 피아제의 인식에 기초하여 그를 "조작적 구성주의자"로 부르기도 한다.

그는 인간의 사고를 정적인 형상적 측면schème: 지각, 모방, 이미지과 동적인 조작적 측면schème: 행동이나 조작으로 분류하였는데, 어떤 상태의 정적인 표상을 조작적 측면의 스키마에 종속시키고 있다. 그에 따르면, 스키마를 행동과 조작을 반복 가능하게 하고 그것을 일반화할 수 있게 하는 것, 즉 행동과 조작의 일반적인 양식으로 정의한다. 다시 말하면, 개인의 현존하는 지식과 행동이 통합된 제 정신구조를 말하며, 동화와 조절을 가능하게 하고 조종하는 인지적 양식을 가리키는 것이다. 예를 들어, 젖을 빠는 스키마, 쥐는 스키마, 던지는 스키마, 분할하고 모으는 스키마, 더하고 빼는 스키마 등을 생각해 볼 수 있으며, 수학적인 모든 개념, 여러 가지 법칙, 증명방법, 알고리즘, 정의, 정리, 구조 등도 모두 스키마이다. 수학이란 개념적 스키마를 구성하고 적용하는 과정이라고 말할 수 있을 것이다. 어느 경우든 수학의 본질은 조작적 스키마이다. 스키마의 특성을 정리하면 다음과 같다.

① 가동적이며 고정적인 것이 아니다.
   예를 들어, 어떤 물건을 붙잡을 때, 잡는 스키마는 물건의 특성에 따라 여러 가지로 조절되어 적용된다.
② 스키마는 고립적으로 존재하는 것이 아니라 전체적인 인지구조 가운데 서로 관련되고 종합되어 있다.
   유아에게 장난감을 주면, 보는 스키마, 잡는 스키마, 입으로 가져가는 스키마, 깨무는 스키마가 함께 작용한다.
③ 일반화 및 분화가 가능하다.
   인지 스키마는 적응상황에서 동화와 조절 가운데 어느 쪽이 우세한가에

따라 그 작용영역이 확장되어 일반화되거나 분화될 수 있는 것이다. 예를 들어, 어린아이에게 새로운 물건을 주면 그것을 잡으려고 한다. 그것이 가능하면 잡는 스키마가 보다 일반화되며, 그것이 뜨겁다든지 하여 부정적이면 잡는 스키마가 분화되고 그 물건이 분별되게 되는 것이다.

④ 스키마는 경제적인 성격을 가지므로, 인지적 소모를 가능한 한 경감시키려고 한다.

⑤ 어떤 스키마를 구성하게 되면, 같은 행동을 반복하는 '순환반응'을 하게 된다. 새로운 스키마는 충실한 연습을 통해 일반화되고 분화되며 다른 스키마와 조정된다.

(3) 피아제의 보존 개념과 임상실험

피아제에 의하면 아동의 인식은 지각체제에 매여 있는 것이 아니고 그 배후에 있는 본질을 파악할 수 있게 될 때에 일어난다는 '보존'의 개념을 이해하는 것이 전제로 되어 있다. 보존의 개념을 이해하는 시기는 갑자기 오지 않고 각각의 영역에 따라서 다른 연령에 나타난다. 예를 들면, 보자기로 사물을 씌워도 보자기 밑에는 역시 사물이 소멸되지 않고 존재하고 있다는 보존의 개념은, 2세 이전에 이미 성립되어 있지만, 물질보존의 법칙이나 에너지 보존의 법칙은 초등학교 상급생 내지 중학생이 되지 않으면 이해되지 않는다는 것이다.

피아제는 보존의 개념을 이해하는 시기를 각각의 영역에서 알아내어, 그 시기에 아동의 능동적인 학습을 진행해 가는 것이 가장 효과적인 교육방법이라고 하였다. 그는 여러 가지 실험을 통하여 그 시기를 알아내고 어떤 과정을 거쳐서 거기에 도달하는 가를 연구하였다.

임상실험의 예를 들기 전에 알아두어야 할 몇 가지 의미에 대하여 살펴보자.

피아제는 인간의 '지각'을 '가역성'과 '상보성'이 확립되었을 때, 인간은 어떤 사실을 지각하였다개념이 보존되었다고 보고 있다. 여기서 가역성이란 현재 머릿속에서 이미 앞에서 한 행동까지 거꾸로 되돌아 가 보는 능력을 의미한다. 예를 들어, 어린 아동에게 처음에 꽃병 6개와 꽃 6송이를 두 줄로 나란히 놓고, 6송이의 꽃을 각 꽃병에 한 송이씩 꽂게 한다. 다음에 다시 꽃을 꽃병에서 뽑아 처음보다는 꽃의 간격을 많이 벌리고, 꽃병과 꽃송이의 개수를 비교하게 한다.

틀리게 답하는 아동은 가역성이 확립되지 않은 것으로 보는 것이다.

상보성이란, 두 가지 이상의 행동의 변화를 동시에 인식할 수 있는 능력을 의미한다. 앞의 예에서, 꽃을 꽃병에 꽂은 행동과 다시 뽑아서 놓은 행동을 동시에 연결하여 인식하는 능력을 의미한다.

인간의 '지능' 또한 '감각 운동적 지능'과 '반성적 지능'으로 구별하고 있는데, 감각운동적 지능이란, 감각된 실제 대상들 사이의 관계나 아동 자신의 행동사이의 관계를 인식하는 능력을 의미하고, 반성적 지능은 개념이나 개념사이의 관계를 인식하는 능력을 포함하는 것으로, 인간의 내면적 활동을 조절하고 통제하는 능력을 의미한다.

① 연속량의 보존개념

다음 그림 4-14와 같이 모양과 크기가 같은 두 개의 용기 중 한쪽 A1(1L)에 물을 넣고, A1의 물을 A2(1L)에 붓는다. 다시 A1에 파란 물을 가득 담고, 다음에 A2의 물을 다른 형태의 용기 B1(0.5L), B2(0.5L)에 나누어 담는다. 아동에게 A1의 물의 양과 B1, B2를 합한 물의 양을 비교하여 어느 쪽이 많은지 어떤지를 물어본다.

아동은 ① A1 > B1+B2이거나 ② A1 < B1+B2, 또는 ③ A1 = B1+B2의 3가지 경우로 답할 것이다. 이때에 아동은 큰 용기의 물은 작은 용기의 물보다 많이 들어 있는 것 같이 보이거나 그 반대로 생각할 수 있기 때문에 물의 양은 변하였다고 대답한다. ③의 경우와 같이 대답하는 아동은 가역성과 상보성이 확립되어 보존 개념이 완성되었다고 보는 것이다.

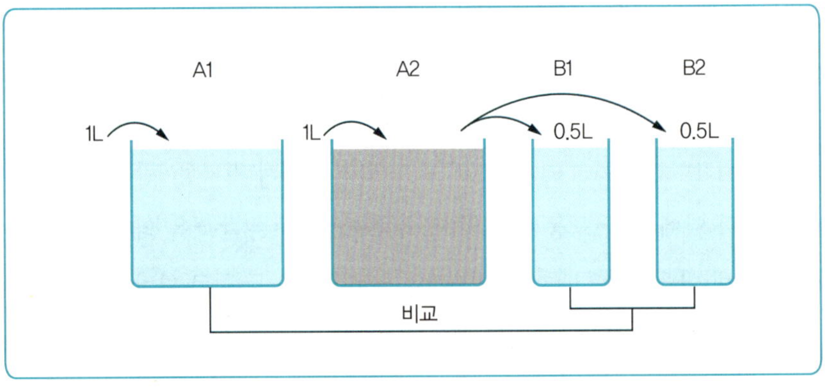

그림 4-14. 연속량 보존 실험

이와 같이 수량이 늘었다든지 줄었다든지 하는 시기에는 보존의 개념이 없고, 따라서 참다운 의미의 수량개념도 가지지 못하는 것이다. ①, ②와 같은 경우는 가역성과 상보성이 확립되지 않아 양에 대한 보존개념이 형성되지 못했지만, 이러한 실험조작을 계속함으로써, 점점 보존의 개념을 형성시킬 수가 있고 ③의 완성단계로 이끌 수 있을 것이다.

② 불연속량(수)의 보존개념

위의 실험을 물 대신 비커에 들어가는 작은 알사탕으로 해본다. 이 때에는 물과 달리, 알사탕의 수를 하나하나 셀 수 있으므로 수량이 변했다는 인상은 물의 경우와 같이 강하지 못하지만, 결과는 역시 물의 경우와 같았다.

아래 그림 4-15와 같이, 어린 아동에게 처음에 꽃병 6개와 꽃 6송이 두 줄로 나란히 놓고, 6송이의 꽃을 각 꽃병에 한 송이씩 꽂게 한다.

다음에 다시 꽃을 꽃병에서 뽑아 처음보다는 꽃의 간격을 많이 벌여놓게 하여, 꽃병의 수와 꽃송이의 개수를 비교하게 한다. 틀리게 답하는 아동은 가역성이 확립되지 않은 것으로 보는 것이다.

즉, ① 꽃병의 수가 많다. ② 꽃송이의 수가 많다. ③ 꽃병과 꽃송이의 수가 같다.

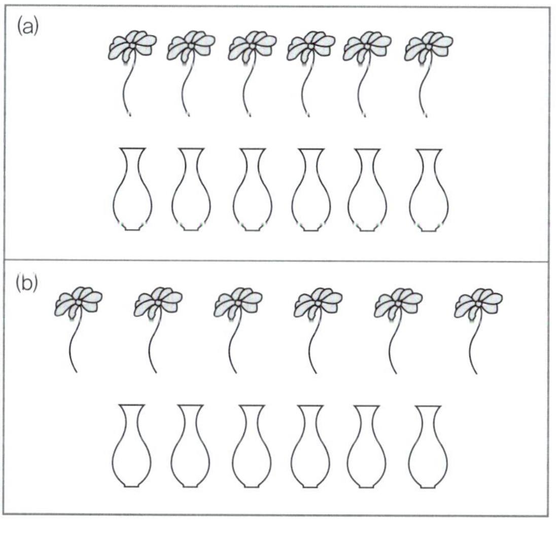

그림 4-15. 이산량 보존 실험

이 세 가지 중에 어느 하나로 답할 것이다.

위와 같이 수 개념 형성의 기초는 1대 1대응으로 설명할 수 있는데, 제1단계는 1대 1대응이 안 되는 등치성이 전혀 없는 단계와 1대 1대응 개념은 어느 정도 있지만, 영속적인 등치성의 개념이 없는 단계, 등치성의 개념이 완성된 제3단계가 그것이다.

이 두 실험의 결과, 아동이 갖는 수량의 개념은 다음과 같은 단계를 거쳐서 완성되는 것을 알았다.

① 제 1단계: 전체의 보존을 인정할 수 없는 시기(5세~6세).
② 제 2단계: 어느 정도의 보존을 인정할 수 없는 시기(6세~6세 반) 곧 두 개의 용기에서 크기가 그다지 다르지 않으면 보존을 인정하지만 지각적 차이가 심하면 보존을 인정할 수 없는 시기
③ 제 3단계: 보존의 개념이 성립되는 시기(6세 반~7세 반), 이때의 아동들은 "처음 병에 물을 도로 넣으면 수면은 같은 높이에 온다"던가 "병이 길어지면 그만큼 가늘어진다"는 등, 물의 양은 동일하다고 주장한다. 이것으로부터 알 수 있는 바와 같이 보존의 개념은 실은 '가역적 사고(reversiblite, 처음으로 되돌아가서 생각하는 사고개념)' 내지 '상보적 사고(reciprocite, 어떤 관계의 일면이 변하면 다른 면에서 그것을 보충하여 생각하는 사고방식)'에 기인되고 있는 것이다.

피아제는 이와 같이 아동의 각 연령에 따라 수학에서는 도형개념, 측정, 관계 영역 등 수많은 임상실험을 계속하여, 다음과 같은 인간의 지적 발달 단계론을 끌어내게 된다.

(4) 지적 발달 단계 이론

피아제는 인간의 발달과정에서 어떤 인지 구조가 어떻게 조직되는가? 하는 것을 규명하기 위하여, 여러 연령층의 아동을 대상으로 여러 가지 내용에 대하여 조직적인 실험을 하는 소위 '임상적 방법'을 사용하여 수많은 연구결과를 제시하였다. 피아제는 인지발달을 구조변화의 연속 과정으로 보고, 인지구조

의 일시적인 안정이 지속되는 기간을 단계적으로 구분하고 있다.

그에 따르면 아동의 인지발달은, 감각-운동기, 전조작기, 구체적 조작기, 형식적 조작기를 빠짐없이 단계적인 순서로 통과하지만, 각 시기는 아동에 따라, 문화적·사회적 환경에 따라 시간적 차이가 있을 수 있다는 것이다. 다음 표 4-1에 각 시기의 인지적 특징을 간단히 살펴보기로 한다. 자세한 것은 우정호 외 2인, 1989. 참고

인지 발달 단계	연령	행동특성
감각 운동기	0~2세	감각 운동적 도식 발달 반사행동에서 목적이 있는 행동으로 대상영속성
전조작기	2~7세	표상적 사고 능력 직관적 사고와 중심화 자아 중심성
구체적 조작기	7~11세	구체적 상황에서 논리적 사고 발달 가역성, 유목화, 서열화 개념 사회지향성
형식적 조작기	11세이후	논리적으로 추상적 문제 해결 가설·연역적 추리 가능 조합적 추리 가능

표 4-1. 피아제의 인지발달단계별 행동 특성

① 감각운동기(0~2세): the period of sensorimotor intelligence

사고활동을 겸하지 않은 감각운동만의 시기이고, 서서히 지능의 몇 가지 특징이 나타지만, 조작적이지는 않은 시기이다.

감각-운동적 지능의 출발점은 삼키기, 빨기, 혀 움직이기, 울기와 같은 타고난 생물학적인 반사작용과 순환반응이다. 순환반응이란 우연히 획득한 어떤 새로운 결과의 능동적인 재생행위를 말한다. 아동은 자신의 행동에 상황을 반복적으로 동화하면서 자기의 행동을 조정해 나아간다. 예를 들어, 물건을 가까이 끌어당길 수 있고 물건을 잡을 수 있는 아동은, 이들 두 행동을 조정하여 깔개 위에 놓여있는 물건을 잡기 위하여 깔개를 가까이 끌어당기는 것이다.

이 단계의 마지막 시기가 되면 위치와 위치의 변경이 조정되어 대상의 항존성이 의식되고, 자기 자신이 하나의 대상이라고 의식하게 되며, 여러 가지 주

변의 대상이 공간적으로 결합되고 관련되는 통일적인 주변공간을 구성하게 된다.

감각-운동기 말에 나타나는 주요한 인지적 특성은 다음과 같다.

- 대상을 지각하고 식별한다.
- 대상의 불변성을 인식하고 그 자신을 하나의 대상으로 인식한다.
- 물체의 모양이 보는 지점에 따라 변하는 것처럼 보여도 변하지 않는 다는 것을 인식한다.
- 양친과 여러 가지 동물을 식별한다.
- 대상의 이름을 안다.
- 대상을 다루는 능력이 발달한다.
- 초보적인 방향감각이 있다.
- 없어진 물건을 찾는다.
- 사물에 대하여 간단한 실험을 하여 그 성질을 학습한다.
- 목적을 달성하기 위하여 수단을 쓴다.
- 단지 주변공간만을 이해한다.
- 현재시각과 사건의 계열 및 지속성을 인식한다.
- 언어가 나타나기 시작하며 표상적 사고가 가능해진다.

② 전조작기(2~7세): the period of preoperational intelligence

언어, 상징적 놀이를 할 수 있게 되며, 조작이 시작되지만, 보존 개념이 완성되지는 않고 자기중심적이며, 가역성이 결여된 시기이다.

전 조작 단계 곧 전 개념적 사고, 직관적 사고단계는 언어와 상징기능의 습득과 더불어 시작된다. 언어를 사용하고 이미지를 그리며 상징기능이 생겨 행동의 내면화가 가능하게 되며, 시간적으로 공간적으로 멀리 떨어진 사건을 동시에 파악할 수 있게 되어, 과거의 행동을 반성하고 그것을 표현할 수 있게 된다. 또한 상징적 규약을 받아들이게 됨으로써 사회적 상호작용이 가능하게 되므로, 이는 아동의 인지발달에 결정적 의미를 갖는 것이다.

이 시기에서 아동의 사고는 아직 자기 자신의 관점이나 행동에만 주의를 집중하는 상태로, 타인의 입장을 생각하지 못하며, 어떤 상태의 한 가지 특징만 주목하고, 여러 가지 특징을 동시에 비교하여 생각할 줄 모른다. 피아제는 이러한 특성을 '자기중심성'이라고 부르는데, 이러한 입장에서 인지발달은 점진적인 '탈 중심화' 과정이라고 말할 수 있다.

피아제는 자기중심성의 중요한 특징을 사고의 '가역성' 결여로 설명하고 있다. 즉, 아동은 머릿속에서 한 행동을 거꾸로 출발점에 되돌아가기 어려우며, 일단 실행된 행동에 집착하고 앞에서 한 다른 행동들을 조정하지 못한다. 내면화된 가역적 행동이 조작이므로, 조작의 결여가 이 시기의 특징이다.

이 시기의 아동은 대상과 자기의 경험을 언어와 이미지로 나타낼 수 있지만, 그러한 표현 자체를 사고의 대상으로 다룰 수는 없고, 사물을 직접 다루고 직관적인 외형에 지배되는 사고에 머물러 있다. 전 조작 단계에 나타나는 주요한 인지적 특성은 다음과 같다.

- 가역적 사고 곧 조직적 사고를 할 수 없다.
- 자기중심적이다.
- 4세까지 놀이에서 규칙을 따르지 않는다.
- 언어가 발달하지만 자기중심적이며, 접속사(때문에, 따라서, 이지만 등)를 거의 사용하지 않는다.
- 수세기를 할 수 있지만 수 개념이 형성되어 있지 않다.
- 사고가 정적이며, 상황에 따라 전환되는 조리가 없는 사고를 한다.
- 환상과 실제를 구분하지 못한다.
- 무생물에 생명체의 특성을 부여한다.
- 인간이 산이나 호수, 달, 태양 등을 창조하였다고 믿는다.
- 의사 학습상태를 나타낸다
- 현재, 미래, 과거를 인식하지만 지속성은 없다.
- 공간관념이 집, 정원, 이웃으로 확장된다.
- 정사각형이나 삼각형 등을 모서리가 둥근 폐곡선으로 그린다.
- 보이는 대로 그리지 않고 알고 있는 것을 그린다.
- 보존문제를 해결하지 못한다.

③ 구체적 조작기(7~11세): the period of concrete operations

구체적 조작에 대한 가역성, 결합성을 획득하여 지능의 조작이 완성되지만, 가설적 사고와 형식적 사고는 미발달된 시기이다. 가역성의 출현으로 지적 활동은 조정되어 유연성과 가동성을 가지면서 여러 가지 기본적인 조작이 형성된다.

구체적 조작기의 사고는 여러 가지 다른 관점이 조정되어 전체성을 갖는 체계 곧 조작체계로 조직되게 되므로, 조작과 그 역조작이 함께 관련되게 된다. 예를 들어, 분해한다-합성한다, 더한다-뺀다, 통합한다-가른다, 틈을 좁힌다-틈을 늘린다, 길게 한다-짧게 한다, 연다-닫는다, 정제한다-거칠게 한다, 구조화한다-추상화한다 등과 같이 짝을 이루어 형성된다는 것이다.

구체적 조작은 실제적인 행동, 혹은 그러한 경험과 결합되어 있으며 내면적으로 그러한 행동을 논리적으로 구조화하는 것이다. 거기에는 활동에 수반되는 언어도 포함되어 있지만, 구체적 활동과 무관한 형식적이고 논리적인 조작은 못한다. 이 시기의 아동의 사고는 실제 경험과 결부되지 않은 추상적 명제나 관계를 이해하지 못하므로 일반성과 엄밀성이 결여되어 있다는 점이다.

피아제는 수학 및 물리적 개념의 이해에는 반드시 '보존'conservation 개념의 형성이 전제된다고 보고, 다음과 같은 여러 가지 보존개념의 발생을 연구·조사하여 제시하였다.

- 물질량의 보존(6~7세): 물질의 양은 분해이나 변형에 관계없이 변하지 않는다.
- 수의 보존(6½~7세): 원소의 배열과 관계없이 집합 수는 불변이다.
- 길이의 보존(7~8세): 이동과 분해 혹은 변형과 관계없이 길이는 불변이다.
- 넓이의 보존(7~8세): 이동과 분해 혹은 변형과 관계없이 넓이는 불변이다.
- 무게의 보존(9~12세): 분해나 변형과 관계없이 물질의 무게는 불변이다.
- 부피의 보존(11~12세): 분해나 변형과 관계없이 물체의 부피는 불변이다.

구체적 조작기에서 발달하는 주요한 인지적 특성은 다음과 같다.

- 가역적 사고가 가능해진다.

- 결합, 분리, 곱하기, 나누기, 대입, 대응과 같은 기본적인 조작이 발달한다.
- 분류가 가능하고 전체와 부분 사이의 관계를 이해한다.
- 실제적 경험과 관련된 추론을 한다.
- 수 개념을 인식하고 측정이 가능해진다.
- 양 무게, 넓이, 부피 개념을 인식한다.
- 사회의 규칙과 논리를 받아들인다.

④ 형식적 조작기(11~15세): the period of formal operations

이 단계에는 대상, 성질, 개념 등이 명사로 파악되고 구체적 상태나 조작이 명제로 표현된다. 정신활동의 영역은 보다 확대되어 언어적 가설에 근거하여 추론할 수 있게 된다. 즉 형식적인 명제논리의 조작이 가능하게 된다.

이 시기의 인지 발달에 관한 외적 기준은, 구체적 경험과 무관한 언어만으로 추론할 수 있고, 실험에서 있을 수 있는 요인을 조직적으로 고려하여 검증하며, 사고에 대한 사고를 할 수 있다는 것이다. 형식적 조작기에 나타나는 주요한 인지적 특성은 다음과 같다.

- 가설-연역적 사고를 한다.
- 명제 논리적 사고를 한다.
- 반성적 사고를 한다. 다시 말해, 사고과정을 평가하고 사고에 대한 사고 곧 이차적 조작을 한다.
- 이상적 사회를 그린다.
- 일반화된 개념적 사고를 한다.
- 조합적 사고를 한다.
- 확률개념을 이해하고 사용한다.
- 공간개념이 우주로 확대된다.
- 무한 개념을 인식한다.
- 논리에 대해 의문을 갖는다.
- 은유를 이해한다.
- 자신의 장래 이상을 설계한다.

ACTIVITY Q 토의문제 5

• 2016년 6학년 1학기 교과서에 나와 있는 다음 그림의 퍼센트 포인트에 대한 개념을 설명하시오. 아울러, 피아제의 인지 발달 단계이론에서의 형식적 조작기 아동의 특성을 구비한 학생이 학습하기 쉬운 내용을 현재의 교과서에 나와 있는 내용을 분석하고 설명해보시오.

퍼센트포인트 이야기마당

(5) 인지 발달 이론의 수학 교육적 의미

피아제는 발생론적 인식론을 연구하면서 특히, 인간의 논리, 수학적 개념의 인지발달을 해명하려고 하였다.

수학 교육에 대한 피아제 이론의 시사점으로 크게 교육 목표, 교육 과정, 학습 방법, 학습 평가로 나누어 볼 수 있다.

피아제는 자신의 이론이 교육 활동에 적절함을 강조하고 있으나, 실제로 교육 문제를 해결하려는 연구는 시도한 것이 아니었다. 그래서 인지 발달 이론이 수학 교육에서 어떻게 응용되어야 하는가는 교육 현장에서 중요한 연구 과제인 것이다.

피아제 이론의 교육에 대한 공헌으로 긴스부르그Ginsburg는 첫째, 피아제의 인지 발달 이론은 교육 활동을 위한 몇 가지 일반적 원리를 제공해 주었고, 둘째, 아동의 논리 수학적 및 물리학적 개념 발달에 관한 피아제의 연구들은 이 분야의 교육 과정 및 교수 방법 개발에 도움을 줄 수 있으며, 셋째, 피아제의 임상적 실험법은 교사에게 귀중한 진단 및 평가적 도구를 제공해 줄 수 있다고 지적하였다.

이러한 관점에서 본다면, 수학적 개념 형성은 아동의 인지 발달 과정을 중시한 동화와 조절이라는 두 가지의 상보적인 균형화 과정을 통해서 이루어지는 것이 바람직하다고 보겠다.

이상 피아제의 발생적 인식론을 수학 교육과 관련지어 보면 다음과 같이 정리할 수 있다.

첫째, 발생론적 인식론은 인간이 태어날 때부터 성인기에 이르기까지 성장 과정에 따르는 환경에의 적응, 내부 구조의 형성에 따른 지적 적응, 개체와 환경의 상호작용에 따른 인지 발달에 근거를 두고 연구한 것이다.

둘째, 인지 발달은 일정한 순서를 가지고 있으며, 수학적 지식의 습득은 경험과 이성의 상호 작용에 의해 이루어진다.

셋째, 인간의 지적 행동을 환경에 대한 순응이라고 보았으며, 이 순응은 동화와 조절이라는 두 가지의 상보적인 균형화 과정을 통해서 이루어진다.

이때, 균형화 과정은 일련의 자기조절작용self-regulations으로 수학 교육에 적용된다.

(6) 교육의 과정과 수학교육

그렇다면, 모든 학생은 그들의 인지발달 단계의 연령에 맞추어 공부해야 하는가? 브루너의 『교육의 과정』에는 새 수학의 심리학적 근거로서 발견, 구조, 조기준비성, 직관적 사고로 표현되는 1960년대 미국의 수학교육 개선운동의 골격을 제공하고 있다.

브루너는 교과의 학습·지도에 관한 다음과 같은 가설을 세우고 있다. "어떤 교과라도 지적知的 성격을 그대로 지닌 채, 발달의 어느 단계의 어떤 어린이에게도 효과적으로 가르칠 수 있다."

실제로 브루너가 말하고자 한 것은 "각 교과의 교육은 그 교과의 기본적인 아이디어 곧 '구조'를 다루어야 하며, 그러한 기본적 아이디어는 어떤 연령층, 어떤 사회적 출신의 아동에게도 그가 가진 사고양식과 그가 이해할 수 있는 표현수단에 대응되는 어떤 형태로 전달될 수 있다"는 것이다. 이렇게 각 교과의 구조를 잘 정비하는 것을 전제로 하여, 조기 교육의 가능성과 발견학습에 따른 창조성의 육성 및 잘 학습되지 않는 것의 치료와 나선형 교육과정까지도 내포시키고 있다. 이 가설은 피아제의 발달단계 순응의 원리와 반대되는 것이며, 어떤 아동이 학습할 수 없는, 더구나 지적인 정직한 방식으로 학습할 수 없는 것이 항상 존재하므로 이것은 거짓이다. 그러나 어떤 지도 내용이든 아동의 발달수준에 맞게 재구성하여 적절한 형태로 제시할 수 있다면 참일 수 있다.

브루너는 피아제가 주장하는 개인에 의한 자주적 형성보다 교육적 전달에 강조점을 두고 있다. 다시 말해, 브루너는 지적 발달에 있어서 피아제가 중시하는 내적인 자기조정 요인을 인정하면서도 외적인 사회·문화적 요인과 교육적·언어적 요인을 강조하는 점에서 피아제와 입장이 다르다. 브루너는 사고의 발달에 있어서 문화 환경의 영향 및 교육의 역할을 높게 평가하고 있으며, 또한 사회·역사적 경험의 전달 수단인 언어의 역할을 중시하고 있다.

그러나 지적 발달에 있어서 환경과 사회적·교육적 전달의 영향과 내적인 조정 요인은 불가분의 관계에 있다는 것을 생각하면, 양자의 이론은 대립적이기보다는 조화되는 점을 찾을 수도 있다양자에 의하여 지적 발달이 이루어진다는 점에서.

브루너의 가설 속에는 나선형 교육과정도 포함되어 있으며, 학습에서 어떤 개념이나 지식의 구성이 분석보다 선행되어야 한다는 디에네스에 의하여 형식화 된 '구성의 원리'도 나선형 원리에 포함된다.

브루너는 '전통'과 '교육'의 문제를 강조하는 교육 심리학자였으므로, 인지적 상태가 성장하는 세대의 인지발달에 사회적 과정을 통해 어떤 영향을 끼쳤는가 하는 점을 중시하였다.

지적 발달은 교사와 학습자의 상호작용에 많이 좌우되므로, 교육은 언어매체가 중요하며, 언어의 본질과 기능은 인지발달의 모든 이론의 기본이 되어야 한다고 주장한다.

(7) 브루너의 E.I.S 이론

브루너의 EIS이론은 "아동의 인식능력과 사고방법은, ① 활동적 표상Enactive Represenation: 행동에의 경험→② 영상적 표상Iconic Representation: 그림, 도형→ ③ 기호상징적 표상Symbolic Representation: 2+3 = 5의 순서로 발달한다"는 것이다.

여기서 Represenation을 표상이라고 번역한 것은 겉으로 나타나는 표현뿐만아니라 머릿속에서 떠오르는 표현까지를 포함시켜 나타내는 것을 의미한다.

브루너는 아동의 지능 발달을 활동적 표상, 영상적 표상, 기호상징적 표상의 순서로 표상수단의 증대와 그 사이의 조정능력의 증대로 보고 있다.

여기에는 학문의 기본원리나 구조 자체는 마찬가지이고 그 표현양식만 변한다고 생각할 수 있다. 예) ◎◎ ◎◎◎ ⇒ ◎◎◎◎◎, 2+3 = 5

피아제의 발달 심리적 입장에서 논한 지적 발달단계의 특징을 교육 심리적 입장에서 교육의 근본문제를 교재의 표현 내지 제시 수단에 의하여 해결하려고 한 브루너의 사고방식은, 정면으로 대립된다. 즉, 아동의 논리에 의한 점진적인 동화를 강조하는 피아제의 이론과 학습의 준비성을 강조한 브루너의 이론이 그것이다.

① 활동적 표상(Enactive Represenation): 활동 경험

활동적 표상은 인지발달에 기초가 되는 것으로, 조작적인 활동이나 행동이 중심이 된다. 아동에게 자연수의 개념을 형성시키고자 할 때, 구체물을 하나하나 움직이면서 '하나', '둘', '셋', …등으로 말을 하면서 인식 능력에 호소하거나, 계단을 밟아 오르내리면서 '하나', '둘', '셋'으로 육체적인 활동과 소리 내어 말하는 등의 활동적 표상에 호소하는 것이다.

이와 같이 수학의 개념을 형성하기 위해, 유아나 초등학교 저학년 단계에서는 여러 가지 조작이나 활동을 통하여 자연스럽고 즐거운 수학학습의 도입이

바람직할 것이다. 이것은 오늘날 유아원이나 초등학교 현장에서 많이 이루어지고 있다.

도형의 지도에 있어서도 실재의 구체물을 관찰하거나 만지거나 펼치거나 하는 조작활동을 함으로써 도형 개념의 형성으로 이어질 수 있음을 기대한다. 피아제의 조작적 구성주의에 의하면 활동적 표상이 인지발달의 기본이 되며, 구체적 조작단계까지 지배적인 역할을 하고 발달과 더불어 점차 내면화되어 간다는 것이다.

② 영상적 표상(Iconic Representation): 그림, 도형에 의한 표현

활동적 표상의 다음 단계로 구체물의 조작이 충분히 이루어 졌다고 판단되거나, 실제로 조작할 수 없거나 불가능한 것은 그림이나 모형, 사진 등으로 제시하여 개념형성을 발전시키는 것이다. 지도하고자 하는 수학적 구조에 대한 도식적인 표현은 일종의 기하적 언어라고 할 수 있는 가치 있는 수학적 사고 수단이 된다고 보고, 브루너는 이것을 영상적 표상이라고 하였다. 영상적 표상은 활동적 표상이 내면화 된 것으로 구체적으로 동시에 실행할 수 없는 계속되는 활동을 동시에 파악할 수 있게 하며 활동의 요약자가 된다. 활동을 기록하고 비교할 수 있게 함으로써, 영상적 표상은 인지 발달에 중요한 역할을 하게 되는 것이다.

③ 기호(상징)적 표상(Symbolic Representation): 2+3=5

기호상징적 표상은 모국어의 습득과 더불어 발달하기 시작한다. 기호적 표상은 초기 단계에서는 활동 및 영상적 표상의 뒷받침을 받다가 형식적 조작단계에 이르러 비로소 독립적인 의미를 획득한다. 기호적 표상은 추상화가 이루어진 단계이므로 수학화되었다고 볼 수 있고, 본질적인 특징은 기호를 사용한다는 점이다.

가령, 이차방정식의 인수분해나 다항식의 전개 등은 중고등학생들만 다룰 수 있는 것이 아니라 초등학생이라 하더라도 다음 그림 4-16을 이용한 그림 4-17의 활동과 같이, 그들의 인지 경로에 맞는 방식인 활동적 표상이나 영상적 표상을 이용하면 수학자나 상급학생이 다루는 지식의 구조를 초등학생도

다룰 수 있다는 것이다.

그림으로 표현하는 것은 구체물과 유사성을 나타내는 경우가 많지만, 기호는 독립적으로 다양한 많은 것을 의미할 수 있다. 기호적 표상의 힘은 하나하나의 기호에 있지 않고, 기호 체계나 공식과 같이 유한개의 기호로 무한히 많은 개개의 경우를 나타내는 바, 거기에 수학적 언어의 응집성이 존재한다. 수학적 구조도 형식적 언어라 볼 수 있다. 여기서 형식적이란 말은 그 구조가 구체적인 여러 가지 방식으로 해석될 수 있다는 것을 의미한다.

이와 같이, 여러 가지 표상으로 획득되고 처리할 수 있는 지식은 쉽게 기억될 수 있으며, 다양하게 표현할 수 있는 능력은 사고의 유연성을 높이고 문제 해결력을 높여 준다. 따라서 학습·지도에 있어서 수학의 학습 내용을 다양하게 바꾸어 표현하는 능력의 육성이 요구된다.

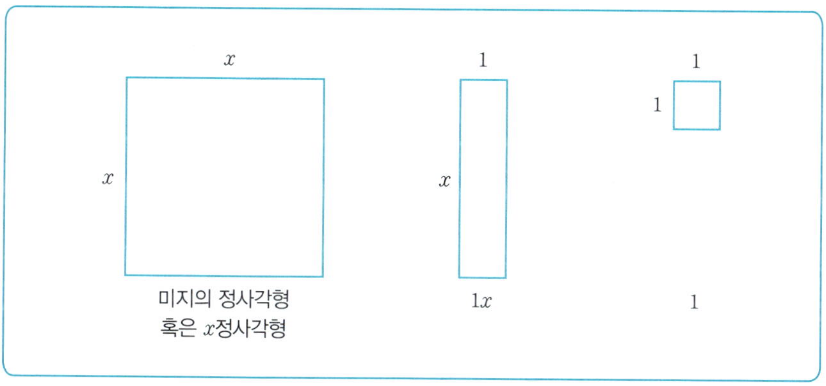

그림 4-16. 3종류의 대수 막대

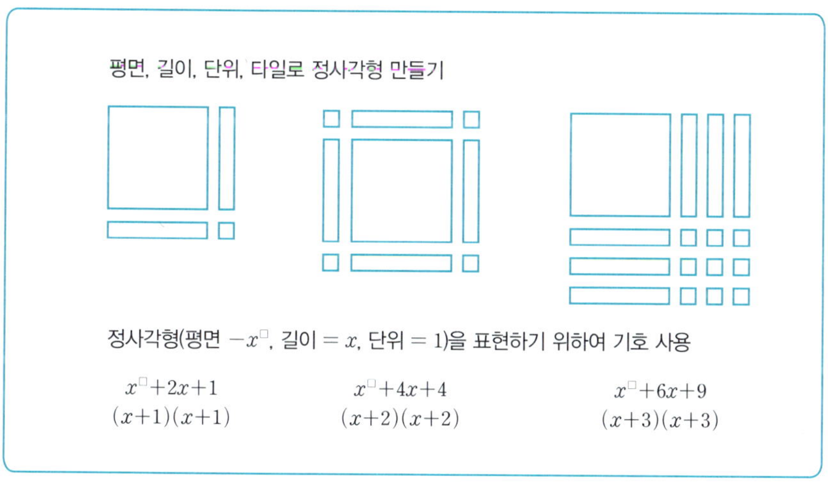

그림 4-17. 2차 방정식의 인수분해 원리를 구현한 구체물

ACTIVITY Q 토의문제 6

• 수학의 사칙 계산에 관한 아래의 그림의 지식 구조의 의미를 설명하고, 여러 가지 수학의 개념 구조를 만들어 보자.

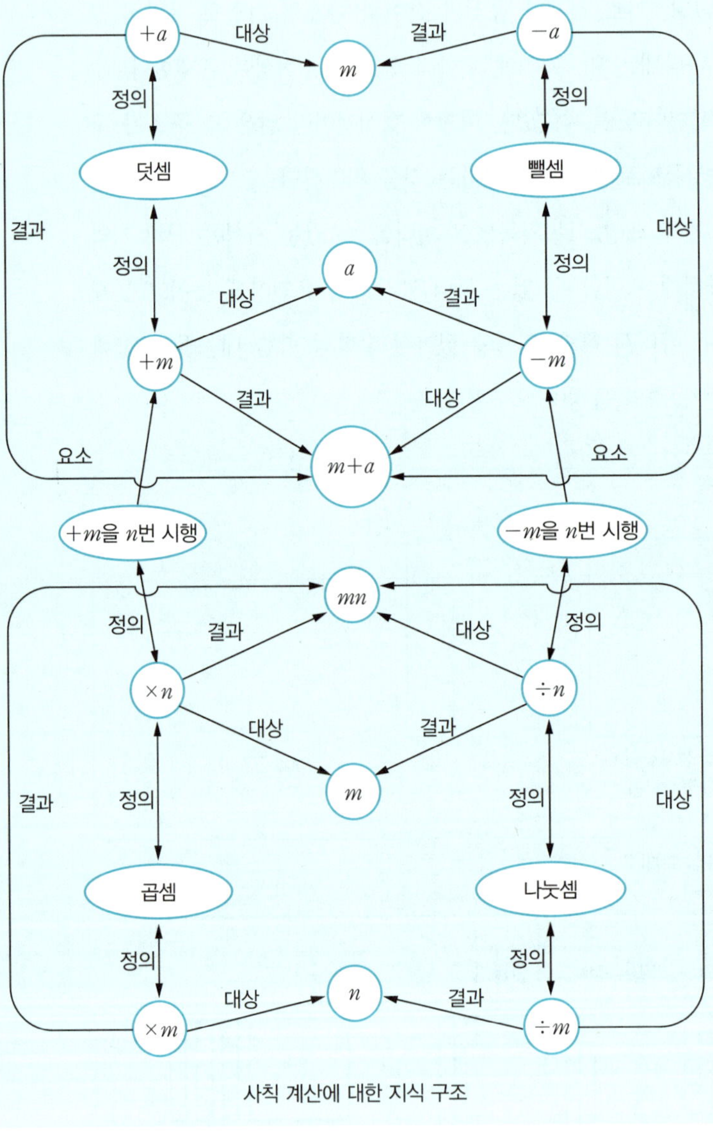

사칙 계산에 대한 지식 구조

ACTIVITY Q 토의문제 7

• 브루너의 EIS 이론에 따른 앞의 [그림 4-16]과 [그림 4-17]과 같은 교구 대수막대나 십진 블럭을 이용한 다항식의 곱셈과 인수분해의 개념을 학습하게 하는 것과 같은 실제적인 가능한 사례를 만들어보자.

[참고문헌]

강지형·김수환·라병소·박성택·이의원·이정재·정은실(2007). 7차 교육과정에 의한 초등수학교육. 서울: 동명사.

김성준, 김수환, 신준식, 이대현, 이종영, 임문규, 정은실, 최창우(2014). 2009 교육과정 중심 초등수학교육론. 서울: 동명사.

박성택 외(1996). 수학교육, 서울: 동명사.

박성택·신택균·양인환·손용규·이정재(1998). 수학교육. 서울: 동명사.

우정호외 2인(1989). 증보 수학교육학개론. 서울대학교출판부.

Wallas, G. (1926). The art of thought. NY: Harcourt Brace Jovanovich.

제5장 | 수학 교수–학습 이론

인간이 가진 능력 가운데 학습 능력은 특히 뛰어난 영역이다. 인간은 자신이 직접 경험한 사실뿐만 아니라 시간과 장소를 뛰어넘어 다른 사람이나 과거와의 경험을 통해서도 학습을 할 수 있다. 이런 학습 능력을 바탕으로 인간은 교육을 하게 되며 이를 통해 세대를 뛰어넘는 학습의 장을 마련할 수 있게 되는 것이다. 학습은 개인과 사회 모두에게 중요하다. 개인은 학습을 통해 간단한 기능으로부터 다양한 영역의 능력과 태도, 가치, 사회적 상호작용능력을 획득하게 되며, 사회는 학습을 통해서 그 사회가 공유하고 있는 가치, 언어, 문화 등을 보존할 수 있기 때문이다.

수학 교수-학습 이론은 이러한 학습 능력에 대한 다양한 논의를 수학 교과를 중심으로 살펴본 것이다. 수학 교사라면 단순한 계산 규칙을 이용해서 풀 수 있는 수학 문제를 학생들은 왜 어려워하는지, 이 과정에서 교수-학습은 어떻게 이루어져야 하는지 궁금해 한다. 수학 교수-학습 이론은 지금까지 많은 수학교육자, 수학자, 심리학자 및 교육학자 등의 선행 연구를 바탕으로 하고 있으며, 수학 수업에서 다양한 이론과 실제적인 방법이 적용되고 있다. 이를테면 학생들의 사고 과정에 대한 이해는 수학 수업에서 일어나는 교수-학습의 과정을 이해하는데 중요한 역할을 하는데, 따라서 학생들의 사고 과정을 이해하기 위해서 수학 학습과 관련된 심리학적·교육학적 배경을 필요로 한다. 수학을 가르치려면 이러한 수학 학습·지도에 대한 기본적인 이론에 대해 정통하고, 이러한 이론을 응용하고 적용하는 능력이 있어야 한다. 또 학생들의 기초 지식과 학습 능력을 파악하고 그 위에 지도 방법을 계획하고 실천해나가면서 지속적으로 수학 교수-학습 이론과 실제 적용의 과정을 수정하고 보완할 수 있어야 한다.

이 장에서는 먼저 스켐프의 수학학습 이론에서 개념적 구조의 형성이 수학 학습의 목적이 된 배경과 그리고 수학 학습에서 요구되는 유용한 정신적 능력의 집합체로서의 지능에 대해 살펴보고, 수학 학습에서의 이해 유형에 대해 살펴본다. 다음으로 디에네스의 수학 교수-학습 원리에서는 개념 형성의 심리역학을 비롯하여 수학학습의 6단계를 살펴보고, 디에네스가 놀이에서 강조한 교구와 그리고 수학학습 원리에 대해 생각해본다. 마지막으로 반 힐레의 기하학습 수준이론에서는 도형기하 영역을 중심으로 각각의 학습 수준의 내용과 그 특징에 대해 살펴보고 이를 바탕으로 그가 제시한 교수-학습의 5단계에 대해 살펴본다.

1 스켐프(Skemp)의 수학학습 이론

스켐프R. R. Skemp, 1919～1995는 수학 학습의 주요 목적을 스키마 곧 개념적 구조를 형성하는 것이라고 보고, 수학학습 지도는 기존의 스키마를 바탕으로 관련된 개념적 관계망을 구성하는 것으로 보았다. 이를 위해 그는 지능 학습 모델에서의 직관적 지능과 반성적 지능, 그리고 스키마 학습 이론을 비롯하여 이해를 중심으로 수학학습 이론을 연구하였다.

(1) 직관적 지능과 반성적 지능

스켐프는 지능을 '유용한 정신적 능력의 집합체'로 정의하고, 지능의 기능을 설명하기 위해 '지능 학습 모델'을 고안하였다황우형, 2001. 지능 학습 모델은 인간 행동이 목표 지향적이라는 가정 아래 '지휘 체계'director system라는 개념을 도입한 것으로, 여기서 지휘 체계란 다양한 환경 속에서 자신이 선택한 목표를 얻기 위한 활동을 가능하게 해 주는 물리적 또는 정신적 도구를 말한다.

스켐프는 이러한 지능 학습 모델에서 요구되는 인간의 지능을 '직관적 지능'intuitive intelligence과 '반성적 지능'reflective intelligence으로 구분하고 인간의 행동과 사고활동의 작용을 설명한다. 직관적 지능이란 감각 기관을 통해 지각된 실제적 대상 사이의 관계 혹은 대상에 대한 행동 사이의 관계를 아동 자신이 인식하는 능력을 가리키는 반면, 반성적 지능은 직관적 지능에 의해 구성된 개념이나 개념 사이의 관계를 인식하고 내면적 활동을 조정하는 능력을 말한다.

스켐프의 수학학습 이론에 따르면, 수학적 사고는 이 반성적 지능에 의하여 보다 고차원적인 사고로 발전할 수 있지만 이를 위하여 직관적 지능이 우선적으로 작동하면서 상호 보완적인 역할을 할 수 있어야 한다. 이 관계를 그림 5-1과 같이 '사고활동'과 감각, 운동적 체계 및 반성적 체계 내에서의 반응 모델을 통해 제시할 수 있다. 인간은 외부 환경으로부터 어떤 내용이 감각 기관에 의해 인식되면, 직관감각 운동적 체계 안에서 사고 활동이 개입되어 바로 외부 환경에 즉각적으로 반응할 것인지, 아니면 반성적 체계로 보내 더 많은 사고 활동을 거쳐 외부 환경에 반응해야 할지를 결정하게 된다. 예를 들어, 아동이 곱셈 구구단을 외울 때, 구구단을 완전히 학습한 학생은 즉 자동화가 이루어진 학생은 직관적 체계에서 바로 반응이 나온다. 그러나 자동화가 되지 않은 아동은 반성적 체계로 가서 여러 가지 방법으로 사고 활동을 한 이후에 그에 대한 반응을 보이게 된다.

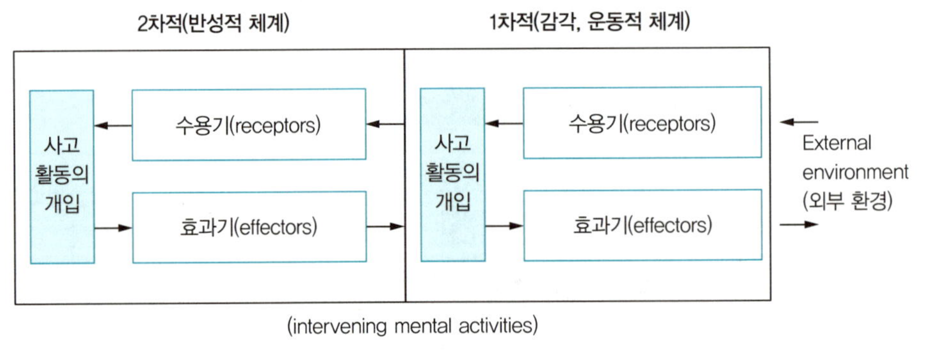

그림 5-1. 사고활동 모델

한편 스켐프는 수학과 관련하여 반성적 지능이 필요한 영역의 예를 다음과 같이 들고 있다.

① 논리적 사고와 증명을 포함하는 추론과정

② 잘못된 추론에 대한 개념과 개념의 구조를 조사하고 정정하려는 시도

③ 점검하고 수정하기

④ 기존 지식의 증진과 체계화

⑤ 반성적 계획과 탐구

⑥ 문제해결

수학 학습에서 스키마 곧 개념적 구조를 형성하기 위해서는 직관적 지능과 반성적 지능 모두 필요하며, 이들이 상호 보완적인 관계를 유지할 때 수학 학습에서 요구되는 적절한 스키마가 구성될 수 있다.

ACTIVITY Q 토의문제 1

• 다음 3×4를 계산하는 과정에서 감각, 운동적 체계와 반성적 체계를 모두 거치면서 이루어지는 사고활동의 단계를 직관적 지능과 반성적 지능과 관련하여 생각해보세요.

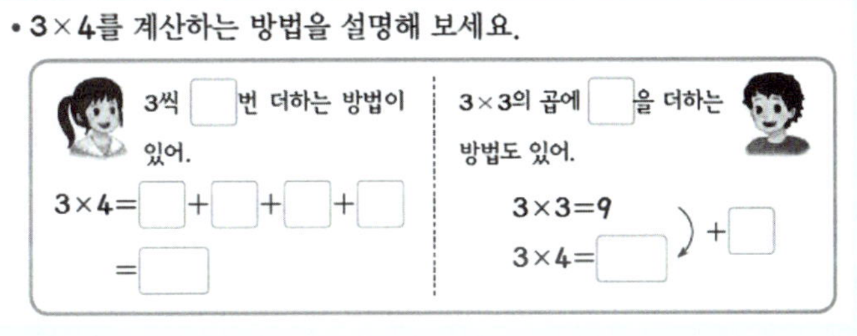

(2) 스키마(schema) 학습 이론

수학적 지식은 개념과 지식을 조직하는 정신체계스킴 scheme로 이루어지며, 이들을 구성하는 과정에서 조작 활동과 반성적 사고는 필연적으로 수반되어야 한다.

각각의 개념은 단독으로 존재할 수도 있고 개념적 구조스키마, schema에 속할 수도 있으며, 다른 개념으로부터 추출되기도 하고 다른 새로운 개념으로부터 구성할 수도 있다. 개념적 구조는 개념들 상호간에 유동적인 위계를 형성하고 있으며 선택적인 분류가 가능하고 다른 위계를 도출해 낸다. 또한 여러 개념을 적절히 연결하고 결합하여 새로운 개념적 구조를 구성하게 된다.

학생이 스키마 곧 개념적 구조를 구성하기 위해서는 구체적인 경험을 할 수 있는 학습 상황을 제공해야 하며, 구체적 활동을 제공하기 어려울 경우는 개념 및 개념적 구조에 관한 활발한 상호 토론의 장을 마련하여 개념적 구조를 구성할 수 있도록 도와야 한다. 스켐프는 이와 같이 개념적 구조의 구성이 학습을 통해 가능한 것으로 보았으며, 이를 스키마 학습 이론을 통해 설명하고 있다.

수학을 이해한다는 것은 수학의 개념을 이해하는 것이므로, 수학 학습에서 개념적 구조를 학습하는 것은 그 핵심이 된다. 따라서 스켐프가 말하는 스키마 학습은 수학에서 개념적 구조를 학습하는 것으로 그 지도의 방법은 개념에 대한 설명과 예시 및 예들을 선택하여 제시하는 것에서 출발한다. 설명은 학생이 이미 알고 있는 개념들을 사용하여 서로 관련짓고 결합하여 새로운 개념을 구성할 수 있도록 돕는 방법이다. 설명과 함께 정의를 사용할 때에는 정확하게 전달할 수 있어야 한다. 이처럼 설명과 정의는 학생이 이미 알고 있는 수준이나 그 이하 수준의 개념을 지도하는 방법으로 적당하지만, 만약 높은 수준일 때에는 적절한 예를 제시하여 학생 스스로 개념을 추상화하도록 하는 것이 바람직한 스키마 학습이 될 수 있다. 여기서 스키마 학습이란 유의미한 학습을 말한다. 스켐프는 유의미한 학습에 대한 유의점과 장단점을 다음과 같이 기술하고 있다.

첫째, 유의미한 학습이 될 수 있도록 학습 과제를 배열한다.

둘째, 동화되지 않은 정신체계는 오래 지속되기 어렵다.

셋째, 유의미한 학습은 즉각적인 반응을 보이게 하거나 기억을 지속시키는 데 효과적이다.

넷째, 어떤 독립된 성격의 학습 과제로 유의미한 학습을 할 때 시간이 많이 걸릴 수 있다.

그 외에도 기존의 정신체계스킴, scheme와 잘 맞는 새로운 경험은 더 기억되기 쉬우므로 새로운 경험을 적절한 정신체계와 동화하는 것이 중요하다. 여기서 유의미한 학습을 위한 정신체계는 다음과 같은 역할을 한다.

첫째, 이해를 가능하게 하고 적응력을 길러 준다.

둘째, 행동을 계획하는데 많은 자료와 다양한 적용 기술을 제공한다.

셋째, 이해를 서로 교환하고 목표 지향적 계획을 함께 세우는 사회적 기능을 가진다.

넷째, 학습을 수월하게 이끌면서 장기 기억으로 연결시켜준다.

ACTIVITY Q 토의문제 2

• 초등학교 수학에서 정다각형은 다음과 같이 정의되고 있다. 정다각형의 개념적 구조가 형성되기까지 어떤 개념들이 연결되고 결합되어 있는지 생각해보세요.

변의 길이가 모두 같고 각의 크기가 모두 같은 다각형을 정다각형이라고 합니다.

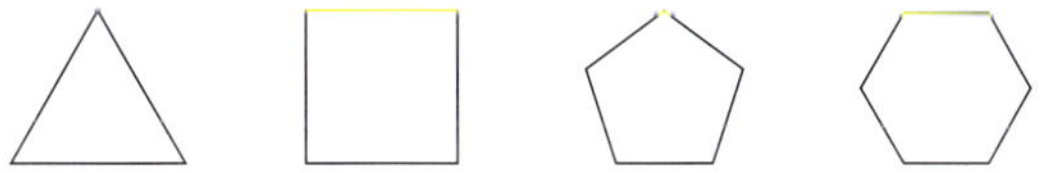

(3) 관계적 이해와 도구적 이해

우리는 일상의 대화에서 '이해'란 용어를 흔히 사용하는데, 특히 수업을 하는 현장에서, '이해됩니까?', '이해하였습니까?', '이해가 안 됩니까?', '이해가 되니?' 등을 교사와 학생, 학생들끼리 많이 사용한다. 수학 수업을 비롯한 교육 현장에서 이해란 어떤 개념에 대한 교사나 학생의 설명에 대하여 상대방에게 개념 형성에 대한 동의를 구하거나 확인할 때, 또는 문제 해결 과정을 받아들일 수 있을 때 사용하고 있다. 이처럼 '이해'는 개념 형성을 중시하는 수학교육에서 철저한 분석 없이 사용해온 것이 사실이다.

이에 스켐프는 새로운 개념을 이미 알고 있는 개념 구조와 동화시키는 것을 '이해'로 정의하여, 이해를 했을 때 목표가 정해지며 타인과의 의사소통을 비롯하여 상호 협력 및 창의적인 활동도 가능하다고 보았다. 그는 수학 학습·지도에서 '수학적 이해'의 중요성을 인식하고 수학적 이해를 세밀히 분석하여 범주화하였는데, 이해에 의해 구성된 지식의 형태에 따라 도구적 이해, 관계적 이해, 논리적 이해, 기호적 이해 등으로 구분하여 설명하였다. 이 가운데 그는 수학 학습에 있어서 개념 형성과 문제 해결과 관련하여 특히 관계적 이해를 중시하였다.

먼저 도구적 이해instrumental understanding란 규칙이나 공식이 구성된 이유는 모르면서 습관적이고 기계적인 암기 학습에 의해 형성되어 문제해결 등에 적용하는 것을 말한다. 예를 들어, 삼각형의 넓이를 구하는 학습·지도에서, 첫 번째 수업에서는 모눈종이를 사용한 조작활동을 통해 직사각형 넓이의 반이라는 것밑변(가로)×높이(세로)÷2을 유도한다. 두 번째 수업에서는 첫 번째 수업에서 학습된 공식을 사용한 다양한 삼각형의 넓이를 구한다고 하자. 그러나 첫 번째 수업에 참여하지 못한 학생이 있다면 이 학생도 곱셈과 나눗셈은 할 수 있으므로, 삼각형의 넓이 공식이 어떻게 만들어졌는지는 모르지만, 다른 학생과 마찬가지로 답은 구할 수 있을 것이다. 이 경우 이 학생은 도구적 이해, 즉 절차적 지식만을 사용하고 있는 것으로 볼 수 있다.

이와 같이 수학 학습에서 어떤 공식이 유도되는 과정을 포함하여 그 적용까지 확실하게 아는 관계구조적 이해 없이, 단순히 공식만을 암기하여 사용하는 도구적 이해는 많은 노력 없이 보상이 즉각적일 수는 있지만, 공식을 잊어버렸을 때 재생이 불가능하고 장기 기억으로 이어지지 못한다는 단점을 갖고 있다.

이에 비해 관계적 이해relational understanding는 앞의 예와 같은 삼각형의 넓이 공식이 어떻게 만들어졌는지에 대한 명확한 설명과 그 적용 방법까지 깊이 있게 아는 것을 말한다. 따라서 관계적 이해는 새로운 상황이나 과제에 대하여 수학적 규칙이나 절차를 도출해 낼 수 있고 적용도 가능하며 장기 기억으로 이어질 수 있으므로 관계적 이해 그 자체는 학습의 목적이 된다. 그러므로 수학 학습에서는 관계적 이해를 기본으로 한 개념적 지식이 확립되고 난 후에 도구적 이해와 함께 절차적 지식이 형성되도록 하는 것이 바람직하다. 그러나 교사들이 수학 학습은 관계적 이해에 의한 학습이어야 함을 알면서도 도구적 이해를 통해 지도하는 것은, 어떤 주제에 대한 관계적 이해의 지도가 학생에게 어렵고 많은 시간을 필요로 하기 때문이다. 이와 관련된 예로는 최대공약수를 구하는 방법으로 세로셈 알고리즘만을 제시하거나 또는 분수끼리의 나눗셈에서 나누는 분수의 역수를 곱하는 방법만을 결과로 제시하는 것을 들 수 있다. 이 경우 각각의 알고리즘과 방법이 만들어진 원리를 관계적 이해를 통해 파악하면서 즉 관계적 이해의 장점을 살리면서도 그 결과를 정확하게 기억하고 활용할 수 있는 도구적 이해의 장점을 동시에 이끌어낼 수 있는 방안이 요구된다.

한편 스켐프는 논리적 이해를 자기 자신을 확신시키는 관계적 이해에서 한 걸음 더 나아가 다른 사람까지도 확신시킬 수 있는 것으로 보았다. 즉 논리적 이해는 논리적 필요에 따라 서술된 것을 표현하는 능력과 함께 어떤 전제, 공리, 정의와 같은 확립된 수학 지식에서 적절히 선택하여 추론하는 능력을 의미한다. 또 그는 기호의 기능을 시식의 기록, 기능 및 새로운 개념의 전달, 반성적 활동을 가능하게 하고 창의적인 정신활동 등을 가능하게 하는 것으로 보았다. 여기서 그는 기호에 대한 이해가 새로운 이해의 유형임을 깨닫고, 기호적 이해를 수학적 기호와 표기를 수학적 개념과 적절히 연결하고 논리적으로 추론하며 연역할 수 있는 형식적 이해의 하나로 보았다.

이상과 같이 스켐프의 수학학습이론에 대하여 개관하였는데, 여기서 등장한 이해와 지식과 학습을 서로 관련하여 살펴보면 표 5-1과 같이 나타낼 수 있다. 여기서 스켐프는 학습을 유의미 학습schematic learning과 기계적 학습rote learning으로 분류하여, 수학 학습에서 암기 위주의 기계적 학습보다 발견학습이나 개별학습에 의한 유의미 학습을 권고하였다. 표 5-1은 수학 학습에 있어서 도구적 이해→절차적 지식→기계적 학습의 관련성과, 관계적 이해→개념적 지식→유의미 학습 사이의 관련성을 보여준다.

이 해	지 식	학 습
도구적 이해 (instrumental understanding)	절차적 지식 (procedural knowledge)	기계적인 학습 (rote learning)
관계적 이해 (relational understanding)	개념적 지식 (conceptual knowledge)	유의미 학습 (schematic learning)

표 5-1. 이해, 지식, 학습의 관련

이처럼 스켐프의 수학학습 이론은 수학 학습에서 스키마 곧 개념적 구조의 형성을 목적으로 본 만큼, 그의 이론을 수학학습에 적용하고자 할 때에는 개념적 지식과 절차적 지식, 관계적 이해와 도구적 이해 모두가 서로 보완적인 역할을 하면서 수학 개념적 구조의 구성이 가능하도록 지도해야 한다.

ACTIVITY Q 토의문제 3

• 다음은 삼각형의 넓이, 높이를 알고 평행사변형을 이용해서 밑변을 구하는 과정이다. 이처럼 평면도형의 넓이를 구하는 과정에서 도구적 이해의 장점과 단점, 관계적 이해의 장점과 단점에 대해 생각해보세요.

모양과 크기가 같은 삼각형 2개로 평행사변형을 만들어 밑변을 구하시오.

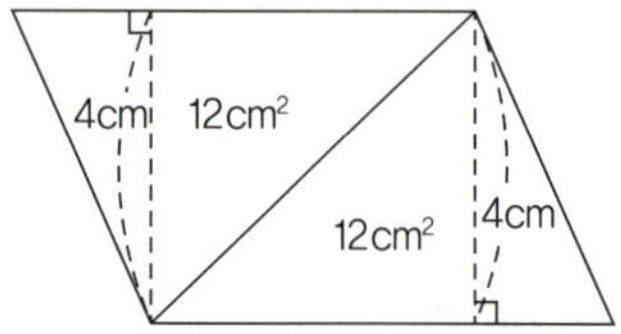

수업 활동

다음 표 5-2는 Joyce & Weil(1980)이 제시한 놀이활동을 도입한 교수-학습 모형이다. 각각의 단계는 도입, 연습놀이 활동, 놀이활동 실행, 놀이활동 반성의 4단계로 구성되어 있다.

단계	교수-학습 활동	
1단계: 도입	• 놀이활동 주제와 놀이활동이 포함된 개념 제시	• 놀이활동의 개요 설명
2단계: 연습놀이 활동	• 전체 개요 설정(규칙, 역할, 놀이활동 절차, 점수 내기, 목표 등)	• 역할 정하기 • 연습 놀이활동 해 보기
3단계: 놀이활동 실행	• 놀이활동 해 보기 • 놀이활동 중 내린 결정이나 사용한 전략에 관한 확인과 평가	• 잘못 알고 있었던 것을 명확히 하기 • 여러 번에 걸쳐 놀이활동 하기
4단계: 놀이활동 반성	• 놀이활동 중 일어난 사건과 활동 정리, 요약 • 놀이활동 중 어려웠던 것과 알게된 것 정리 • 놀이활동 과정 분석하기	• 실생활과 교과 내용을 놀이활동과 관련짓기 • 놀이활동 반성 평가하기

표 5-2.

다음 표 5-3은 스켐프가 제시한 326개의 활동 중에서 곱셈 지도를 위한 활동 가운데 우리나라 초등수학 2학년의 곱셈과 곱셈구구 단원과 관련지은 것이다. 위의 교수-학습 모형을 참고하여 놀이활동을 구성해보세요.

주제	놀이활동명	내용	준비물
곱하기	손에 숨겨진 집합	수 카드를 보고 그 수만큼 묶음을 만들면 몇 개가 되는지 예측하기	5개의 작은 물건, 타원형 부직포, 수 카드(2~5)
2~5의 단	곱의 집합 만들기 -5까지의 곱	곱 모형카드에 맞는 기호카드를 찾고 수식 말하기	2, 3, 4, 5의 곱으로 된 네 세트의 곱의 모형카드와 기호 카드

표 5-3.

2 디에네스(Dienes)의 수학 교수-학습 원리

디에네스Z. P. Dienes, 1916~2014는 헝가리의 부다페스트에서 출생하여, 영국 런던 대학에서 수학을 전공하였으며, 논리학과 심리학을 수학교육학 연구에 접목한 활동주의 수학교육 연구자이다. 오스트레일리아에서 수학교육학을 연구하면서, 하버드 대학의 브루너J. S. Bruner, 1915~2016와 공동 연구를 진행하였으며, 브루너의 EIS 이론 정립에 있어서 실험적인 연구를 통해 그 기초를 제공한 것으로 유명하다.

(1) 수학학습 및 개념형성의 심리역학

디에네스는 수학학습은 교사의 주입에 의해 이루어지는 것이 아니라, 학생의 내부에서 자연스럽게 생성되는 내발적內發的인 동기에 따른 것임을 강조하였다. 곧, 수학학습은 학생의 자발적 동기에 근거하는 것이 바람직하다는 것이다. 그리고 수학 학습 상황에서의 '놀이'로 조직된 학습을 강조하였고, 이와 함께 수학적 구조를 내포한 학습 상황에서 수학적 구조의 구성 및 그 응용 학습을 통해 통합적 인격 형성에 기여하는 학습을 주장하였다. 이는 피아제J. Piaget, 1896~1980의 조작적 구성주의에 기초한다고 볼 수 있다.

디에네스는 자신의 학습이론에서 중심에 놓여 있는 개념형성을 위한 3단계 이론을 제시했는데, 이는 피아제가 제시한 수학 개념의 발달이론에 따른 것이며 그것을 실제 학습에 적용한 것이라고 기술하고 있다. 이들 각각의 단계는 놀이 활동에서 출발하여 구조화를 거치면서 개념이 형성되어 가는 과정으로 다음과 같이 설명하고 있다.

1단계는 의식적인 목적이 없는 놀이 활동에 따른 자의적인 반응 단계로, 이러한 의도적 목적이 없는 놀이가 기본적인 경험이 되면서 그로부터 수학의 개념을 형성하기 위한 기초가 되는 단계이다.

2단계는 중간단계로서 놀이 경험에서부터 어떤 형식의 구조화가 필요한 것을 이해하기 시작하여, 개념의 부분적 구성이 이루어지면서 아직 지각되지 않은 최종단계를 향하는 목적 지향적인 단계를 의미한다.

3단계는 최종적으로 개념이 형성되는 단계이다. 모든 구성에 있어서 그 개념과 구조가 파악되는 단계이며, 각 부분이 전체를 이루고 있다는 양상을 파악하고 그 구조를 이해하는 단계를 의미한다.

그에 따르면 이와 같은 단계를 거쳐 개념이 형성되면, 그 다음에는 개념이 정착되는 시기가 온다. 그것은 내성적內省的 활동에 의한 분석·검토 및 외적 상황에 대한 응용의 형태로 진행되는데, 이렇게 하여 개념을 보다 정확하게 받아들일 수 있게 된다. 이러한 상태가 되면, 형성된 개념은 보다 높은 수준의 새로운 개념형성을 위한 자료로 사용되고, 보다 높은 수준의 개념 형성의 사이클이 다시 시작하게 된다. 결국 디에네스는 이러한 연속적인 개념형성의 사이클을 통해 수학 학습이 이루어진다고 보았다. 즉, 위의 개념형성의 3단계를 거쳐서 형성된 수학 개념은 '폐closed'의 상태가 되지만, 내성적 분석과 적용의 과정에서 다시 '개open'의 상태로 변해 보다 높은 수준의 재구성이 이루어진다는 것이다. 디에네스는 이와 같이 구조화되어 가면서 열려진 사고가 수학적 사고의 본질임을 강조하였다.

이처럼 디에네스는 자신의 수학 교육 경험과 학습 심리에 대한 연구 경험을 활용하여, 수학의 지도를 보다 체계적으로 발전시키는 데 많은 노력을 하였는데, 특히 그는 피아제의 학습 심리 이론에 기초하여 수학을 보다 흥미 있고 쉽게 학습할 수 있는 방법에 대해 연구하였다.

ACTIVITY Q 토의문제 4

- 초등학교 수학에서 원뿔의 정의를 찾아보고, 다음 그림에서 연속적인 개념형성의 사이클에 근거하여 원뿔 개념이 '폐'(閉)의 상태에서 다시 '개'(開)의 상태로 높은 수준의 재구성이 이루어지는 과정을 생각해보세요.

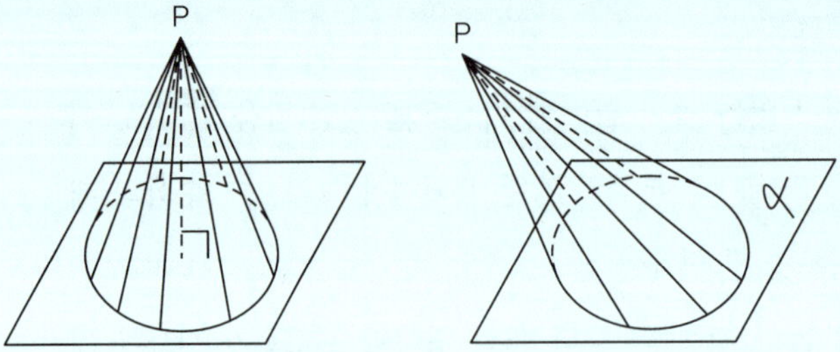

(2) 디에네스의 수학학습 6단계

디에네스의 개념형성에 관한 기본적인 신념은 학생의 수학 학습은 자발적인 학습 동기에서 시작하여, 수학적인 상황인 '놀이play'를 통해서 조직된 학습으로 발전하고, 수학적 구조를 내포하고 있는 학습 상황에서 수학적 구조의 구성과 그 구조를 응용하는 학습의 과정을 통해 완성된다는 것이다. 특히 그는 10년 이상의 장기간에 걸친 실험적이고 실제적인 연구를 통해 학생의 추상화 과정을 세밀히 분석하였는데, 이 과정을 6개의 서로 다른 단계로 구분하여 설명하고 있다. 그 결과 아동의 수학학습을 '놀이'를 통한 구성적 활동으로 보고, 다음과 같은 수학 학습·지도 과정의 6단계를 거치는 것이 바람직하다고 보았다. 각각의 단계에 대해 살펴보면 다음과 같다.

- 1단계: 자유놀이(free play)
- 2단계: 구조화된 게임(structured games)
- 3단계: 공통성의 탐구(searching for communalities)
- 4단계: 표현(representation)
- 5단계: 기호화(symbolization)
- 6단계: 공리화(axiomatization)

① 1단계: 자유놀이(free play)

자유놀이에서는 환경과의 자유로운 상호작용, 교구를 자유롭게 다루는 단계를 말한다. 아동들은 구조화되어 있지 않은 조작이나 활동, 즉 자유롭게 놀이를 하게 된다. 이 단계에서는 다양한 조작 활동이 가능한 구체물을 제공하여 아동이 자유로운 놀이를 하면서 새로운 개념들을 경험하도록 한다. 단 구체물은 수학적 개념을 내포하고 있는 것이 좋은데, 이는 이후 단계에서 그 속에 내재된 수학적 개념이나 구조를 이해하는 데 도움이 되기 때문이다.

만약 아동에게 논리를 배우게 하려면, 아동을 논리적 개념 형성으로 유도할 수 있는 상황에 직면하도록 해야 하는데, 아동이 생활하고 있는 환경에서는 논리적 속성을 포함하고 있는 구체물이 흔하지 않으므로 인위적인 학습 환경을 만들어야 한다. 아동이 이러한 학습 환경에 접하게 되면 논리적 개념 형성을 위해 조금씩 나아갈 수 있기 때문이다. 이를테면 이러한 환경의 예로서 디에네스가 제시한 속성 판attribute blocks을 들 수 있다. 속성 판은 색, 모양, 두께, 크기의 4가지 속성을 조직적으로 바꿀 수 있는 것이다. 물론 변수를 이 4가지로 한정할 필요는 없기에 더 많은 속성으로 변화시킬 수도 있다. 이와 같이 어떤 수학적 개념이 내재되어 있는 교구를 만들어서 학습 환경을 제공하면 아동은 그 개념을 자연스럽게 받아들이게 된다. 곧, 아동은 이러한 속성 판을 아무 생각 없이 모양이 같은 것, 크기가 같은 것, 색깔이 같은 것끼리 모으거나 나누면서 가지고 놀게 됨으로써, 속성에 따른 분류나 속성의 집합 개념을 자연스럽게 형성하게 되는 것이다.

이러한 구체물은 다양한 형태로 제시될 수 있겠지만, 디에네스는 실험적이고 실제적인 연구를 진행하면서 속성 판이나 다진수 판multibase arithmetic blocks 등 여러 가지 교구를 창안하여 자유 놀이를 위한 환경을 제공하고자 하였다.

② 2단계: 구조화된 게임(structured game)

아동은 자유 놀이를 하면서 자연스럽게 어떤 규칙성이 있다는 것을 깨닫게 된다. 인위적으로 정해진 제한, 즉 규칙을 지키며 게임을 할 수 있게 되는 것은 바로 이 순간이다. 그런 다음에 아동들은 스스로 새로운 규칙을 생각해 내거나, 규칙을 바꾸거나 하여 새로운 자신들의 게임을 만들 수 있게 되며 점차 규칙성을 다루는데 익숙해져 간다. 그러면서 일상적인 상황에서도 어떤 규칙이 있음을 알게 되고, 그 규칙을 알게 되면 구조화된 게임을 할 수 있는 단계에 이르게 된다. 특히 아동에게 수학적 구조를 학습시키고자 할 때에는, 게임의 규칙에 수학적 구조를 포함시키는 것이 필요하며, 속성 판이나 다진수 판과 같은 구조화된 교구를 사용하여 이러한 구조화된 게임을 진행하는 것이 좋다.

이 단계의 아동은 구조화된 규칙이 있는 게임에 집중하게 되며, 주어진 상황의 규칙성에 착안하여 규칙에 따른 내용을 설명할 수 있게 된다. 또 어떤 것이 일어날 것을 예측할 수 있게 된다. 아동은 규칙을 발명하고 그것을 사용하고 바꾸고 없앨 수도 있으며, 그에 따라 각각의 '게임'을 할 수 있게 된다. 이를테면 속성 판이나 다진수 판 등의 구조화된 교구를 사용할 경우, 가위 바위 보를 하여 이긴 사람이 속성 판을 따는 게임을 하거나 다진수 판에 내재된 기수법의 원리에 대해 하나씩 설명하는 것도 그 예가 될 수 있다.

③ 3단계: 공통성의 탐구(searching for commonalities)

공통성의 탐구 단계는 다양하게 표현된 게임을 경험하면서 그렇게 표현된 게임 속에서 공통으로 들어 있는 특성 개념의 수학적 구조를 파악하는 단계이다. 이와 같은 학습 능력이 갖추어졌을 때 아동은 주어진 특정 개념의 예와 반례를 구분할 수 있게 된다.

이 단계의 아동은 동시에 제시된 여러 가지 예들을 분석하여 각각의 예로부터 서로 공통된 추상적인 성질을 찾아낼 수 있으며, 주어진 개념의 예들이 가지고 있는 구조적인 공통성을 이해할 수 있게 된다. 또한 게임을 검토하는 가운데 공통성을 생각하고, 게임의 원리나 이기기 위한 방법까지도 생각하게 된다.

그러나 수학 학습은 어떤 수학적 구조에서 수학적 법칙에 따라 구조화되어 있는 게임을 하는 것으로 국한되는 것은 아니다. 그렇다면 어떻게 하면 이러한 게임에서 그 속에 있는 수학의 추상적 개념을 이끌어낼 수 있는가? 이를 위한 심리학적 수단은 아동에게 같은 구조를 가지면서 전혀 다르게 보이는 몇 종류의 게임을 경험하도록 하는 것이다. 이 방법에 의해 아동은 같은 구조의 게임 사이에서 추상적인 성질 사이의 연관성을 찾아낼 수 있게 된다. 또 아동은 공통의 구조를 분리하여 이끌어내고 관계없는 요소는 버릴 수도 있게 된다. 예를 들면, 속성 판에서 색이나 모양에서 관계가 없는 성질로 버리거나, 크기나 두께 쪽을 버리고 다른 요소에 집중해서 각각의 판을 구분할 수 있게 된다. 또는 사물의 모임에서 집합의 성질만 추상화해서 생각할 수도 있다. 이런 식으로 여러 가지 형태로 구체화된 게임을 순차적으로 해 가면서, 아동은 구조의 관점에서 같은 것과 다른 것을 인식하게 된다. 아동이 자기가 경험한 몇 가지 게임에 대하여 무엇이 같은지를 이해하는 것은 이 때인데, 바꾸어 말해 공통성의 탐구가 '추상화'로 이어지는 시점인 것이다.

이를 위해 게임에서 다루어지는 변수의 존재나 변수가 몇 개인지를 인식하는 것이 중요한데, 이를테면 속성 판의 집합에서 아동 스스로 어떤 요소를 식별하여 집합을 선택하고 구별하게 함으로써 각기 다른 변수에 따라 공통성을 발견하고 탐구할 수 있도록 하는 것이다.

④ 4단계: 표현(representation)

표현 단계는 아동이 특정 개념과 관련된 여러 가지 예들로부터 공통된 요소를 추출한 이후에, 이 공통된 요소를 포함하면서 그 개념을 표현하는 방법을 찾는 단계이다. 이 때 사용하는 표현 방법은 간단한 그림의 형태나 언어적인 방법, 또는 보다 포괄적인 예와 같이 다양할 수 있다. 이렇게 주어진 개념을 표현할 경우 이 표현은 그 개념의 구체적인 예보다 더욱 추상적이 되며, 또 아동은 표현하는 과정에서 주어진 개념을 보다 추상적으로 사고할 수 있게 한다. 예를 들어, 연필 한 자루, 삽 두 자루, …에서 '자루', 책 한 권, 노트 3권, …에서 '권', 구슬 2개, 돌멩이 3개,…에서 '개'와 같은 개념을 추상화하여 이해할 수 있게 된다.

그러나 이 단계에서 추상화가 아직 온전히 정착된 것은 아니기 때문에, 아동은 추상화된 개념을 완전한 형태로 사용할 수는 없다. 추상화된 것을 완전히 파악할 수 있기 위해서는 우선 그것을 어떤 형태로든 자유롭게 표현하는 과정이 필요하기 때문이다. 이와 같이 표현함으로써 추상한 것에 대하여 이야기하고 그것을 조망하고 특정의 게임 또는 게임의 집합으로부터 떨어져서 생각하거나, 게임에 대하여 다시 조사하고 그 주제에 대해 다시 생각할 수 있게 된다. 따라서 표현 단계에서 이와 같이 개념을 추상화해서 이해하기 위해서는 그림, 표, 그래프, 벤 다이어그램 등과 같은 표현 방법을 다양하게 다룰 수 있어야 한다.

⑤ 5단계: 기호화(symbolization)

기호화 단계는 아동이 표현 단계에서 주어진 개념을 표현한 것을 기술하는 데 있어서, 언어 또는 수학적으로 적절하게 기호화된 형태를 사용하는 단계를 말한다. 여기서는 아동 나름대로 기호화하는 방법을 고안하는 경험도 필요하지만, 교과서에서 사용하는 것과 같은 통일된 방법으로 기호를 사용할 수 있도록 지도해야 한다. 특히 상징적인 기호 체계의 사용은 수학 학습에서 여러 가지 면에서 그 가치가 크다는 것을 아동이 인식할 수 있어야 한다. 이를 통해 아동은 개념을 기호화하여 표현하는 방법을 이해하게 되고, 수학에서의 적절한 언어인 기호 체계를 확인하게 된다.

이 단계에 도달하면 아동은 한 가지 형태의 표현이나 같은 구조를 가진 여러 가지 표현을 조사하여 수정하는 것도 가능하게 된다. 이러한 검토의 목적은 추상화된 것의 성질을 이해하는데 있다. 또 아동은 표현한 것을 기술하고 설명해야 하므로, '언어'를 필요로 하게 된다. 따라서 기호화 단계에서는 추상한 것의 성질을 인식하기 위하여, 어떤 '언어'를 만들어 내게 되고, 언어로 표현한 것을 기호와 함께 기술하게 된다. 가능하면, 아동 자신의 언어로 설명하는 것이 바람직하고, 교사의 도움을 받아서 생각해 낸 여러 가지 언어 중에서 어느 것이 효과적인지 논의하는 것 또한 필요하다. 이와 같은 주어진 개념을 표현한 것을 기술하고 언어와 기호화된 형태를 사용하는 것은 공리계의 기초가 되고, 이들 각 부분은 각각 공리로 작용하고 이후에 정리로 발선하게 된다.

⑥ 6단계: 공리화(axiomatization)

수학적 구조의 대부분은 그 성질이 복잡하므로, 그 성질을 모두 기술하기 어렵다. 수학적 구조의 성질을 기술하거나 말을 시작하여 끝맺을 때까지의 진술이 곧 증명의 과정이고, 이는 곧 게임의 규칙에 해당이다. 그리고 끝맺는 부분의 기술이 이 체계의 정리에 해당하며, 이렇게 완성된 체계 속에는 몇 가지의 공리, 즉 기술의 최초의 부분과 몇 가지의 게임 규칙을 포함한다. 또한 증명을 위한 논리적이고 수학적인 규칙도 포함되며, 나아가 체계의 정리까지도 포함한다. 다시 말해, 정리란 최초 부분의 기술에서 출발하여 게임의 규칙을 사용함으로써 도달한 부분의 기술에 해당한다

디에네스가 제시한 수학학습의 최종 단계인 공리화는 아동이 주어진 개념을 포함하는 수학적 구조를 파악하여 그 개념이 가지고 있는 여러 가지 성질을 체계화하고 기술된 것들의 순서관계를 확립함으로써 형식화를 위한 초석이 되는 단계이다. 즉, 주어진 개념으로부터 나온 여러 가지 성질들 가운데, 기본적으로 선정된 몇 가지 성질로부터 다른 성질에 도달하는 과정에서 필요한 규칙을 찾아내는 과정이다. 예를 들어, 몇 개의 기본적인 공리로부터 하나의 정리가 만들어지는 과정이 수학적인 형식화의 예라고 할 수 있으며, 초등학생에게 있어서는 놀이나 게임의 규칙에서 공통성을 찾고 이것을 명시적으로 표현하거나 기호화해서 설명할 수 있는 과정으로 볼 수 있다.

ACTIVITY Q 토의문제 5

• 디에네스가 제안한 수학학습 6단계에 맞추어 초등학교 수학에서 다음과 같은 자연수의 덧셈을 학습하는 과정이 어떻게 구성되어 있는지 각각의 단계를 교과서에서 찾아보세요.

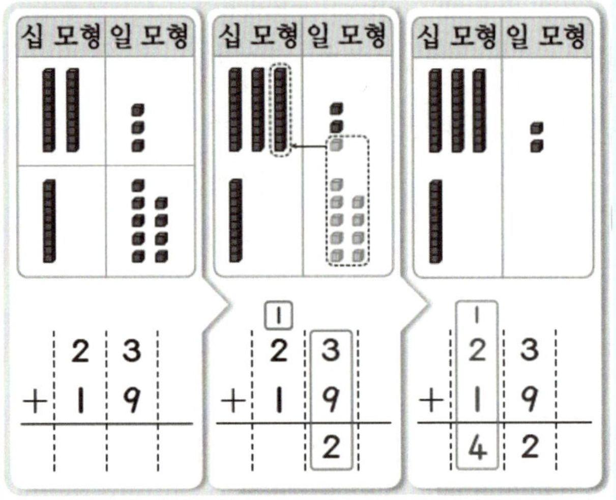

(3) 디에네스가 제안한 교구의 예

① 속성 판(Attributes Blocks)

디에네스가 수학 학습을 돕기 위하여 개발한 속성 판attribute blocks은 수학의 구조를 구체적으로 구현하기 위해 고안된 교구이다. 속성 판은 나무나 플라스틱 등으로 만들어진 정삼각형, 직사각형, 원 등의 모양으로 구성되어 있는데, 크기, 두께, 색깔을 다양하게 제시한 것이 특징이다. 그림 5-2의 블록은 각 속성에 따라 48개로 분류, 배열한 것으로, 윗부분의 것은 두꺼운 것이고, 아래 부분의 것은 얇은 것이다. 위에서부터 빨강, 파랑, 노랑 색깔의 것이다. 아동은 이 속성 판을 활용하여 놀이나 게임을 함으로써 집합의 개념이나 분류의 원리를 발견할 수 있다. 또 속성 판은 집합의 특성이나 분류의 원리의 발견학습 외에도 간단한 논리게임을 활용해서 논리곱, 논리합, 부정의 논리에 관한 학습을 함께 지도할 수 있다.

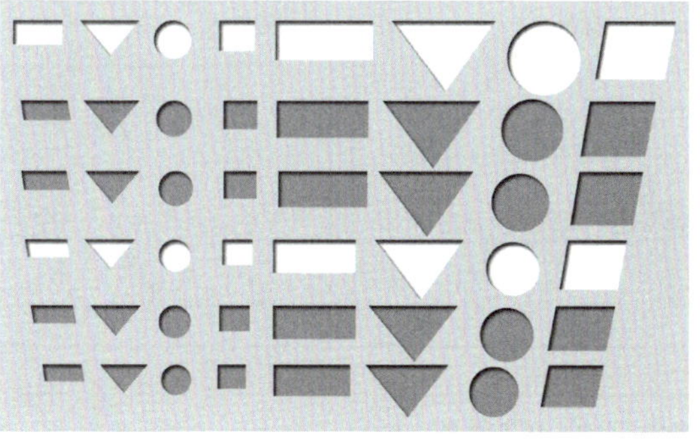

그림 5-2. 디에네스의 속성 판

가. 재질: 플리스틱 제품

나. 속성:

㉠ 색깔: 빨강, 파랑, 노랑

㉡ 모양: 원, 삼각형, 정사각형, 직사각형

㉢ 크기: 큰 것과 작은 것

㉣ 두께: 두꺼운 것과 얇은 것

다. 이것들을 이용하여, 다음과 같은 개념을 지도할 수 있다.

㉠ 자유놀이(정렬, 분류)

㉡ 집합 만들기

㉢ 논리 놀이

㉣ 순서 구조

② 다진수 블록(Multibase Arithmetic Blocks: MAB)

디에네스는 서로 다른 진법 체계를 구현할 수 있는 다진수 블록 또는 디에네스 블록이라는 구체물을 고안하여, 아동에게 수학의 구조 지도가 기호를 사용하지 않고서도 가능함을 증명하였다. 다진수 블록에는 기수법의 구조가 내재되어 있는데, 다음 그림 5-3은 밑이 2, 3에 대하여, 각각 3제곱 자리의 것, 2제곱 자리의 것, 1제곱 자리의 것, 0제곱 자리일의 자리의 것을 나타낸 것이며, 그리고 그림 5-4는 3진수 판을 이용하여 덧셈 계산을 하는 과정을 나타낸 것이다.

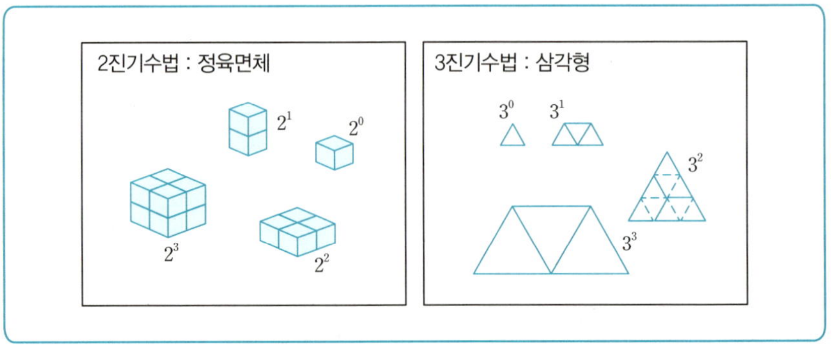

그림 5-3. 2진, 3진 다진수 블록의 예

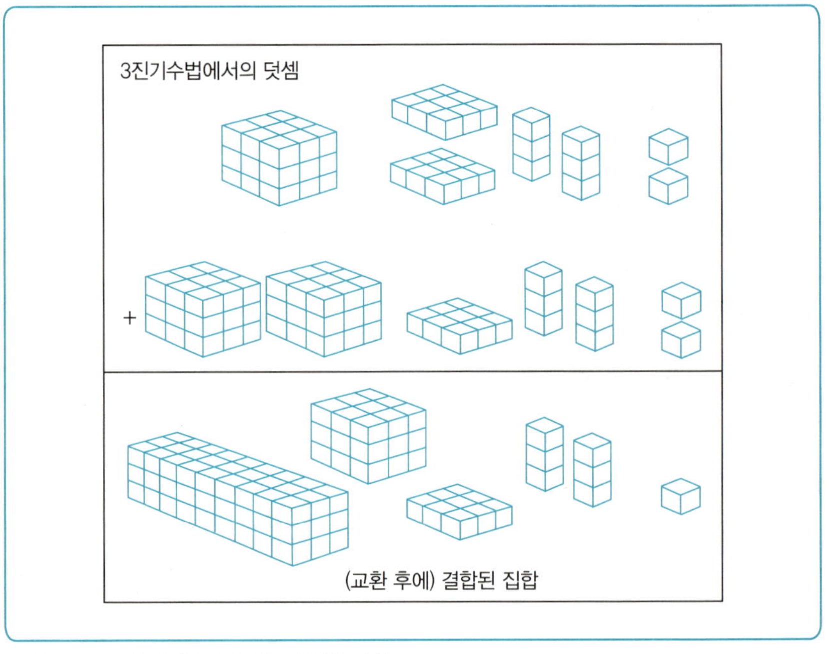

그림 5-4. 3진 다진수 블록을 이용한 덧셈

ACTIVITY Q 토의문제 6

- 초등학교 수학 교과서에서는 그림과 같은 패턴블록을 다루고 있다. 패턴블록을 활용하는 활동 가운데 정렬, 분류와 같은 자유놀이, 집합 만들기, 논리 놀이 등이 어떻게 이루어지고 있는지 찾아보세요.

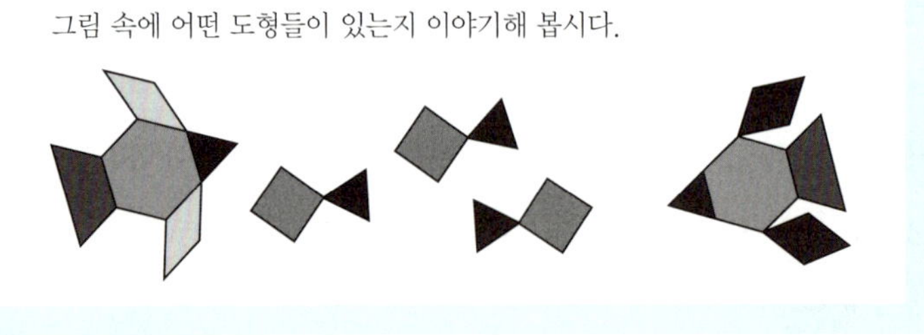

(4) 디에네스의 수학학습 원리

디에네스는 위와 같은 수학학습 및 개념형성에 관한 기본적인 신념을 바탕으로 실험적이고 실제적인 연구를 하여 수학 학습·지도의 6단계 이론을 주장하였는데, 그는 이와 함께 수학학습을 위한 4가지 원리를 다음과 같이 이끌어 내었다.

① 역동성의 원리(Dynamic Principle)(또는 활동성의 원리)

디에네스는 수학학습 6단계 전반에 거쳐 자유놀이와 구조화된 게임, 공통성 탐구에서 공리화에 이르기까지 모든 단계에서 활동의 필요성을 강조한다. 즉, 활동은 수학적 개념을 형성하기 위하여 우선되어야 하는 경험으로, 각 단계가 유기적인 관계를 가지기 위해 활동은 중요한 역할을 한다. 아동은 놀이나 게임을 위한 구체물을 사용하여 놀면서, 동시에 머릿속에서 할 수 있는 게임을 순차적으로 도입할 수 있데 되는데, 이 때 모든 놀이나 게임에서의 활동은 역동성의 원리를 통해 수학을 학습할 수 있게 만든다.

② 구성성의 원리(Constructivity Principle)

수학 개념은 구체물에 대한 활동으로부터 추상화되는 것이며, 개념을 인식하기 위해서는 개념에 대한 직관적인 구성이 선행되어야 한다. 게임을 구조화할 때에도 구성이 항상 분석보다 앞서야 한다는 것이 구성성의 원리이다.

디에네스는 사고실험을 통해 구성적 사고는 인지발달 과정의 구체적 조작기에, 분석적 사고는 형식적 조작기에 주로 일어남을 확인하였으며, 이로부터 수학 개념의 형성에서 구성이 분석에 선행한다는 원리를 주장하였다. 특히 디에네스의 실험에서는 분석은 12세까지의 아동의 경우 학습에서 거의 볼 수 없었었다고 한다. 예를 들면, 삼각형을 지도할 때에도, 아동들에게 삼각형을 먼저 그리게 하고구성, 그런 다음에 변이나 각, 꼭짓점 등에 대하여 분석적으로 지도하는 것이 일반적인데, 이것 역시 구성성의 원리를 반영한 것으로 볼 수 있다.

③ 수학적 다양성의 원리(Mathematical Variability Principle)

수학적 다양성의 원리는 수학 학습에서 개념을 지도하기 위해 다양한 변수를 포함하는 경험을 하게 하여 학습하도록 하는 것을 말한다. 즉, 어떤 수학 개념이 몇 개의 다른 변수를 포함하고 있다면, 그 개념을 아동이 효과적으로 학습하기 위해서는 이들 변수를 다양하게 제시하는 것이 바람직하다는 원리이다. 예를 들어, 삼각형을 지도할 때, 변의 길이나 각의 크기가 다양한 삼각형을 많이 제시하여 삼각형의 개념을 형성해야 한다는 것이다. 수학적 다양성의 원리는 아동이 수학 개념을 학습할 때, 변수들을 분별하게 하여 수학 개념을 일반화하는데 도움이 된다. 예를 들면, 평행사변형의 개념을 지도하고자 할 때, 변의 길이, 각, 위치 등 변화 가능한 요소 즉 비본질적인 요소를 다양하게 변화시켜서 제시해야 한다. 또 학생들에게 정삼각형의 개념을 가르치고자 할 때에도, 이 개념의 핵심 즉 본질적인 요소는 세 변과 세 각이 같다는 것을 강조하여, 비록 같은 정삼각형을 제시하더라도 방향이나 크기 등과 같이 변화시킬 수 있는 요소를 다양화하는 것이 학생들의 정삼각형의 개념 습득에 도움이 되므로 역삼각형 형태의 정삼각형도 제시하는 것이 좋다. 따라서 수학적 다양성의 원리는 개념의 일반화에 도움이 된다.

④ 지각적 다양성의 원리(Perceptual Variability Principle)

지각적 다양성의 원리는 수학 개념 형성을 지도할 때, 지각적으로는 다르지만 구조적으로는 동일한 형태의 구체물을 활용하여 지도해야 된다는 원리이다. 수학 학습에서 아동은 개인차가 많으므로 가능한 한 개인차를 존중해야 하며, 추상적인 수학 내용을 아동들이 파악할 수 있도록 하기 위해, 동일한 개념 구조를 지각적으로는 다르지만 구조적으로는 동일한 많은 구체물의 형태로 제시해야 한다는 것이다. 예를 들면, 평행사변형을 종이에 그릴 수도 있고 나무로 만든 합동인 삼각형 두 개로 만들 수도 있고 벽지에 그려진 패턴에서도 발견할 수 있다. 이러한 다양한 지각에 의한 구체물에서 공통적인 것을 찾아내도록 하는데 이것이 바로 수학적 개념이 되는 것이다. 디에네스는 어떤 개념이든 가능하다면 산술적, 대수적 형태뿐만 아니라 기하적, 물리적, 사회적 형태로 제시해야 한다고 주장했다. 여기서 사회적 형태의 예를 위해서 게임을 사용했다. 따라서 지각적 다양성의 원리는 개념의 추상화에 도움이 된다.

수업 활동

그림 5-5는 십진블록의 구성요소에 대한 이름과 두 자리 수의 덧셈을 십진블록을 이용한 활동으로 제시한 예와 십진블록의 조작을 통해 받아내림이 있는 뺄셈의 계산 원리를 설명하고 있는 교과서 활동이다(김남희, 1993).

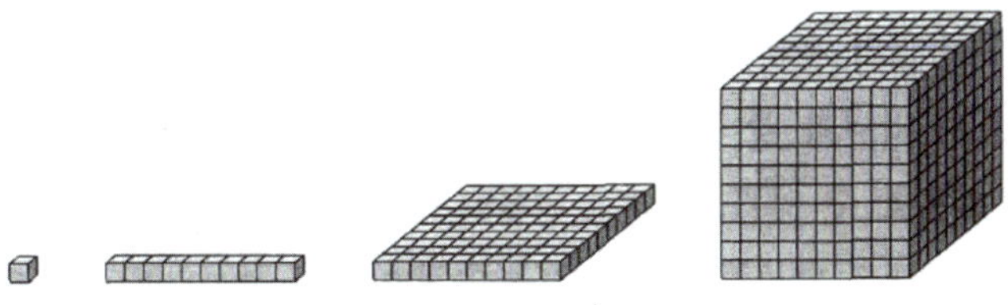

● 수 모형으로 723을 놓아 보시오.

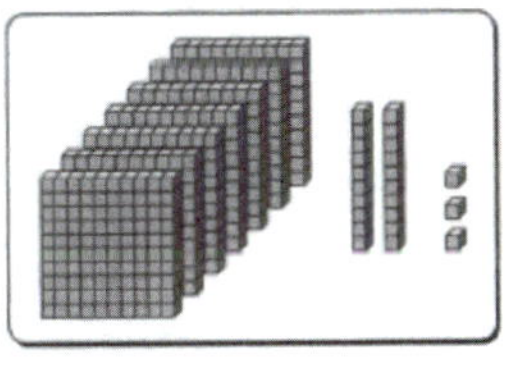

34+20=54

$$\begin{array}{r} 34 \\ +20 \\ \hline 54 \end{array}$$

● 낱개 모형 6개를 어떻게 덜어 낼 수 있습니까?

● 낱개 모형 6개를 덜어 내면 낱개 모형은 몇 개가 됩니까?

● 십 모형 9개를 어떻게 덜어 낼 수 있습니까?

● 십 모형 9개를 덜어 내면 십 모형은 몇 개가 됩니까?

● 백 모형 5개를 덜어 내면 백 모형은 몇 개가 됩니까?

● 723−596은 얼마라고 생각합니까?

그림 5-5.

우리나라 초등학교 수학 교과서에서는 이러한 디에네스 블록을 활용한 많은 예들을 찾아볼 수 있습니다. 예를 들면 표 5-4와 같은 지도내용이 있습니다.

십진블록을 이용한 지도 내용
낱개블록의 개수 세기(10개씩 □묶음)
판블록으로 100의 개념을 도입하고 블록의 크기와 개수를 보고 자리값 표에 세 자리의 수를 표현하기
213×3, 314×3, 365×3과 같은 곱셈의 지도
단위블록을 이용하여 부피의 단위 $1cm^3$를 설명하고 단위블록의 개수로 입체도형의 부피 구하기

표 5-4.

위의 지도내용 외에 교과서에서 디에네스 블록을 비롯하여 속성 판과 유사한 패턴블록 등이 어떻게 교구로 활용되고 있는지를 찾아보고, 이 가운데 임의로 한 차시를 선정하여 수업 활동을 구성해보세요.

ACTIVITY Q 토의문제 7

- 다음 그림은 평면도형에서 마름모의 성질을 확인하는 과정이다. 이 그림을 보고 수학적 다양성의 원리의 적용에 대해 생각해보고, 또 방법론적 측면에서 지각적 다양성을 활용하여 마름모를 지도할 수 있는 방안에 대해 생각해보세요.

마름모의 여러 가지 성질을 확인해 보시오.

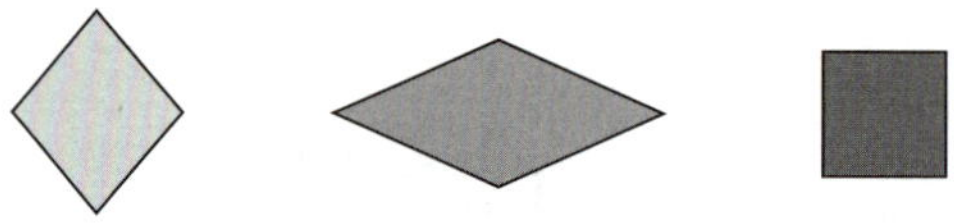

3 반 힐레(Van Hiele)의 기하학습 수준이론

반 힐레의 학습 수준 이론은 학생이 기하를 어떻게 배우는지에 관한 이론으로, 1957년 네덜란드의 부부 수학교사였던 Dina van Hiele와 그의 남편 Pierre van Hiele가 Utrecht 대학에 제출한 박사학위 논문에 의하여 처음 제시된 이후 지속적으로 논의되어온 이론이다. 그들은 당시 중등학교에서 수학교사로 근무하면서 기하의 증명 지도에서 기하 학습이 잘 이루어지지 않는 것에 문제의식을 느끼고 그 원인이 어디에 있는지를 분석하고 규명하는 연구를 통해 기하학습 수준이론을 제시하게 되었다.

(1) 기하학습 수준 이론

반 힐레는 학교수학에서 도형기하의 학습지도가 잘 이루어지지 않는 원인을 분석한 결과, 일차적으로 학생들에게 학습 수준이 있음을 알게 되었다. 그들은 논리적이고 실증적인 연구를 통해 그 당시 학교수학에서 이루어진 기하교육은 학생의 학습 수준에 부적합함을 주장하면서, 기하교육에 있어서 5단계의 사고 수준과 그 사고 수준을 올리기 위한 교수-학습의 5단계로 구성된 기하학습 수준 이론을 발표하였다.

먼저 반 힐레는 학습에서 사고의 대상과 사고의 방법또는 수단이라는 관점에서 기하 영역에서의 사고 수준을 표 5-5와 같이 5단계로 구분하였다. 이 이론은 학생이 기하 학습에서 추론할 때 5개의 수준이 있다는 것을 가정한 것인데,

단계	사고의 대상		사고의 방법	
제5수준	논리, m1, m2, …	(논리) →	공리체계(공리의 독립성, 무모순성, 공리계의 비교	(논증, 공리계)
제4수준	P1→P2, P1→P3, …	(명제) →	정리 T1, T2, T3, … 증명 → A1, A2, A3 공리 a1, a2, a3, …	(논리)
제3수준	변, 각의 성질	(성질) →	P1→P2, P1→P3, …	(명제)
제2수준	직사각형, …	(도형) →	변의 길이(대변상등), 네 개의 각이 같다, 변이 평행하다.	(성질)
제1수준	책상, 창문, 책, 노트, …	(구체물) →	사각형, 정사각형, 사각형	(도형, 모양)

표 5-5. 반 힐레의 기하학습 수준

이 5개의 수준은 처음에 0수준에서 4수준으로 명명되었는데 나중에 모양을 구별하지 못하는 학생의 수준을 0수준으로 보면서 그대신 0에서 4수준을 1수준에서 5수준으로 명명하게 되었다. 다음은 1수준에서 5수준까지 각각의 수준에 대해 간략하게 살펴본 것이다.

① 제1수준: 학습의 대상은 가까운 주위의 구체물이고, 눈에 보이는 그 구체물의 전체적인 형태에 따라 식별하거나 분류한다. 여기서 도형은 학습의 방법이 된다. "…는 직사각형이다", "…는 둥글다"와 같이 복잡한 대상 속에서 색깔이나 위치 등을 모두 버리고 모양(형태)에만 착안하는 단계이다.

따라서 이 수준은 시각적(visualization) 인식 수준으로서 이 수준의 학생들은 도형의 외형적 모양으로 도형을 인식하고 이름붙일 수 있다. 이를테면 학생들은 태양과 같이 생겼기 때문에 원으로 인식한다거나 또는 문과 같이 생겼기 때문에 직사각형으로 인식한다. 그렇기 때문에 경우에 따라서는 45° 기울어진 정사각형을 정사각형으로 생각하지 못할 수도 있다. 이 수준의 학생은 도형의 성질에는 주목하지 않는데, 그래서 도형의 일반성이나 관계를 파악하지 못하고 한 가지 예에 기초하여 기하학적 사실을 판단하는 경향이 있다.

② 제2수준: 도형을 학습의 대상으로 하고, 그것을 성질에 따라 분류하거나 배열하거나 한다. 이 수준에서는 도형의 성질이 학습의 방법이 된다. "직

사각형은 무엇인가?"하는 반성으로부터 형태의 성질에 착안하는 단계이다. 곧 어떤 성질을 가지고 있는가 없는가에 따라 도형이 정리되고 분석된다.

따라서 이 수준은 분석적(analysis) 인식 수준으로 학생들은 도형의 구성요소를 분석하고 경험적으로 접해보거나 측정해봄으로써 도형의 성질을 발견하게 된다. 이를테면 '정사각형은 네 변과 네 각이 같다'에서 사고의 대상은 도형이지만 도형의 성질이 사고의 방법이 된다. 그러나 '정사각형은 직사각형이 아니다'와 같이 주장할 수도 있는데, 이는 도형이 갖는 성질을 나열할 수는 있지만 도형들의 성질 사이의 포함관계를 알지 못하기 때문이다.

③ 제3수준: 도형의 성질이 학습의 대상이 되고, 성질들 사이의 관계, 즉 명제가 학습의 방법으로 사용된다. 도형의 성질을 서로 관련시켜 고찰하는 단계이다. 예를 들면, 변에서 등변성이나 각의 등각성을 비롯하여 직선과 직선의 관계에서 수직, 평행 등이나 도형들 상호간의 길이나 넓이, 도형의 닮음, 대칭, 합동 등을 고찰할 수 있게 된다.

따라서 이 수준은 관계적(relation) 인식 수준으로 학생들은 여러 도형 사이의 관계와 한 도형의 여러 성질 사이의 관계를 이해하게 된다. 이때 인식의 대상은 도형의 성질이 되는 것이다. 학생들은 도형들의 성질을 정렬함으로써 도형들을 위계적으로 분류할 수 있다. 이를테면, 모든 정사각형은 직사각형이지만 직사각형은 정사각형이 되는 것이 아님을 이해한다. 여기서 학생들은 자신들이 발견한 성질들의 관계를 비형식적 주장을 통해 연결할 수 있게 된다.

④ 제4수준: 도형에 관한 명제가 학습의 대상이 되고, 그것을 논리를 사용하여 체계화하거나 정리하는 수준이다. 학교수학에서 주로 중학교 이상의 단계에서 이루어지며, 논증 지도의 단계에 해당한다. 앞서 2수준과 3수준의 지도가 충분히 행하여지고 도형을 단지 직관적인 형태가 아니라 성질이나 관계의 집합체로 볼 수 있을 때 이 수준의 학습이 가능하게 된다.

따라서 이 수준은 형식적 연역 수준으로서 학생들은 정리를 연역적으로 증명할 수 있으며 정리들 사이의 관계를 설정할 수 있다. 곧 수학적 명제가 학습의 대상이 되고, 이들 명제들의 논리관계가 학습의 방법이 됨으로써, 연역적 추론이 가능한 수준이다. 그 결과 학생들은 무정의 용어, 정의, 공리 등의 의미와 필요성을 인지할 수 있게 된다.

⑤ 제5수준: 논리 그 자체를 학습(연구)의 대상으로 하고, 공리계에 관하여 이해하는 수준으로, 이것은 고등수학의 수준이다. 기하학의 발달 과정과 그 구조를 이루는 논리와 이론이 연구의 대상이 되므로 논리를 엄밀하게 분석하고 추론함으로써 일반적인 도형의 성질을 발견할 수 있다.
따라서 이 수준은 엄밀한 수학적 수준으로서 서로 다른 공리 체계에서 정리를 설정할 수 있으며, 이 체계들을 분석하고 비교할 수 있다. 어느 수준의 학생은 어떤 문제에 어떻게 접근해야 하는가를 연구 방법으로 채택하는 등 고등정신 기능이 작용하는 연구자의 수준에 도달하게 된다. 이를테면, 비유클리드 기하학을 학습하고, 다양한 공리 체계에서 공리의 무모순성, 독립성, 완전성과 같은 성질을 논의할 수 있게 된다.

수준 / 고찰	제1수준 시각적 수준	제2수준 분석적 수준	제3수준 관계적 수준	제4수준 형식적 연역 수준	제5수준 엄밀한 수학적 수준
대상(현상)	주변사물(구체물)	도형	성질	명제	논증, 공리계
수단(본질)	도형	성질	명제	논리	

표 5-6. 반 힐레의 기하학습 수준의 상승

위의 표 5-6에서 화살표가 가리키는 바와 같이 어떤 수준에서 대상을 인식하여 그것을 사고의 방법또는 수단으로 정리하게 될 때, 사고 수준의 상승비약이 가능하게 된다. 반 힐레의 기하 학습 수준을 내포하는 사고의 대상과 사고의 방법의 진행 및 상승을 간략히 나타내면, 다음과 같은 흐름을 갖는다.

구체물 → 도형(모양) → 성질 → 명제 → 논리

ACTIVITY Q 토의문제 8

• 초등학교 수학에서 반 힐레의 기하학습 수준이론은 주로 1수준에서부터 3수준까지에서 다양한 예를 찾아볼 수 있다. 다음 활동에서 반 힐레의 기하학습 수준이론과 관련된 수준을 이야기하고 이전 수준 및 이후 수준 등에 대해 설명하세요.

정육면체를 관찰한 후 특징을 조사해 보시오.

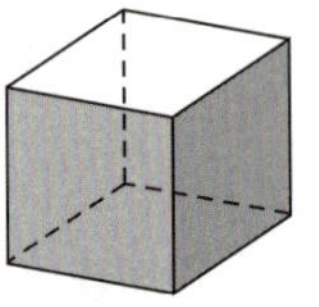

면의 수	모서리의 수	꼭짓점의 수	면의 모양	모서리의 길이

• 정육면체를 직육면체라고 말할 수 있습니까?

(2) 학습 수준 이론의 확장: 교수-학습 5단계

반 힐레의 학습 수준 이론의 가치는 학생의 사고가 어떤 수준에 있는가 하는 학생 사고의 단계화와 함께 교수를 위한 처방에서도 찾아볼 수 있다. 반 힐레에 따르면, 한 수준에서 다음 수준으로의 발전은 생물학적 성숙이나 발달보다는 교수학습과정에서의 교육 내용과 방법에 더 많이 의존하는데, 따라서 교사에 의해 학생들의 사고 수준의 상승은 촉진될 수도 있다. 그렇다면 교사는 한 수준에서 다음 수준으로의 이행을 어떻게 촉진시킬 수 있는가? 반 힐레는 이에 대해 각 수준 내에서 교수를 계열화하기 위한 교수학적 수단을 처방하였는데, 학생들이 한 수준에서 다음 수준으로 발전하도록 질의/안내 단계, 안내된 탐구 단계, 발전/명료화 단계, 자유 탐구 단계, 통합 단계의 다섯 단계로 이루어진 교수학습과정을 제시하고 있다.

① 1단계: 질의/안내 단계

이 단계에서 교사는 학생과의 대화를 통해 새로운 학습 주제를 소개한다. 교사는 이 주제를 명확하게 하는 자료와 이 자료의 활용에 대해 토론을 통해 탐구할 분위기를 조성한다. 교사는 학생들이 어떻게 그 언어를 해석하는가를 확인하고, 이해하도록 도움을 주며, 학생들이 의도적인 행동이나 인식을 할 수 있도록 질문과 관찰을 통해 정보를 제공한다. 학생들은 제시된 자료와 질문을 통해 앞으로 학습할 과제의 방향이 무엇인지 배운다. 예를 들면, 교사는 학생에게 “평행사변형은 무엇인가?”, “정사각형은 무엇인가?”, “마름모는 무엇인가?” 등을 묻고 이를 통해 교사는 학생들의 예비지식을 확인하고 학생들은 공부할 내용에 대한 방향성을 얻게 된다.

② 2단계: 안내된 탐구 단계

교사는 학생들이 탐구할 활동을 신중하게 계열화하여 학생이 새로운 학습 주제의 특징에 친숙하도록 과제를 제시한다. 이 단계에서 교사의 목적은 학생들이 제시된 자료를 활동적으로 탐구하여 앞으로 형성될 관계망들의 수요한 연결과 접할 수 있게 한다. 다시 말해, 학생들은 교사가 제시하는 활동 자료를 사용해서 나름대로 과제를 탐구하는데, 교사가 제시하는 활동 자료는 학생들이 도달하기를 원하는 수준에 알맞게 의도적으로 계열화하여 구성해야 한다. 이렇게 교사에 의해 계열화된 학습 활동을 통해서 학생은 학습 방향을 감지하고 용어, 기호, 도형, 성질, 관계에 친숙하게 된다. 이때 교사는 학생 일부의 매우 특수한 반응을 유도하는 단일 단계로 된 과제를 제시해야 하며 학생들은 교사의 지시를 단계적으로 따르면서 학습을 하게 된다.

③ 3단계: 발전/명료화 단계

이 단계에서 학생들은 예전의 경험과 교사로부터 최소한의 힌트를 얻어서 자신들이 관찰한 주제에 대해 개별적으로 개념화하게 된다. 그리고 이렇게 구성한 개념을 자신의 언어로 묘사하고 구조에 대한 자신의 관점을 제시하면서 토론한다. 이때 교사는 학생의 언어를 수학적으로 명료화하기 위해서 이와 관련된 수학적 용어를 소개한다. 교사의 역할은 학습 대상기하학적 대상과 아이디어, 관련성, 패턴 등을 학생들이 토론에 의해 그들의 언어로 엄밀한 수준까지 인식할 수 있도록 제시하는 것이다. 이를 통해 학생들은 그 구조 내에서 관계를 형성하기 시작한다. 예를 들면, 학생들은 2수준에서 알게 된 도형과 그 도형의 성질에 대해서 토론하는 활동을 이 단계에서 하게 된다.

④ 4단계: 자유 탐구 단계

이 단계에서 학생들은 안내된 탐구 단계에서의 단일 과제와는 달리 여러 가지 자유로운 방식으로 달성할 수 있는 과제를 접하게 된다. 그리고 학생들은 자신만의 해결 방식을 찾는 경험을 하게 된다. 과제를 자유롭게 탐구하면서 학생들은 그 주제 내에서 가장 중요한 관계를 지각하고 이러한 관계가 어떻게 적용되는지를 인식하게 된다. 과제를 완성한 후에는 탐구 대상 사이의 많은 관계들이 학생들에게 더욱 명확하게 된다. 교사의 역할은 적절한 자료와 기하학적인 문제를여러 개의 풀이 방법이 가능한 선정하고, 학생들이 다양한 성취를 할 수 있도록 지도하며, 이들이 그러한 문제와 답을 정교화하고 반성할 수 있도록 지도하며, 문제해결 과정과 관련된 용어나 개념을 소개하는 것이다.

⑤ 5단계: 통합 단계

학생들은 자신이 관찰한 것을 재검토하고 요약함으로써 새로운 기하학적 개념과 관련성을 통합하여 새로운 사고 영역으로 내면화한다. 이를 통해 탐구활동 전체를 조명하게 되면서 사고 수준의 비약이 생기게 된다. 교사는 지금까지 형성된 개념에 비해 새롭거나 부자연스러운 아이디어를 제시하지 않도록 주의하면서 학생들이 탐구한 활동을 반성하고 명료하게 정리할 수 있도록 전체적인 개관을 제시하여 학생들이 배운 내용을 통합하는데 도움을 주도록 해야 한다.

ACTIVITY Q 토의문제 9

• 다음은 2학년 여러 가지 도형 단원에서 삼각형을 알아보는 차시이다. 이 차시에서 반 힐레가 제안한 교수-학습 5단계의 적용이 어떻게 이루어지는지 설명해보세요.

• 여러 가지 삼각형을 만들고 그려 보세요.

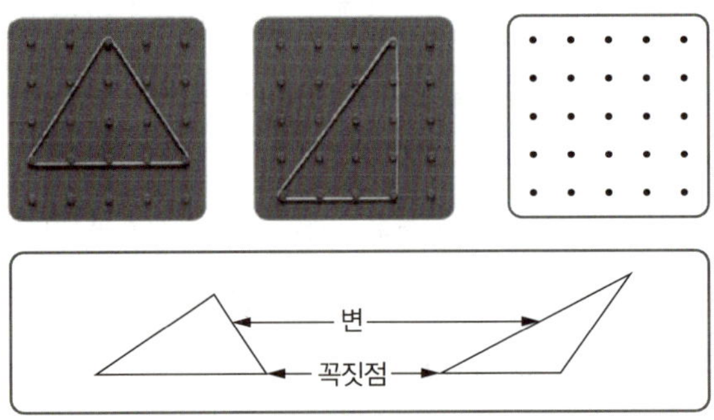

수업 활동

다음은 반 힐레 이론에 근거한 도형 지도 방안에 대한 연구(이하선, 2009)에서 계획한 차시의 일부이다. 이 수업은 4학년 학생을 대상으로 하고 있으며, 사각형을 주제로 하여 2수준에서 3수준으로 상승시키기 위한 차시 가운데 4차시에 해당하는 부분이다. 이 수업에서 '도형(모양) → 성질 → 명제'가 어떤 역할을 하는지, 교수-학습 5단계 중 4단계 자유 탐구 이후 5단계 통합 단계는 어떻게 구성될 수 있는지 논의해보세요.

<table>
<tr><td>단계 4</td><td colspan="3">자유 탐구(오리엔테이션) : 많은 단계를 거치는 과제, 여러 가지 방법으로 완성할 수 있는 과제, open-ended 과제 등 복잡한 과제를 접한다. 과제 해결을 하면서 경험을 얻고 연구 대상 사이의 관계를 명확하게 된다.</td></tr>
<tr><td>목표</td><td colspan="3">자신이 원하는 사각형을 만들어 본 후, 변형시킨 후 정당화시킬 수 있다.</td></tr>
<tr><td>활동명</td><td>사각형 구성하고 변형하기</td><td>자료명 : 모눈종이,
지오보드, 색종이</td><td>목표수준 2.8, 2.9</td></tr>
<tr><td>과정</td><td colspan="2">교사-학생 활동</td><td>지도상의 유의점</td></tr>
<tr><td>내용</td><td colspan="2">⊙ 사각형을 만들어보고 설명하게 한다. (25분)

〈예상발문〉
ⓣ 모눈종이, 지오보드나 색종이 중에 하나를 선택하여 사각형을 만들고 여러 가지를 만들어 주세요.
ⓢ (만든 다양한 예를 보여주며) 저는 사다리꼴을 만들었어요.
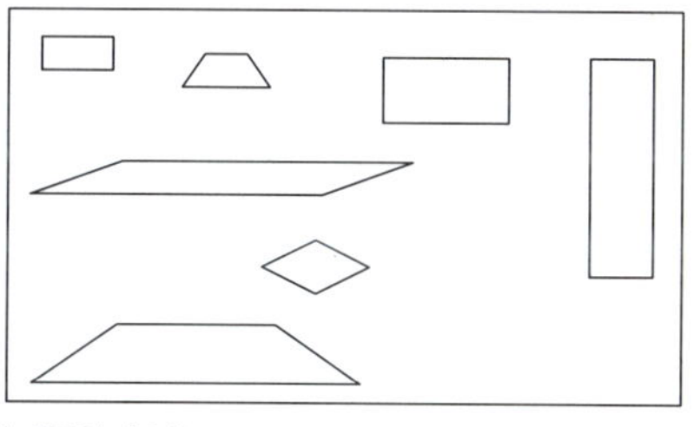
ⓣ 어떻게 해서 사다리꼴인가요?
ⓢ 한 쌍의 변이 평행하기 때문입니다.
ⓢ (만든 다양한 예를 보여주며) 저는 평행사변형을 만들었어요.
ⓣ 어떻게 해서 평행사변형인가요?
ⓢ 두 쌍의 변이 평행하기 때문입니다.
ⓢ (만든 다양한 예를 보여주며) 저는 직사각형을 만들었어요.
ⓣ 어떻게 해서 직사각형인가요?
ⓢ 네 각이 직각이기 때문입니다.

⊙ 만든 사각형 중에서 하나를 선택하여 변형시킨 후 변형된 사각형을 변형 전과 비교하여 무슨 사각형인지를 설명하게 한다. (15분)

ⓣ 여러분이 만든 사각형 중에서 하나를 선택하여 변형시켜 봅시다. 변형된 사각형이 어떤 사각형인지 설명하여 봅시다.
ⓢ 이것은 사다리꼴입니다. 변형하기 전에는 평행사변형이었는데 한 쌍의 변을 평행하지 않게 만들어서 결국 한 쌍의 변만 평행하기 때문에 사다리꼴입니다.
ⓢ 이것은 직사각형입니다. 이것은 원래 정사각형이었는데 두 변을 한쪽으로 길게 늘여서 네 각이 직각이기는 하나 네 변의 길이가 같지 않아 직사각형입니다.
(교사가 "직사각형만 되나요?"라는 발문을 통해 변형된 사각형이 직사각형, 평행사변형, 사다리꼴도 될 수 있음을 각인시킨다.)</td><td>♣ 하나의 사각형에 대해 여러 예를 만들고 설명하게 한다.

♣ 망원경식 재교수법의 일환으로 정당화가 잘 안 되는 학생들은 다양한 자료를 활용하여 연습시키도록 한다. 또는 2차 예비모듈에서 적용하였던 정사각형의 분해 · 합성을 해도 된다.</td></tr>
<tr><td>수준 관련</td><td colspan="3">사각형 사이의 관계 개념을 정립시킨다. 제3수준에 거의 도착</td></tr>
</table>

반 힐레에 따르면, 학생들은 교수-학습 단계의 1단계에서부터 시작하여 5단계에 이르게 되면 그 주제에 대한 사고 수준이 다음 수준으로 향상된다. 수업 시간에 학습 단계를 적용할 때 단계의 이행은 반 힐레에 따르면 도형의 영역에 따라 차이를 보일 수 있다. 즉, 학생의 필요에 따라 몇 시간동안 특정한 단계에서 학습할 수도 있고, 단시간에 5단계 전체를 몇 번씩 학습할 수도 있다.

반 힐레의 사고 수준은 학생의 기하학적 개념 발달을 기술하고 설명하는데 유용하지만 각 수준을 명확하게 구분하기는 쉽지 않다. 그 이유는 반 힐레의 기하학습 수준이론에서 각 수준은 안정적이기보다는 유동적이며 학습 과정에서 도약보다는 연속적인 것을 특징으로 하고 있기 때문이다. 따라서 기하 수업을 할 때, 교사는 반 힐레의 기하 사고 발달 수준을 염두에 두고 지도하면서 동시에 학생들의 사고 수준을 고려한 교수-학습 활동을 설계할 수 있어야 하며, 수업 시간에 사용하는 기하적 언어와 용어도 이들 학생들의 사고 수준에 맞추어 사용할 수 있어야 한다.

[참고문헌]

강문봉, 강완, 김남희, 김수환, 나귀수, 박경미, 박영배, 백석윤, 송상헌, 유현주, 이경화, 이중권, 임문규, 임재훈, 장혜원, 정동권, 정영옥, 정은실, 허혜자(2005). 초등수학학습지도의 이해. 서울: 양서원.

강문봉, 강흥규, 김수미, 박교식, 박문환, 서동엽, 송상헌, 유현주, 이종영, 임재훈, 정동권, 정은실, 정영옥(2007). 초등수학교육의 이해. 서울: 경문사.

강완, 김상미, 박만구, 백석윤, 오영열, 장혜원(2014). 초등수학교육론. 서울: 경문사.

강지형, 김수환, 라병소, 박성택, 이의원, 이정재, 정은실(2007). 7차 교육과정에 의한 초등수학교육. 서울: 동명사.

교육과학기술부(2011). 2009 개정 수학과 교육과정. 교육과학기술부

교육부(2015). 2015 개정 수학과 교육과정. 교육부.

교육인적자원부(2004). 초등교사 교육을 위한 수학 프로그램 적용 및 확산 연구. 교육인적자원부.

김남희(1999). 수학의 기본 구조 지도와 딘즈블럭. 학교수학 1권 1호, 305-324.

김성준, 김수환, 신준식, 이대현, 이종영, 임문규, 정은실, 최창우(2014). 2009 교육과정 중심 초등 수학교육론. 서울: 동명사.

김성준, 김수환, 신준식, 이대현, 이종영, 임문규, 정은실, 최창우(2013). 초등학교 수학과 교재연구와 지도법 서울: 동명사

김응태, 박한식, 우정호(2001). 수학교육학개론. 서울대학교출판부.

남승인, 류성림, 권성룡, 김남균, 신준식, 박성선, 박만구, 최근배, 권점례(2012). 2009 개정 교육과정에 의한 초등수학교육론. 서울: 경문사

류희찬, 조완영, 이경화, 나귀수, 김남균, 방정숙 역(2007). 학교수학을 위한 원리와 규준. (Principles and Standards for School Mathematics). 서울: 경문사.

박만구, 박경선(2009). Skemp 이론에 따른 곱셈 놀이활동이 수학학업성취도 및 수학적 태도에 미치는 효과. 한국학교수학회논문집 12권 3호, 211-230.

우정호(2012). 학교수학의 교육적 기초. 서울: 서울대학교출판부.

우정호(2014). 수학 학습-지도 원리와 방법. 서울: 서울대학교 출판부.

우정호, 박교식, 강문봉(2006). 초등수학교육. 서울: 경문사.

이대현, 최승현(2006). 문제해결을 통한 수학적 경험. 서울: 경문사.

이용률(2012). 초등학교 수학의 중요한 지도 내용. 서울: 경문사.

이하선(1999). 반 힐레 이론에 근거한 도형 지도 방안에 대한 연구. 경인교육대학교 교육학석사학위논문.

최민정, 손홍찬(2016). 중학생의 반힐레 기하수준에 관한 연구. 교사교육연구 55권 3호, 399-408.

최창우(2015). 예비교사와 현직교사를 위한 초등수학교육론. 서울: 경문사

황우형 역(2002). 수학학습 심리학. The Psychology of Learning Mathematics. R. R. Skemp. 서울: 사이언스북스.

황혜정, 나귀수, 최승현, 박경미, 임재훈, 서동엽(2012). 수학교육학 신론. 서울: 문음사.

NCTM(1989). *Curriculum and evaluation Standards for School Mathematics*, Reston, VA: The National Council of Teachers of Mathematics.

NCTM(1995). *Assessment Standards for School Mathematics*, Reston, VA.: NCTM.

NCTM(1998). *The Teching and Learning of Algorithms in School mathematics*, Reston, VA: The National Council of Teachers of Mathematics.

NCTM(2000). *Principles and Standards for School Mathematics*, Reston, VA: The National Council of Teachers of Mathematics.

제6장 수학적 개념과 알고리즘의 지도

1 수학적 개념의 지도

개념은 사고의 도구이다. 개념은 용어에 남긴다. 교과서에 따라 용어를 교육적으로 활용하는 방식이 달라질 수 있다. 그림 6-1은 직사각형이라는 용어를 직접 알려주는 방식이라면, 그림 6-2는 직사각형의 개념을 알려주면서 그 이름을 지어보도록 하고 있다. 각각의 방식이 가질 수 있는 교육적 가치와 의미를 새겨볼 필요가 있다. 이 절에서는 개념과 용어를 바라보는 틀을 살펴보고 더불어 수학적 개념을 지도할 때 도움이 될 만한 이론을 다루었다.

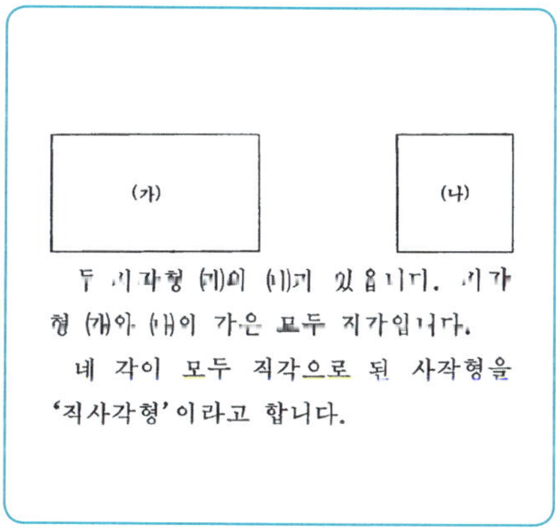

그림 6-1. 3차 교과서 3-2학기

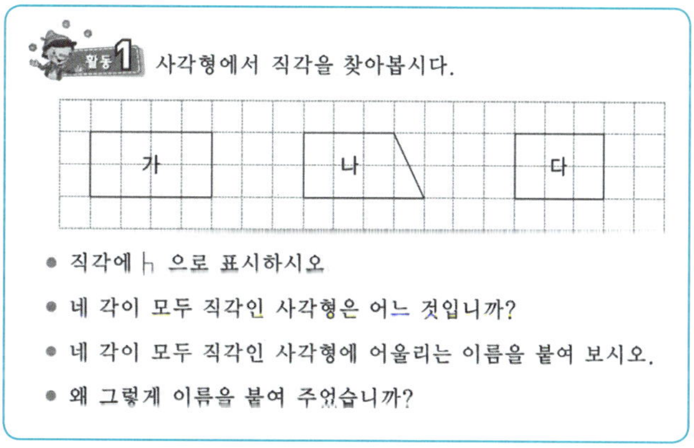

그림 6-2. 2009 개정 교과서 3-1학기

(1) 개념의 의미

초등학교 수학에 많은 용어가 등장한다. 이 용어는 어떤 개념에 붙여진 것이다. 여러 원리, 법칙과 더불어 주요한 교육 내용이 수학적 개념이다. 이 개념을 외연과 내포라는 틀로 접근해 볼 수 있다.

외연은 개념이 적용될 수 있는 집합을 가리키며, 간단히 그 개념에 속하는 예라고 볼 수 있다. 사각형의 외연은 평행사변형, 사다리꼴, 마름모, 정사각형, 직사각형 등이다. 내포는 한 개념에 해당하는 대상들이 갖고 있는 공통적인 성질을 가리킨다. 개념은 언어적 진술로 이루어지는 내포를 통해 그 뜻이 좀 더 분명해진다. 사각형의 내포는 '네 변으로 이루어진 다각형'이 될 수 있다.

ACTIVITY Q 토의문제 1

• 각기둥의 외연과 내포는 다음과 같습니다.

각기둥의 외연	각기둥의 내포
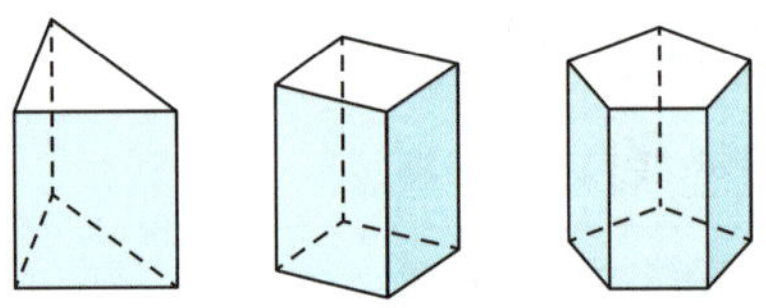	• 윗면과 아랫면이 다각형으로 이루어져 있다. • 윗면과 아랫면이 평행하다. • 윗면과 아랫면이 합동이다. • 윗면과 옆면이 수직이다.

• 같은 방식으로 다음 용어에 대해 외연과 내포를 말해 봅시다.

정다각형의 외연	정다각형의 내포

(2) 개념과 정의

개념은 정의定義에 의해 그 의미가 규정되고 한정된다. 수학과에서도 여러 수학적 용어나 기호 등에 대해 정의를 내리고 있다. 정의를 어떻게 하느냐에 따라 개념이 지닌 여러 가지 속성 중에서 겉으로 드러나는 것이 달라진다. 정의하는 방법을 알아보고 이를 개념 지도와 연관 지어 보았다.

① 내포적 정의

용어의 뜻을 정의할 때 그 용어가 가리키는 개념의 속성을 사용한다. 이를 두고 내포적 방법이라고 한다. 내포적 방법의 대표적인 예로 아리스토텔레스의 '논리적 정의', 즉 최근류와 종차에 의한 정의를 들 수 있다.

아리스토텔레스의 논리적 정의를 이해하기 위해서 먼저 류와 종차라는 말을 알아보자. 어떤 개념의 류는 그 개념이 속한 상위 단계의 범주를 가리킨다. 예를 들어, 사과의 류로는 '과일'을 들 수 있다. 그런데 사과의 류로 '과일'만 있는 것이 아니라, '식물', 더 나아가 '생물'도 사과의 류가 될 수 있다. 다시 말해, 어떤 개념의 류는 여러 가지로 가능하며, 가능한 여러 류 중에서 가장 작은 범주의 것을 두고 '최근류'라고 한다. 사과의 최근류는 '과일'이라고 할 수 있다.

어떤 개념의 류, 즉 상위 단계의 범주가 정해지면, 그 범주 안에는 여러 대상들이 포함되어 있다. 여러 다른 대상들과 차이를 만들어내는 어떤 개념 자체의 고유한 속성을 '종차'라고 한다. 사과의 류를 과일로 정하게 되면, 그 과일 안에는 배, 딸기, 수박, 참외, 감 등 여러 가지 대상들이 있지만 사과만이 가지고 있는 고유한 속성이 있다. 이 속성을 사과의 '종차'라고 한다.

아리스토텔레스는 '학문적 정의는 모름지기 논리적 정의, 즉 류와 종차에 의한 정의여야 한다'고 말한다. 인간의 개념을 정의한다고 할 때, 먼저 인간이 속한 류로 '동물'을 들 수 있고 동물 안에서 인간이 지닌 가장 본질적인 속성은 '이성적'이라는 점을 꼽을 수 있다. 인간은 '이성적 동물'이라는 류와 종차로 정의될 수 있다.

아리스토텔레스의 논리적 정의는 수학 용어를 정의하는데 적용할 수 있다. 예컨대, 사각형 개념을 정의한다고 하자. 사각형은 다각형, 평면도형, 도형 등의 류를 가지며, 이 중에서 가장 작은 범주인 다각형을 최근류로 삼는다. 다음으로, 다각형 안에는 사각형뿐만 아니라 삼각형, 오각형 등 다양한 종류가 있기 때문에, 사각형만이 갖는 속성을 찾아보면, '네 개의 변으로 이루어져 있다'는 점이며, 이것이 종차가 된다. 따라서 '사각형'의 논리적 정의는 '네 개의 변으로 이루어진 다각형'이 되는 것이다.

논리적 정의를 최근류와 종차에 의한 정의로 볼 때, 초등학교 수학에 제시되는 내포적 정의는 엄밀한 의미의 논리적 정의라고 보기 어렵다. 예를 들어, 초등학교 교과서에서는 대체로 '네 개의 선분으로 둘러싸인 도형'으로 사각형을 정의한다. 여기에 쓰인 '도형'은 최근류가 아니다. 논리적 정의에 적절한 최근류는 '다각형'이다. 그런데 학교수학에서 '다각형'은 사각형 보다 한참 뒤에 배운다. 따라서 사각형을 정의할 때 다각형을 최근류로 사용할 수 없다. 그래서 가장 느슨한 '도형'이라는 용어가 선택된 것이다. 아이들이 사용할 수 있는 용어의 한계와 교과서 내용 요소의 계열이 반영된 결과인 것이다.

ACTIVITY Q 토의문제 2

- 논리적 정의(최근류와 종차에 의한 정의)를 만들어 보자.

1. 이등변삼각형의 정의를 만들어 보시오.
   (1) 이등변삼각형의 류를 정하시오. ______
   (2) 이등변삼각형의 종차를 정하시오. ______
   (3) 이등변삼각형의 정의를 만드시오. ______
2. 가분수의 정의를 만들어 보시오.
   (1) 가분수의 류를 정하시오. ______
   (2) 가분수의 종차를 정하시오. ______
   (3) 가분수의 정의를 만드시오. ______

ACTIVITY Q 토의문제 3

- 초등학교에서 직육면체는 '직사각형 6개로 둘러싸인 도형'으로 정의되는 것을 흔히 볼 수 있다. 이 정의를 논리적 정의의 측면에서 논해 보시오.

② 외연적 정의

외연은 개념이 지시하는 대상 또는 그 모임을 가리킨다. 외연적 방법은 그 외연, 즉 예를 사용하여 정의하는 방법을 가리킨다. 예를 들어, '동물'이라는 개념을 정의할 때, 동물의 속성을 사용하는 대신에, '호랑이, 토끼, 말, 사자와 같은 것'으로 말하는 것은 외연적 방법이다.

초등학교 수학 교과서에서 외연적 방법으로 용어를 정의한 경우를 흔히 볼 수 있다. 그림 6-3을 보면, 직각을 정의할 때, '90°인 각'과 같은 직각의 성질을 사용하지 않고, 직각에 해당하는 그림을 보여주면서 정의하고 있다. 이는 직각을 외연적 방법으로 정의한 것이다.

또 다른 예로 그림 6-4를 보면, 분수를 '정수 a를 0이 아닌 정수 b로 나눈 몫을 a/b로 표시한 것'국립국어원과 같이 분수의 속성을 사용하는 것이 아니라,

분수의 사례를 들어가면서 분수를 정의하고 있다. 이는 분수에 대한 외연적 정의 방법이다.

초등학교 교과서에 등장하는 용어 중에는 외연적 방법과 내포적 방법이 함께 사용된 정의를 흔히 볼 수 있다. 다음 배수와 약수에 대한 정의는 ‘5의 배수’와 ‘6의 약수’에 대한 정의이다. 이는 배수와 약수를 정의하기 위해, 5와 6을 사례로 언급하고 있기 때문에 외연적 방법이라고 볼 수 있다. 동시에 ‘1배, 2배, 3배, 4배, … 한 수’와 ‘나누어떨어진다’는 말이 있기 때문에 배수와 약수의 내포가 부분적으로 사용되고 있어 내포적 방법이라고 볼 수 있다.

각 ㄱㄴㄷ과 같은 모양의 각을 직각이라고 합니다.

그림 6-3. 직각에 대한 외연적 정의

$\frac{1}{2}, \frac{1}{3}, \frac{3}{4}, \cdots\cdots$ 등과 같은 수를 분수라고 합니다.

그림 6-4. 분수에 대한 외연적 정의

- 5를 1배, 2배, 3배, 4배, … 한 수 5, 10, 15, 20, …을 5의 배수라고 합니다.
- 6을 1, 2, 3, 6으로 나누면 나누어떨어집니다.
  이 때, 1, 2, 3, 6을 6의 약수라고 합니다.

그림 6-5. 약수와 배수에 대한 정의

③ 동의적 정의

개념과 유사한 동의어同義語를 사용하여 정의하는 것을 동의적 정의라고 한다. 어린 아이가 엄마에게 “삼각형이 뭐에요?”라고 물어왔을 때, 엄마는 ‘그건 세모와 같은 말이야“라고 말해준다. 엄마는 동의어인 세모를 사용하여 삼각형을 정의한 것으로 볼 수 있다.

초등학교 수학 교과서에서 동의적 방법을 사용한 정의를 찾아 볼 수 있다. 예를 들어, 다음에 등장하는 ‘상자 모양’, ‘둥근 기둥 모양’, ‘공 모양’ 등은 각각 직육면체, 원기둥, 구의 동의어로 채택된 것으로 볼 수 있다. 같은 식으로 초등학교에서는 ‘네모’, ‘세모’, ‘동그라미’라는 용어를 사용하여 사각형, 삼각형, 원을 지도하기도 하는데 이 역시 동의적 방법이라고 볼 수 있다.

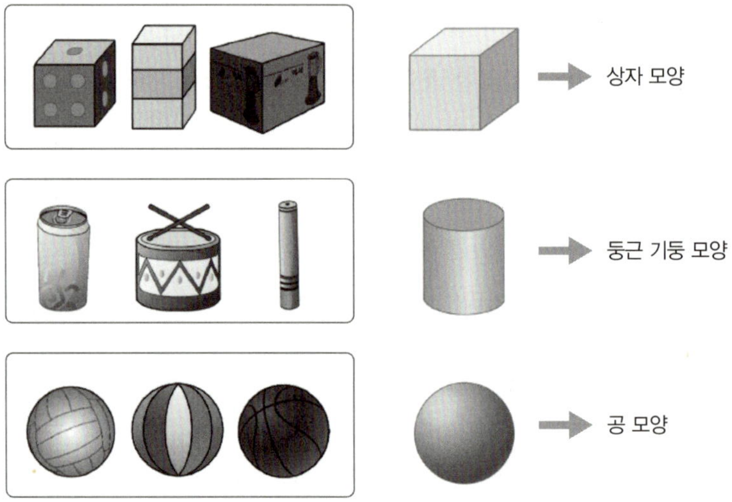

그림 6-6. 직육면체, 원기둥, 구에 대한 동의적 정의

초등학교 교과서에 등장하는 정의는 내포적 방법, 외연적 방법, 동의적 방법 등을 모두 보여주고 있다. 엄밀함에 초점을 두게 되는 학문의 세계에서는 내포적 방법을 선호하게 되지만, 아이들을 대상으로 하는 초등학교 수학 교과서는 학문의 세계와는 다르기 때문에 상대적으로 외연적, 동의적 방법이 자주 사용되고 있다.

외연적, 동의적 방법은 아이들이 용어의 뜻을 쉽게, 그리고 인지적, 심리적으로 부담을 덜 느끼면서 용어의 뜻을 받아들일 수 있다는 점에서 장점을 갖는다. 하지만 예나 비슷한 용어를 사용하는 것으로 인해 개념 이해 과정에서 일어날 수 있는 어려움도 간과해서는 안 될 것이다. 예컨대, 3학년에서 소수를 그림 6-7과 같이 예를 들어 정의하고 있다. 이 장면에서 '4.3, 1.03도 소수일까?'라는 질문을 대하게 되면, '0.몇'이 아니기 때문에 소수가 아니라고 생각할 수도 있다. 용어의 예나 동의어는 뜻을 분명히 전달하는데 한계가 있다는 점을 감안하여 적절히 사용해야 한다.

- 0.1, 0.2, 0.3, …과 같은 수를 소수라고 합니다.

그림 6-7. 소수에 대한 외연적 정의

ACTIVITY Q 토의문제 4

• 초등학교 3학년에서 원의 중심과 원의 반지름을 다음과 같이 정의하는 것을 볼 수 있다. 이 정의를 논리적 정의, 외연적 정의, 동의적 정의 등의 관점과 아이들 이해의 측면에서 논하시오.

> 원을 그릴 때에 누름 못이 꽂혔던 점 ㅇ을 원의 중심이라 하고, 원의 중심 ㅇ과 원 위의 한 점을 이은 거리를 원의 반지름이라고 합니다.

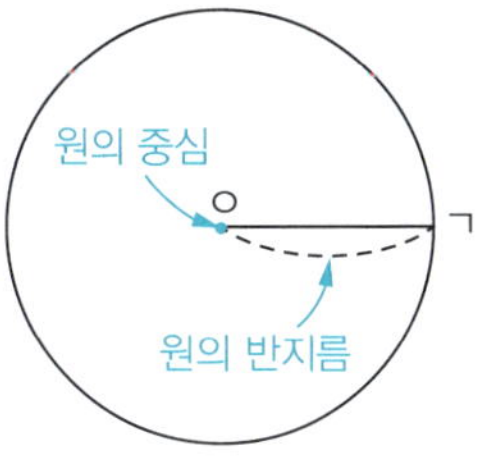

(3) 개념과 예

내포적 정의 또는 논리적 정의 등과 같이 언어적 설명으로 개념을 설명하게 되면 어린 초등학교 아이들은 이해하는데 어려움을 느낀다. 그래서 구체적인 예를 시각적인 형태로 개념 지도에 자주 이용하게 된다. 예가 개념 지도에 어떻게 사용될 수 있으며, 아이들의 이해에 어떤 영향을 미칠 수 있는지 살펴보자.

개념은 내포로 설명된다. 어떤 개념의 내포를 지닌 대상을 정례example라고 하고 그 개념의 내포를 지니지 않은 대상을 반례nonexample라고 한다. 개념이 제대로 형성되려면 정례와 반례를 모두 다양하게 체험해야 한다. 정례와 반례를 모두 포괄하여 범례라고 한다김수미, 2005. 그림 6-8은 '정삼각형' 개념을 가르치는데 제시된 것이다. 여기서 (가)는 정삼각형의 정례이며, 나머지는 모두 반례이다. (가)부터 (마)까지는 범례라고 부를 수 있다.

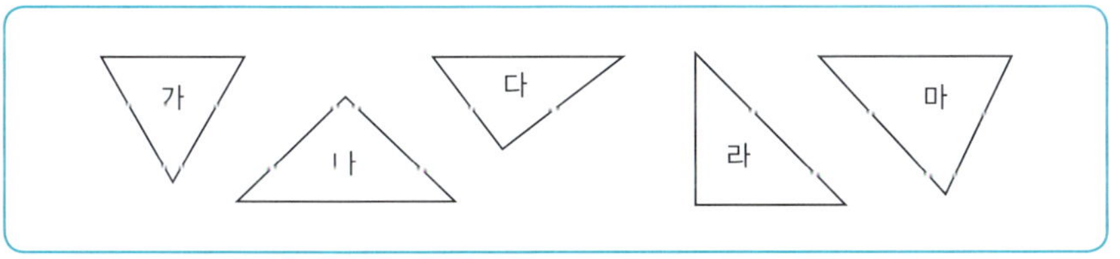

그림 6-8. 정삼각형 개념의 정례와 반례(출처: 2009 개정 교과서)

개념을 가르칠 때 범례를 제시하는 방식은 크게 세 가지로 구분될 수 있다. 첫째, 정례 하나를 보여주고 이어서 반례를 하나 보여주는 방식이다. 두 번째,

정례를 두 개 이상 모아 보여주고 이어서 반례를 두 개 이상 모아 보여주는 것이다. 세 번째, 정례와 반례를 여러 개 동시에 보여주는 것이다. 이 중에서 어느 것이 개념 지도에 효과적인지는 불분명하다. 다만, 정례만 또는 반례만 보여주는 경우보다 정례와 반례를 모두 사용하는 것이 개념 지도에 효과적이라는 것은 분명하다.

(4) 개념 정의(concept definition)와 개념 이미지(concept image)

어떤 개념을 알고 있다고 하더라도 그 개념의 다양한 측면 중에서 일부만을 이해하고 있거나 자신만의 개념으로 이해하고 있기 쉽다. 학교수학에서 배우는 개념들에 대해 아이들도 그런 경향을 나타내며, 초등학교 아이들은 아직 형식적이고 전문적인 사고에 익숙하지 않기 때문에 그러한 경향이 더욱 두드러진다.

개념정의와 개념이미지라는 용어는 학생들이 수학학습에서 일으키는 오류를 바라는 보는 틀로 Vinner가 제안한 것이다. 개념정의concept definition는 개념을 설명하는 언어적 정의를 가리킨다. 반면에 개념이미지concept image는 개념과 관련되어 사람의 정신이나 마음속에 있는 것 전체를 가리킨다.

그림 6-9와 같이 평행사변형을 찾는 문제에서 초등학교 4학년 아이가 ④번에 답을 체크했다고 하자. 정확한 답은 ①, ②, ③, ④번으로 이 아이는 정답을 맞힌 것이 아니다. 한편 '그렇게 생각한 이유'로는 '변이 모두 평행이니까'라고 서술했다고 하자. 아이가 초등학생이라는 점을 감안할 때, 이는 평행사변형의 정의인 '마주 보는 두 쌍의 변이 모두 평행'에 상당히 가까운 서술로 볼 수 있다. 이런 오류에 개념정의와 개념이미지를 적용해 보면, 개념정의는 상당히 제대로 알고 있지만, 평행사변형의 개념이미지가 □모양으로 한정되어 있는 것이다.

다음 사각형에서 평행사변형을 찾아 보세요.

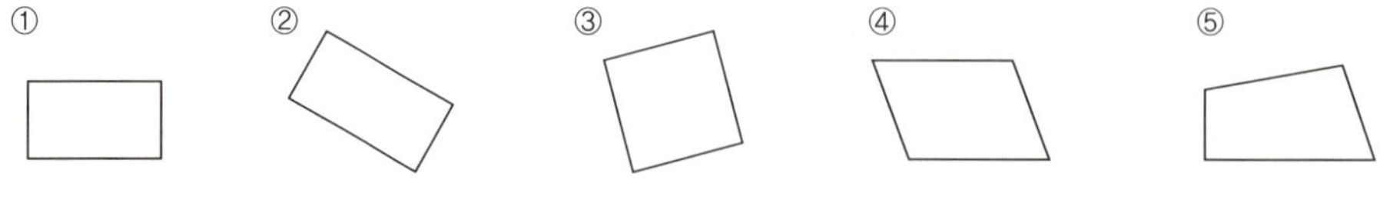

그렇게 생각한 이유는?

그림 6-9. 도형 영역의 오류 유형과 원인 분석에 관한 연구(노영아, 2007)

어떤 문제 상황인지과제이 주어졌을 때, 가장 이상적인 것은 개념정의와 개념이미지가 상호작용하는 가운데 결론을 이끌어내는 것이다(그림 6-10). 그 경우에 합리적이며 지적인 행동이 나올 수 있다. 한편 순수한 형식적 연역에 익숙한 수학자들은 개념이미지에 영향을 받지 않고 개념정의만으로 결론을 도출할 수 있는데, 이 역시 합리적인 결론이 될 수 있다(그림 6-11).

이에 대해 아이들이나 형식적 사고에 익숙하지 않은 사람들은 인지과제가 주어졌을 때 개념정의는 전혀 작동하지 않고 개념이미지만으로 결론을 이끌어낼 수 있다. 그 경우에는 각종 오류가 나타날 수 있다(그림 6-12). 그림 6-13에서 아이가 보인 사례가 이에 해당한다. 평행사변형에 대한 개념이미지로 그림 6-9의 ④번이 강화된 것이다. 수업이나 교과서에서 ④번의 이미지로 평행사변형을 자주 접했기 때문에 그런 생각이 강하게 남게 된 것이다. 이로부터 개념정의와 개념이미지가 불일치할 수 있음을 알 수 있다. 따라서 개념정의와 개념이미지가 조화롭게 상호작용할 수 있도록 개념 지도가 이루어져야 한다.

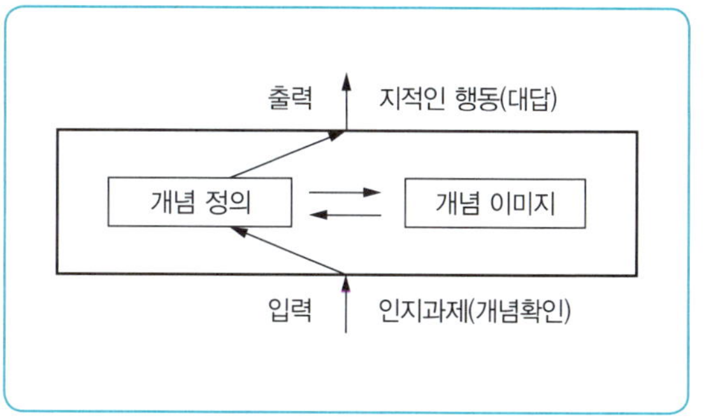

그림 6-10. 정의와 이미지의 상호작용

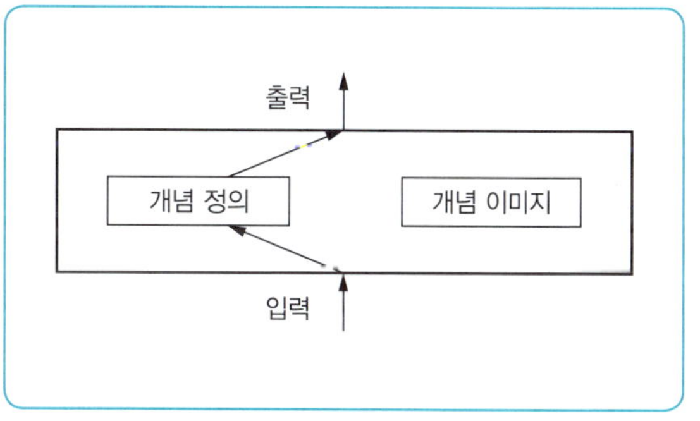

그림 6-11. 순수한 형식적 연역

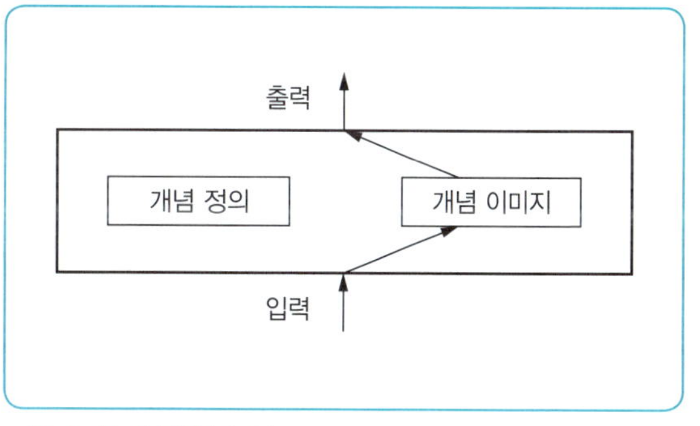

그림 6-12. 직관적 사고

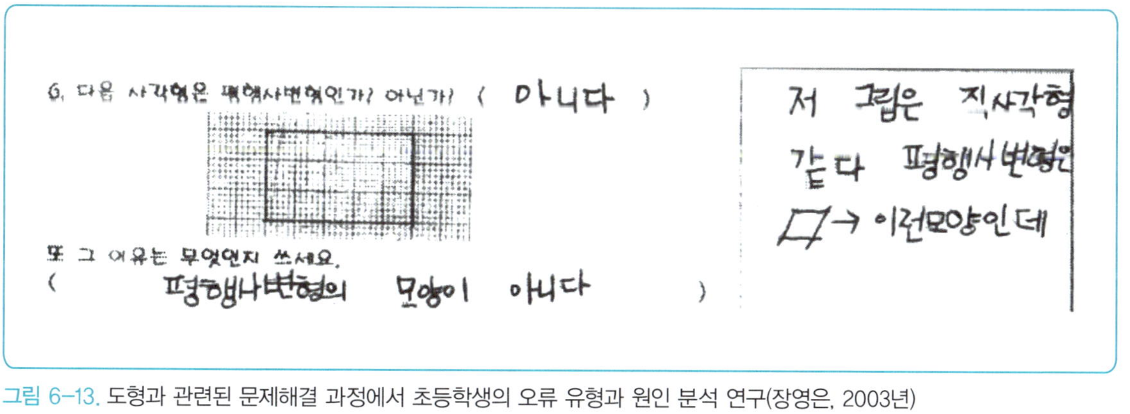

그림 6-13. 도형과 관련된 문제해결 과정에서 초등학생의 오류 유형과 원인 분석 연구(장영은, 2003년)

2 알고리즘의 지도

사칙계산은 초등학교 수학에서 등장하는 알고리즘의 대표이다. 사칙계산을 가르칠 때 계산 방법과 그 안에 들어 있는 원리를 어떻게 다룰 것인지가 교육적으로 주된 관심사이다. 다음은 (두 자리 수)×(한 자리 수)의 곱셈으로, 그림 6-14는 계산 방법에, 그림 6-15는 원리의 설명에 각각 좀 더 주목하고 있는 모습이다.

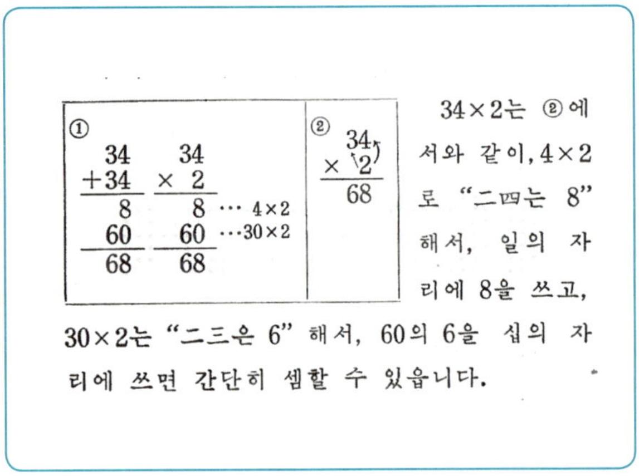

① 34 + 34 = 8, 60, 68 / 34 × 2 = 8 … 4×2, 60 …30×2, 68

② 34 × 2 = 68

34×2는 ②에서와 같이, 4×2로 "二四는 8" 해서, 일의 자리에 8을 쓰고, 30×2는 "二三은 6" 해서, 60의 6을 십의 자리에 쓰면 간단히 셈할 수 있습니다.

그림 6-14. 1차 교과서 4-1학기
(두 자리 수)×(한 자리 수)

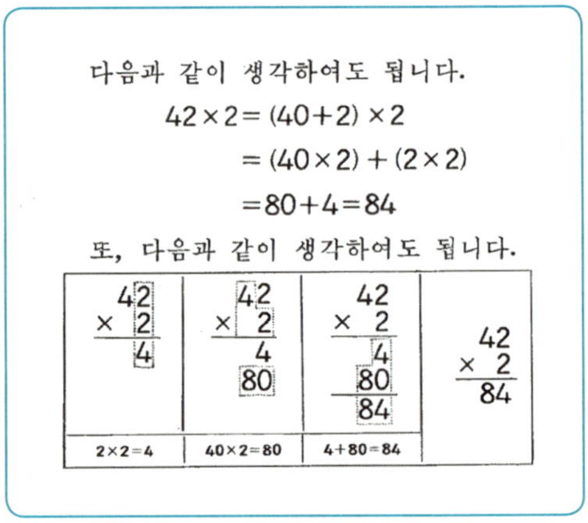

다음과 같이 생각하여도 됩니다.

$$42\times2=(40+2)\times2$$
$$=(40\times2)+(2\times2)$$
$$=80+4=84$$

또, 다음과 같이 생각하여도 됩니다.

42 × 2 = 4	42 × 2 = 4, 80	42 × 2 = 4, 80, 84	42 × 2 = 84
2×2=4	40×2=80	4+80=84	

그림 6-15. 3차 교과서 3-1학기
(두 자리 수)×(한 자리 수)

(1) 알고리즘의 의미

오늘날 알고리즘은 널리 사용되는 말이다. '병을 진단하는 인공지능 알고리즘', '주행 중인 차 사이에 통신 알고리즘' 등이 예가 될 수 있을 것이다. 알고리즘의 뜻은 '어떤 문제의 해결을 위하여 입력된 자료를 토대로 원하는 출력을 유도하여 내는 규칙의 집합'이다. 이 알고리즘이라는 말의 뿌리는 수학, 특히 자연수의 덧셈, 뺄셈과 연관이 있다.

그림 6-16. 알 콰리즈미 동상(우즈베키스탄의 히바)

아부 압둘라 무함마드 이븐 무사 알 콰리즈미Muḥammad ibn Mūsā al-Khwārizmī, 780년?~850년?는 페르시아의 수학자였다. 그는 '인도 계산에 따른 덧셈과 뺄셈'이라는 책을 썼다. 이 책은 인도의 수 체계를 이슬람 세계에 알리고 이후

기독교 세계인 유럽에 십진법 수 체계를 확산시키는데 크게 기여했다. 당시 그의 이름 '알 콰리즈미al-Khwārizmī'는 라틴어로 'Algoritmi' 또는 'Algorismi'로 번역되었는데 이것이 알고리즘algorithm의 뿌리가 되었다. 알고리즘의 원형이 자연수의 덧셈 또는 뺄셈 알고리즘임을 알 수 있다.

자연수 덧셈 알고리즘

문제: 245+328을 계산하시오.

① 245와 378을 자릿값을 맞추어 세로로 나란히 쓴다.

② 일의 자릿수끼리 더한다.

③ 일의 자릿수를 더한 값이 십을 넘어 십의 자릿수 위에 1이라고 쓴다.

④ 십의 자릿수끼리 더하고 1도 마저 더한다.

⑤ 백의 자릿수끼리 더한다.

ACTIVITY Q 토의문제 5

• 자연수의 곱셈 중 (두 자리 수)×(두 자리 수)의 곱에 들어 있는 알고리즘을 추출해 보시오.

(2) 초등학교 수학에서 알고리즘의 교육적 가치

초등학교 수학에서 알고리즘이라고 하면 단연 사칙계산이라고 할 수 있다. 다각형의 넓이를 구하는 알고리즘이나 평균을 구하는 알고리즘 등도 있다. 그러나 자연수, 분수, 소수 각각의 사칙계산을 합하면 그 종류만 해도 12가지이고 다시 그 안에서 더 세분화되기 때문에 그 양이 매우 많다. 실제로 초등학교 수학 내용 중에서 사칙계산은 절반 이상을 차지한다.

사칙계산은 실용적인 측면에서 중요하다. 오늘날 수학이라는 거대한 학문 세계는 실용적인 '계산술計算術'에서 출발하였다. 계산술을 바탕으로 수학의 분야가 세워졌다는 점에서 볼 때 초등학교 시기에 계산 능력을 키워주는 것은 필수라고 볼 수 있다. 계산술은 수학에 강력한 힘을 주는 동시에 개념적 깊이를 더해 주는 기술적 수단이기도 하다.

루소의 자연주의 교육이론을 실천한 교육자 페스탈로치1746~1827는 도야적

사칙계산	하위 알고리즘
덧셈	(몇)+(몇) < 10, (몇)+(몇) = 10, (몇십)+(몇), (몇십몇)+(몇), (몇십몇)+(몇십몇), (몇)+(몇) > 10, (몇십몇)+(몇), (몇십몇)+(몇십몇), (몇백)+(몇백), (몇백몇십)+(몇백몇십), (몇백몇십몇)+(몇백몇십몇), (몇백몇십몇)+(몇십몇, 몇백몇십몇), (몇백몇십몇)+(몇백몇십몇) > 10000
뺄셈	(몇)−(몇) > 0, 10−(몇) = (몇), (몇십몇)−(몇), (몇십몇)−(몇십몇), (십몇)−(몇) < 10, (몇십몇)−(몇), (몇십몇)−(몇십몇), (몇백)−(몇백), (몇백몇십)−(몇백몇십), (몇백몇십몇)−(몇백몇십몇), (몇백몇십몇)−(몇십몇, 몇백몇십몇), (몇백몇십몇)−(몇백몇십몇)
곱셈	(몇십)×(몇), (몇십몇)×(몇) < (세 자리 수), (몇십몇)×(몇) > (세 자리 수), (몇십몇)×(몇), (몇백몇십몇)×(몇), (몇백몇십몇)×(몇), (몇십)×(몇십), (몇십몇)×(몇십), (몇십몇)×(몇십몇), (몇, 몇십, 몇백)×(백, 천, 만), (몇십몇, 몇백)×(몇백, 몇천), (몇백몇십몇)×(몇십몇) (몇천몇백몇십몇)×(몇십몇), 세 수의 곱셈
나눗셈	(몇십)÷(몇), (몇십몇)÷(몇), (몇십몇)÷(몇), (몇십몇)÷(몇), 160÷20, 90÷30, 175÷20, 56÷14, 87÷17, 272÷34, 159÷38, 647÷25, 341÷24

표 6-1. 우리나라 초등학교 수학에서 다루어지는 자연수 사칙계산의 종류

인 측면에서 계산 능력이 갖는 가치를 높이 평가하였다. '세는 일과 계산하는 일은 머리의 모든 질서의 근본이다'와 '계산 정신과 진리 감각을 분리하는 사람은 신이 맺어주신 것을 분리하는 사람이다'라는 두 말에 압축적으로 드러난다.

계산법은 인류와 함께 발달하면서 전해져 온 소중한 문화유산이다. 인도-아라비아의 수 체계에 기초한 자연수의 사칙계만 하더라도 인도, 이슬람, 유럽 문명이 일군 문화유산이며 거의 천 년의 세월이 걸렸다. 계산법의 내용과 사용 능력을 계승하고 발전시키는 것은 인류의 영원한 과제일 것이다.

수학 문제의 해결에서 계산술과 같은 알고리즘은 여러 가지 강점을 갖는다. 첫째, 알고리즘은 쓸모가 있다. 어떤 문제에 대해 답을 보장하는 알고리즘을 알고 있는 사람은 그와 유사한 종류의 문제를 모두 해결할 수 있다. 둘째, 알고리즘은 정확한 답을 보증한다. 셋째, 알고리즘은 빠르고 간단하게 문제를 해결할 수 있도록 한다. 잘 고안된 알고리즘은 답에 이르는 빠른 길을 제시하므로 시간과 노력을 절약하도록 한다. 넷째, 알고리즘을 적용하여 나온 결과를 신뢰할 수 있다.

예를 들어, '키가 $\frac{3}{4}$ m인 A나무가 있다. 그 옆에 키가 $\frac{2}{5}$ m인 B나무가 있다. A나무는 B나무의 몇 배인가?'라는 문제가 있다고 하자. 이 문제의 답은 분수의 나눗셈 $\frac{3}{4} \div \frac{2}{5}$ 를 계산하면 나온다. 대부분 다음과 같이 계산할 것이다.

$$\frac{3}{4} \div \frac{2}{5} = \frac{3}{4} \times \frac{5}{2} = \frac{3 \times 5}{4 \times 2} = \frac{15}{8} = 1\frac{7}{8}$$

여기에 사용된 알고리즘을 뽑아보면 다음과 같다.

① $\frac{b}{a} \div \frac{d}{c} = \frac{b}{a} \times \frac{c}{d}$

② $\frac{b}{a} \times \frac{c}{d} = \frac{b \times c}{a \times d}$

③ 가분수를 대분수로 고치기

분수의 나눗셈에 관련된 위의 세 가지 알고리즘을 알고 있는 사람은 이 문제를 푸는데 유리하다. 또한 알고리즘이 틀림이 없다는 것이 이미 확인되었기 때문에 그 답이 정확하다는 것도 확신할 수 있다. 이 알고리즘을 모른 상태에서 이 문제를 푼다면 그 과정이 복잡하고 어려울 수 있다. 강력한 계산술인 알고리즘을 알고 있는 순간 이 문제는 간단하게 풀리며 그 결과로 나온 답 역시 신뢰할 수 있다.

(3) 초등 수학교육에서 알고리즘 지도의 방향

교육내용으로서 알고리즘을 바라보는 관점을 두 가지로 구분할 수 있다. 먼저 일종의 기술인 알고리즘에 대해 아이들이 무엇보다 그 기능을 충분히 연습하여 숙달해야 한다는 관점이다. 특히 사칙계산은 수학의 기본이기 때문에 신속, 정확, 자동화가 되어야 한다. 두 번째, 아이들이 알고리즘에 담겨 있는 원리나 그 절차의 의미를 이해해야 한다는 관점이다. 알고리즘의 연습과 숙달만 강조할 경우 아이들은 계산기計算器와 다를 바가 없다. 아이들이 생각하는 사람이 되도록 가르치는 것은 교육의 기본이다. 알고리즘의 기본 원리와 절차의 의미를 일깨워 사고하는 인간으로 키워야 한다는 것이다.

전통적으로 오랫동안 초등학교 아이들을 대상으로 알고리즘을 가르칠 때 첫 번째 관점, 즉 알고리즘의 연습과 숙달이 강조되어 왔다. 지도 방안도 그에 맞춰 대략 다음과 같은 패턴을 지녔다. 먼저 최종적으로 가르치고자 하는 알고리즘을 정한다. 둘째, 이 알고리즘으로 나아갈 수 있도록 단계를 세분화한다. 셋째, 세분화한 각 단계를 설명한다. 마지막으로, 각 단계마다 연습 문제를 충분히 풀어 계산 방법을 숙달한다. 이와 같은 패턴으로 지도함으로써 아이들은 특정 알고리즘을 숙달하게 되는데 그 근저에는 '암기'라는 공부법이 자리 잡기 쉽다.

이 방식에만 치중하여 알고리즘을 배우게 될 경우 아이들에게서 다음과 같은 문제점이 발생할 수 있다김성준 외, 2014. 먼저 아이들은 학교수학에서 가르치는 내용은 암기하는 것으로 충분하다는 생각을 갖게 할 수 있다. 둘째, 계산은 정확히 하지만 문제 상황이 달라지면 적용 능력이 떨어질 수 있다. 셋째, 수학은 생각할 필요가 없는 교과라는 신념을 갖게 할 수 있다. 넷째, 무엇이 중요하고 의미 있는 정보인지를 판단하는 능력을 키울 수 없다. 다섯째, 학교수학은 일정한 규칙만 따르면 되는 게임으로 받아들이고 현실과는 동떨어진 것으로 인식하게 한다. 여섯째, 암기에 의존하는 공부는, 망각에 대한 두려움 때문에, 불안감 등 학습장애를 일으킬 수 있다. 일곱째, 계산술에 치중하다 보면, 수학의 규칙, 아름다움 등 또 다른 면모를 파악하는데 어려움이 생길 수 있다.

숙달을 목적으로 한 알고리즘 지도에서 벗어나 알고리즘을 통한 사고력 교육, 알고리즘을 바탕으로 한 문제해결교육 등이 강조되면서 두 번째 관점인 알고리즘의 원리와 절차에 대한 이해가 부각되어 왔고 앞으로도 그 흐름은 유효할 것으로 보인다. 이를 위한 지도 방식으로, 알고리즘을 적용할 필요성이 담겨 있는 장면의 문제에서 시작할 것을 권고한다. 또한 특정 문제와 알고리즘을 곧장 일대일로 연결시키는 연습보다는, 같은 문제라도 알고리즘이 여러 가지가 있고 그 중에서 가장 효율적인 알고리즘을 선택하는 방식으로 접근한다. 이는 문제 장면에 따라 어떤 알고리즘이 가장 적절한지를 판단하는 능력에 좀 더 초점을 둔다.

지금까지 '알고리즘 실행'과 '알고리즘 이해'라고 요약될 수 있는 두 가지 관점에 대해 설명하였다. 이 두 관점은 저울의 양축에 비유될 수 있을 것이다. 알고리즘 실행 능력이 충분히 키워지지 못하면 이후의 학습에 중대한 장애가 될 수 있다. 알고리즘에 대한 이해를 간과할 경우 아이들은 수학을 통하여 사고하는 맛을 경험하지 못할 수 있다. 어느 한 쪽으로 기울기 보다는 두 관점 사이의 균형과 조화를 찾는 능력이 교사에게 필요한 이유이다.

(4) 알고리즘 지도 시 교사의 유의점

초등학교 수학에서 사칙계산과 같은 알고리즘을 지도할 때 교사가 미리 충분히 알아야 할 사항이 있다. 먼저 교사는 아이들이 일으키는 계산 오류를 이해하려고 노력하고 더불어 진단과 교정을 위한 노하우를 쌓아야 한다. 부루소 Brousseau는 오류를 '오개념의 결과로 발생하는 체계적인 실수'라고 보았다김수미, 2003. 오류를 일으키는 아이는 일정한 조건에서 잘못된 방법, 알고리즘, 규칙 등을 지속적으로 적용한다.

예를 들어, '394－157 ＝ 243'로 계산하는 아이들이 있다. 이런 계산이 어쩌다 한 번이 아니라 반복해서 나타난다면 이는 오류에 해당하다. 이 뺄셈은 일의 자리에서 뺄셈이 바로 안 되기 때문에 십의 자리에서 받아 내림을 해야 한다. 십의 자리에서 10을 빌려와 일의 자리의 값을 계산해야 하는 것이다. 그런데 아이는 매 자릿수에서 '큰 수에서 작은 수 빼기' 알고리즘을 적용하는 오류를 보인 것이다.

$$\begin{array}{r} 394 \\ -\ 157 \\ \hline 243 \end{array}$$

그림 6-17.

일단 아이가 오류를 보였을 때, 교사는 아이가 문제를 '틀렸다'는 것에만 초점을 맞추어서는 안 된다. 아이를 이해하는 것이 우선이기 때문에 '아이가 왜 이런 식으로 문제를 풀었을까?'라고 교사 스스로 질문을 가져야 한다. 위의 경우를 보면, '큰 수에서 작은 수 빼기' 알고리즘을 왜 적용했을까를 생각해 보아야 하는 것이다. 이전 계산에서 항상 빼기는 큰 수에서 작은 수를 빼기만 하였던 경험이 영향을 미쳤을 수 있다. 또한 세 자리 수 개념이나 자릿값 개념이 완전히 형성되지 못하였을 수 있다.

오류는 아이가 가지고 있는 오개념misconception에 기인한 경우들이 많다. 오개념이 만들어지게 된 배경에는 교과서의 체계, 교사의 설명, 이전의 학습 경험 등 아이의 지적 능력 이외의 요소들이 작용할 수 있다. 부루소는 오류가 발생하는 원인을 다음 네 가지로 분류하였다. 첫째, 오류는 종종 수학의 기본적인 개념에 관한 오개념의 결과이다. 둘째, 때로는 교사에 의한 체계적인 지도과정이 부족하여 일어난다. 셋째, 학생들이 결함이 있는 절차를 사용하고 교사에 의해 오개념을 갖게 됨으로써 발생하기 쉽다. 넷째, 학생들은 종종 문제해결을 위해 자신의 독창적이고 비형식적인 방법을 창안하는데, 이것들은 더욱 일반적인 문제 형태의 특별한 경우에 기초한 귀납적인 추론 과정의 결과이며, 그런 방법들이 때로는 심각한 오류를 일으킨다.

아이들의 오개념과 오류를 접했을 때 교사는 아이를 둘러싸고 있는 학습 환경을 주의 깊게 살펴보고 되짚어 볼 필요가 있다. 그리고 무엇보다 교사에게 필요한 것은, '아이가 오답을 하는 것은, 그가 생각하고 있다는 증거이며 지적인 존재임을 말하는 것이다콘스탄스 카미(박영훈, 2015)'라고 바라보는 여유이다.

다음으로, 교사는 형식화가 지나치게 강조되기 쉽다는 점을 주의해야 한다. 알고리즘은 문제의 답을 이끌어내는데 강력한 힘을 지니고 있다. 그러한 유용성으로 인하여, 굳이 알고리즘을 적용하지 않아도 풀 수 있는 간단한 계산이나 암산 문제를 풀 때조차도 부지불식간에 그 알고리즘을 적용하게 된다. 다음 비례식 문제를 보자.

$$2:3 = \square:12$$

에서 □의 값을 구하는 문제이다. 이 문제를 풀 때 '비례식의 성질', 즉 외항의 곱은 내항의 곱과 같다라는 성질을 사용하여, $2\times12 = 3\times\square$, $24 = 3\times\square$, $\square = 8$이라고 답을 구한다. 그런데 이 문제는 3이 12로 4배가 되었기 때문에 2도 역시 4배를 하면 쉽게 8이라는 답을 구할 수 있다. '비례식의 성질'이 알고리즘으로 강력하게 작동하여 간단한 문제를 오히려 어렵게 구한 것이다.

또한 아이들이 이해에 어려움을 겪는 것으로 보이고 답을 구하는데 있어 번거로움이 있는 경우 알고리즘을 통한 형식화가 서둘러 이루어지는 경우도 있다. 처음 학습할 때 아이들은 왜 그렇게 계산하면 정확한 답이 나오는지에 대해 궁금해 하지만 여러 알고리즘을 학습하면서 그 알고리즘을 암기만 하려하고 관계적 이해를 할 필요성을 느끼지 않게 될 수 있다.

예를 들어, 초등학교 3학년에서 보통 '8의 $\frac{3}{4}$'과 같이 'a의 $\frac{c}{b}$'와 같은 내용을 다룬다. 이는 분수 개념을 지도하는 것이 목표이기 때문에 구체적인 지도 방식은 다음과 같다.

① $\frac{3}{4}$이 나오려면 8개를 몇 개씩 묶어야 합니까? **답** 2개입니다.

② 2개씩 공 8개를 묶어봅시다.

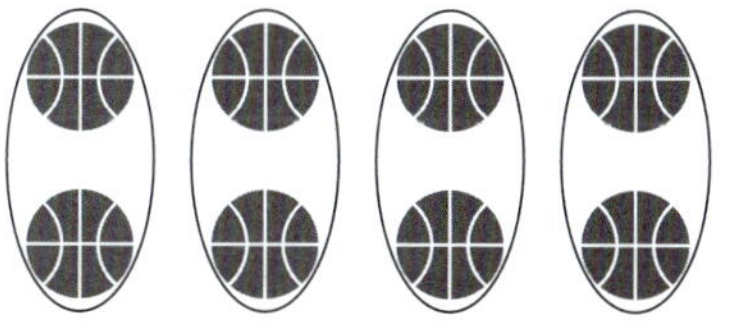

③ 8의 $\frac{3}{4}$은 얼마입니까? **답** $\frac{1}{4}$이 2개이고, 따라서 $\frac{3}{4}$은 6개입니다.

위와 같이 지도할 경우 아이들이 어려워하는 부분이 ①이다. 이전까지 배운 내용에서는 '특정 수치만큼씩 묶으시오'라는 말이 대부분이었는데, 갑자기 '몇 개씩 묶어야 할까?'라는 질문을 던지고 있기 때문이다. 아이들은 '8개를 몇 개씩 묶어야 4묶음이 나올까?'라는 생각을 떠올릴 수 있어야 한다. 수학적으로 보면, 8÷4를 해야 한다.

사실 이 문제는 '8의 $\frac{3}{4}$'은 8÷4×3으로 풀 수 있다. 교사는 'a의 $\frac{c}{b}$ = $a \div b \times c$'라는 '형식화'를 통해 아이들이 갖는 이해의 어려움, 자신이 해야 할 설명과 노력도 덜고 싶은 생각이 들 수 있다. 분수 개념에 대한 이해를 목표로 해야 할 수업이 알고리즘 숙달 수업으로 대치되어 버리는 것이다.

비유컨대, 알고리즘은 음식의 단맛과 같다. 일찌감치 단맛에 길들여진 아이들은 먹거리가 저마다 가지고 있는 맛을 느끼는데 어려움을 느낀다. 비슷하게, 어린 시절부터 수학공부에서 알고리즘이나 공식이 갖는 마력에 빠진 아이들은 스스로 다양하게 생각하는 힘을 갖지 못할 수 있다. 교사의 적절한 조절과 안내가 필요한 대목이다.

ACTIVITY Q 토의문제 6

• 다음의 계산에 대해 오류를 지적하고 그 원인을 분석해 보시오.

$$\begin{array}{r} 176 \\ +\ 125 \\ \hline 291 \end{array} \qquad \begin{array}{r} 534 \\ +\ 373 \\ \hline 8107 \end{array} \qquad \begin{array}{r} 36 \\ +\ 27 \\ \hline 18 \end{array}$$

[참고문헌]

김남희(1997). Vinner이론에 따른 의사 개념적 행동과 의사 분석적 행동에 관한 소고. 수학교육학연구, 7권 2호, 337-348.

김성준, 김수환, 신준식, 이대현, 이종영, 임문규, 정은실, 최창우(2014). 초등수학교육론: 2009교육과정 중심으로. 동명사

김수미, 정은숙(2005). 범례 제시를 통한 도형 개념 지도 방안. 수학교육학연구, 15권 4호, 401-417.

김수미(2003). 수학과 오류의 진단과 처방에 관한 교사용 자료 개발 연구. 학교수학, 5권 2호, 209-221.

노영아(2007). 도형 영역의 오류 유형과 원인 분석에 관한 연구: 초등학교 4학년을 중심으로. 광주교육대학교 교육대학원 석사학위논문.

박영훈(2015). 당신의 아이가 수학을 못하는 진짜 이유. 동녘.

장영은(2003). 도형과 관련된 문제해결과정에서 초등학생의 오류 유형과 원인 분석 연구. 전주교육대학교 교육대학원 석사학위논문.

조영미(2002). 학교수학에 제시된 정의에 관한 연구. 서울대학교 대학원 박사학위논문.

제7장 | 수학적 문제해결의 지도

수학적 문제해결은 단순히 계산을 수행하는 것 이상을 말한다. 수학교육에서 모든 학생에게 문제해결을 강조하는 것은 학교 수학이 추구할 목표와 방향을 제기한다. 수학적 문제해결 과정은 유일한 답을 찾아서 주어진 방법을 따르는 획일적인 과정이 아니다. 다양한 문제해결 전략과 다른 풀이방법을 모색하고 비교하면서 수학을 행하고 만들어가는 과정이다.

이 장에서는 먼저 수학교육 흐름 및 우리나라 수학교육과정에서 문제해결이 어떻게 대두되어 왔는가를 통하여 문제해결이 강조되는 배경을 알아보고, 문제해결 수학수업을 보는 세 가지 관점을 통하여 문제해결의 강조점을 살펴보기로 한다. 둘째로, Polya의 문제해결 과정을 통하여 문제해결 단계에서 가능한 활동과 질문을 알아본다. 셋째로, 학생들이 수학 문제를 해결하면서 활용할 수 있는 여러 가지 문제해결 전략을 찾아본다. 끝으로 문제해결을 넘어서서 주어진 문제를 바꾸어보는 문제 설정에 대하여 알아보기로 한다.

1 수학적 문제해결의 중요성

(1) 수학교육에서 문제해결의 강조

인류는 오랫동안 수학을 가르치고 배워왔으며 그 과정에서 문제해결problem solving은 꾸준한 관심사였다. 수학교육에서 문제해결이 본격적으로 제기된 것은 1980년 미국수학교사협의회National Council of Teachers of Mathematics: NCTM의 〈1980년대 학교수학을 위한 권고안An agenda for action: Recommendations for school mathematics of the 1980's〉이다. NCTM의 연차대회에서 이 권고안을 발표하면서 '1980년대 학교수학의 중점을 문제해결에 두어야 한다'고 강조하였다.

이 주장의 이전 시기와 관련하여 살펴본다면, 1950~60년대 '새수학New Math'운동 시기는 수학의 구조를 강조하면서 현대수학의 내용을 학교수학에 도입하여 학문수학과 학교수학의 격차를 줄이고자 하였다. 1970년대에 들어서면서 새수학운동이 오히려 학생들의 학력 저하를 초래하였다는 비판이 대두되었고 '기본으로 돌아가자back to basics'는 주장이 제기되었다. 그러나 기본으로 돌아가자는 운동은 수학학습의 기본을 연산 기능에 한정함으로써 학생들에게 문제해결이나 추론할 기회를 거의 주지 못하였을 뿐만 아니라 기본적인 기능도 뚜렷하게 신장되지 않았다English & Halford, 2003, p.339. 기본으로 돌아가자 운동이 학교수학의 강조점을 주로 기본 계산 기능의 측면에 강조점을 두고 있었다면, 이를 비판하면서 1980년대 문제해결력 시기는 학교수학에서 가르쳐야 할 것은 기본적인 연산 기능 이상이며 문제해결력에 중심을 두어야 한다고 주장하는 것이다. 문제해결의 강조는 수학과 학교수학은 무엇이고 왜 가르쳐야 하는지에 대한 견해를 드러내고 있다.

문제해결은 수학과교육과정에서 주요한 측면으로 인식되고 있으며, 문제해결 전략, 문제해결 수업을 위한 활동 및 평가 안내가 폭넓게 개발되어왔다. 여러 가지 자료들이 문제 해결 수업을 지원하고 도움을 주고 있으며 또 한편으로는 문제해결의 목표나 방향에 대한 논의가 계속되고 있다. NCTM2000의 〈학교수학의 원리와 규준Principles and Standards for School Mathematics〉에서 수학적 과정 규준으로서 문제해결, 추론과 증명, 의사소통, 연결성, 표현을 설정하였다. 문제해결은 모든 수학 학습에서 핵심적인 부분이라고 강조하면서, 전 학년의 수학수업에서 문제해결은 다음을 추구한다고 밝히고 있다.

- 문제해결을 통하여 새로운 수학적 지식을 만들 수 있다.
- 수학이나 다른 그 밖의 상황에서 나타나는 문제를 해결할 수 있다.
- 문제를 해결하기 위하여 여러 가지 적절한 전략을 적용하고 채택할 수 있다.
- 수학적 문제해결 과정을 점검하고 반성할 수 있다. NCTM, 2000

학교수학에서 문제해결은 모든 학생을 위한 것으로서, 모든 학생이 문제에

몰두하고 문제해결 할 수 있어야 한다. 수학적인 아이디어를 학습하고 적용할 기회를 제공하기 위하여 문제해결은 수학과교육과정 전반에 걸쳐서 다루어져야 한다. 문제해결은 수학 학습의 목표이면서 동시에 수학 학습의 주요한 수단이 될 수 있다. 추론, 의사소통, 연결성, 표현 등과 같은 다른 수학적 과정과 유기적으로 관련되어서 수학적 과정을 가능하게 하는 수단이 되기도 한다. 수학의 힘과 유용성을 경험할 수 있으며 탐구와 응용에서도 중요하다. 학생들이 폭넓은 문제를 경험하고 다양한 전략을 활용할 기회를 갖을 수 있도록 해야 한다.NCTM, 2000

(2) 우리나라 수학과 교육과정에서 문제해결

우리나라 수학교육에서 문제해결은 지속적으로 큰 관심사였지만 그 강조점은 시기마다 변화해 왔다. 수학과 교육과정의 흐름을 따라서 문제해결이 어떻게 강조되어 왔는지 알아보면서 문제해결이 추구해 온 변화를 살펴보자.

수학과 교육과정에서 문제해결을 명시하였던 것은 제4차 교육과정이었다. 제4차 교육과정의 교과목표에서 '~일상생활의 여러 가지 문제를 합리적으로 해결할 수 있는 능력과 태도를 기른다'고 문제해결을 명시하였다. 제4차 수학과산수과 교육과정에 따른 교과서에서는 '여러 가지 문제' 단원이 추가되면서 문제 해결을 지도하고자 하였다. 이때의 여러 가지 문제 단원은 앞서 배운 개념을 응용한다는 취지에서 구성되었다.

제5차 교육과정은 '지도 및 평가상의 유의점' 항목에서 문제해결을 언급하였다. '지도' 항목에서는 '다양한 전략을 학생 스스로 세우고 각 영역에서 제시되는 여러 형태의 문제에서 지도되어야 한다'고 하였고, '평가' 항목에서는 '문제해결력에 대한 평가는 결과뿐만 아니라 문제의 이해 능력과 문제를 해결하기 위한 사고 능력을 교사와 학생 간의 질의 응답, 면담, 관찰 등의 다양한 방법을 통하여 평가될 수 있도록 하여야 한다'고 명시하였다. 문제해결을 목표의 수준만이 아니라 수업에서 지도하는 방법과 평가에 대하여 구체적으로 밝히고 있다.

제6차 교육과정은 '관계' 영역 중에 문제해결을 포함하고, '식 만들기', '단순화하기' 등의 구체적인 문제해결 전략을 학년별 내용에 추가하여 강조하였다. 제6차 교육과정에 따른 수학 교과서는 '여러 가지 문제' 단원을 각 학년에 두 단원으로 설정하고, 한 단원은 문제해결전략을 중심으로 또 한 단원은 사고력 중심의 응용문제 중심으로 차별화하여 구성하였다.

제7차 교육과정은 관계 영역을 '확률과 통계', '문자와 식', '규칙성과 함수' 영역으로 세분하였고, 이 중 '문자와 식' 영역에 문제해결을 포함하였다. '실제로 해보기', '그림그리기', '식 만들기', '규칙찾기', '거꾸로 풀기', '표만들기', '예상과 확인', '단순화하기', '논리적 추론' 등의 여러 가지 문제해결전략을 명시하였다. '문제에서 필요 없는 정보나 부족한 정보 찾기', '문제해결의 타당성 검토하기', '문제의 조건을 바꾸어 새로운 문제 만들기' 등의 문제 해결 활동을 명시하였다.

2007 개정 수학과 교육과정에서는 초등학교급에서 '문자와 식' 영역과 '규칙성과 함수' 영역을 묶어서 '규칙성과 문제해결' 영역으로 재편하면서 문제해결은 '규칙성과 문제해결' 영역에 포함되었다. 문제해결을 전 영역에서 지속적으로 지도해야 하고, 문제 해결의 결과뿐만 아니라 문제 해결 방법과 과정, 문제를 만들어 보는 활동도 중시해야 한다고 밝히고 있다. 2009 개정 수학과 교육과정에서는 '수학적 과정'으로서 수학적 추론, 수학적 문제해결, 수학적 의사소통을 강조하였다. 문제해결은 하나의 내용 영역에 속하는 것이 아니라 전 영역으로 확대되어야 한다는 점에서 영역명에서 삭제되었고 모든 내용영역에서 문제해결을 다루어야 한다고 말한다. 2015 개정 수학과 교육과정에서는 6개의 교과역량을 설정하면서 그 중 하나로서 문제해결을 강조하고 있다. 교과역량으로서 문제해결은 '해결 방법을 알고 있지 않은 문제 상황에서 수학의 지식과 기능을 활용하여 해결 전략을 탐색하고 최적의 해결 방안을 선택하여 주어진 문제를 해결하는 능력'이라고 제시하였다. 우리나라 수학과 교육과정의 흐름을 따라 살펴본 바와 같이, 문제해결은 수학교육의 주요 목표로서 설정되어 왔으며 수학과 교육 내용, 교수 방법 및 평가의 측면에서 지속적으로 강조하고 구체적인 방안들을 모색하여 왔다.

ACTIVITY Q 토의문제 1

- 우리나라 수학과교육과정의 변화에 따라 문제해결의 강조점이 어떻게 변화해 왔는지 수학과 교과서에 나타난 문제해결을 찾아서 비교해 보자.

(3) 수학적 문제해결 수업을 보는 관점

Schroeder & Lester 1989는 문제해결 수업에서 나타나는 접근법으로서 '문제해결에 대한 수업teaching about problem solving', '문제해결을 위한 수업teaching for problem solving', '문제해결을 통한 수업teaching via problem solving' 등의 세 가지를 제시하였다. 개인이나 집단이 학교수학에서 문제해결을 추구하는 의의에 차이가 있다고 말한다.

첫째로, '문제해결에 대한 수업'이라는 접근은 주어진 문제를 해결하기 위한 전략에 중점을 둔다. 주로 교사는 Polya의 문제해결의 과정에서 제시된 4단계에 초점을 맞추고 문제 이해, 계획, 실행, 반성을 중심으로 학생에게 이 단계들을 직접적으로 지도하고자 한다. 문제를 해결할 때 문제해결자가 이 단계들을 활용하도록 하고 규칙찾기, 표만들기, 단순화하기 등과 같은 문제해결전략을 지도하기도 한다. 즉, 문제해결 단계를 따라 여러 가지 문제해결전략들을 학습하는 과정에 중점을 둔다. 둘째로, '문제해결을 위한 수업'에서는 정형 문제나 비정형 문제에서 적용하는 것에 중점을 두고, 수학을 학습하기 위한 본질적인 목적을 수학 지식을 활용하는 것에 두는 것이다. 학생이 학습할 수학적 개념과 구조의 많은 예를 제공하여 문제해결에 수학을 적용할 많은 기회를 제공하는 것이다. 하나의 문제 상황에서 다른 문제 상황으로 학습되어진 것을 전이하는 능력에 관심을 갖는다. 예를 들면, 계산 기능이나 알고리즘을 학습하거나 해결 방법을 제시하고 그 다음 학생들은 유사문제를 풀게 된다. 셋째로, '문제해결을 통한 수업'에서 문제란 수학 학습을 위한 목적이며 동시에 수학을 행하는 수단이기도 하다. 구체화된 문제 상황을 제시하여 새로운 개념을 획득하는 연결과정으로 문제를 해결하는 것이다. 수학적 관계를 조사하거나 더 깊은 수학적 아이디어를 조사하기 위하여 문제를 사용할 수 있다.

세 가지 접근은 하나의 수업에서 서로 혼재할 수 있지만, 지금까지 학교수학에서는 주로 문제해결에 대한 수업이나 문제해결을 위한 수업에 집중되어 왔다고 지적하였다. 학생들의 이해를 강조하기 위해서는 문제해결을 통한 지도가 필요하다고 덧붙이고 있다. 문제해결을 통한 지도라는 관점에서 볼 때, 교사의 역할은 수학적 탐구과정에 학생들을 참여시킴으로써 수학적 아이디어와 절차에 대한 이해를 학생이 구성하도록 도와주는 것이라고 강조한다. 교사는 지식의 분배자가 아니라 안내자이고 공동 문제해결자로서의 역할을 담당해야 한다고 말한다. 문제해결 수업이란 전략의 학습이나 지식의 응용이라는 접근을 넘어서서 문제해결 과정에서 수학적 개념을 학습하고 행하는 수업을 추구해야 한다고 강조한다.

2 문제와 수학적 문제해결과정

(1) 문제

수학적 문제해결에서 '문제problem'는 '개인이나 집단이 해결하려는 과제로서 해결을 위한 구체적이고 확실한 방법을 쉽게 얻을 수 없는 상황'Lester, 1978을 말한다. 즉 문제의 해결 방법이 즉각적으로 보이지 않아서 해결을 하려는 욕구가 있을 때, 학생에게 주어진 문제가 학생이 해결해야 할 문제가 되는 것이다. 만약 어떤 학생에게 주어진 문제가 즉각적으로 답을 찾을 수 있거나 구하는 방법이 뚜렷하다면 문제는 없는 것과 같고 그 문제는 그 학생에게 있어서 문제가 아니다. Charles & Lester 1982는 문제가 되기 위하여 필요한 조건으로서 다음 세 가지를 제시하였다.

- 해결자가 해법을 찾고자 하는 욕구를 불러 일으켜야 한다.
- 즉각적으로 적용할 수 있는 절차를 가지고 있지 않아야 한다.
- 해법을 찾기 위한 해결자의 시도가 있어야 한다.

주어진 문제가 진정한 문제가 될 수 있는가는 문제 자체의 성격만이 아니라 문제를 해결하는 학생에 따라 달라질 수 있다. 즉, 동일한 문제라도 학생에 따라서 주어진 문제가 문제로서 역할을 할 수도 그렇지 못할 수도 있다는 것이다.

Krulik & Rudnik 1987은 문제problem, 연습문제exercise, 질문question을 구별하고, 문제는 전형적인 연습문제와는 다르다고 말한다. 연습문제는 문제해결 절차가 알려져 있고 몇몇 알고리즘을 직접 적용하여 쉽게 풀 수 있는 과제이다. 질문은 학습 내용을 회상하도록 요구하는 물음으로서 학습 내용을 이해하고 기억하는가를 확인하려고 한다. 반면에 문제란 주어진 과제를 해결하기 위하여 학습 내용을 종합하고 분석할 수 있는 사고와 문제해결전략이 필요한 것이다.

> **[문제 7-1]**
>
> $$\begin{array}{r} 7809 \\ 9060 \\ +\ 9924 \\ \hline \end{array}$$
>
> **[문제 7-2]**
>
> 7809명이 월요일에 텔레비전을 보았다.
> 9060명이 화요일에 텔레비전을 보았다.
> 9924명이 수요일에 텔레비전을 보았다.
> 3일 동안 텔레비전을 본 사람은 모두 몇 명인가?
>
> **[문제 7-3]**
>
> 수 1, 2, 3, 4, 5, 6, 7, 8, 9가 있다. 이 수를 적어도 한 번씩 사용하여
> 네 자리 수 3개를 만들되, 그 합이 9636이 되게 하여라.
>
> Reys et al., 2012, p.136

위의 문제 7-1과 문제 7-2를 살펴보자. 문제 7-1은 흔히 볼 수 있는 전형적인 연습문제이다. 문제 7-2는 문제 7-1과는 달리 문장제로 구성되었지만 학습한 대로 절차를 따라 계산하면 해결할 수 있고 문장제의 모습을 하고 있지만 학습한 절차를 연습하는 문제라고 볼 수 있다. Reys et al.2012은 이와 같은 연습문제를 정형화된 문제라고 말하고 전형적인 교과서들은 정형화된 문제들을 주로 다룬다고 하였다. 덧셈과 뺄셈을 배우고 나면 대개 덧셈이나 뺄셈으로 해결할 수 있는 문제들이 제공된다. 학습주제가 나눗셈이라면 두 수를 적절히 찾아서 나누어주면 된다는 것이다. 이와 달리 비정형화된 문제는 학생이 사용해야 하는 수학적 절차가 분명하게 드러나지 않아서 사고를 필요로 한다는 것이다. 아래의 문제 7-3을 해결하려고 한다면 상당히 많은 덧셈을 시도해야 하고 여러 가지 가능성을 생각해야 한다. 이전에 배운 수학적 아이디어를 적용하여 보다 효율적인 접근 방법을 찾을 수도 있을 것이다. 문제 7-3은 비정형화된 문제라고 볼 수 있다. 문제해결에서 말하는 문제란 주로 비정형화된 문제를 말한다.

좋은 문제는 중요한 수학 아이디어를 탐구할 수 있도록 하고 인내심을 갖게

하며 여러 가지 전략을 이해하고 활용할 수 있게 한다NCTM, 2000. 문제의 맥락은 학생의 생활, 학교 경험, 타 교과, 직업 생활 등의 폭넓은 맥락이 가능하며, 좋은 문제는 여러 가지 학습 주제를 통합할 수 있으며 유의미한 수학을 포함하여야 한다. 가치 있는 문제를 선택하고 제공하는 것은 문제해결에서 중요한 부분이다.

(2) 수학적 문제해결과정

George Polya 1887~1985는 20세기 후반 수학교육계에 큰 영향을 준 인물로서 수학적 발견의 교육적 가치를 강조하였다. 그는 훌륭한 교육은 학생에게 발견의 기회를 제공하는 것이라고 보고, 수학적인 발견이 어떻게 이루어지고 문제는 어떻게 해결되는가에 대하여 연구하였다. 자신의 문제 해결과 교수의 경험을 담아서 1945년에 『어떻게 풀 것인가』How to solve it을 출간하였다. 수학적 문제해결의 사고 과정을 문제 이해, 계획 수립, 계획 실행, 반성의 4단계로 나누고, 각 단계에서 효과적인 사고를 위한 발문과 권고를 제시하고 있다.Polya, 1986

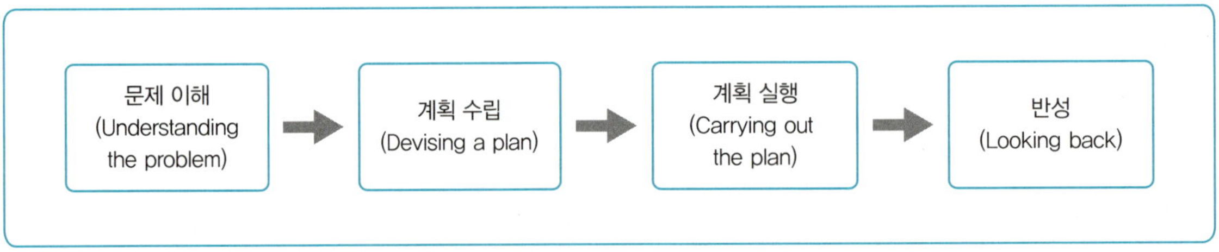

그림 7-1.

① 문제 이해

문제를 이해하는 단계에서는 문제에서 무엇을 묻고 있는지, 나타난 조건이 무엇인지, 조건 사이에는 어떤 관계가 있는지 등을 파악해야 한다. 무엇보다도 문제를 해결하는 욕구를 가져야 하며, 문제가 제시하는 언어적인 진술을 이해하고 문제를 여러 측면에서 살펴보아야 한다. 다음은 문제 이해 단계에서 유용한 발문들이다.

- 미지인 것은 무엇인가? 자료는 무엇인가? 조건은 무엇인가?
- 조건은 만족될 수 있는가? 조건은 미지의 것을 결정하기에 충분한가? 또는 불충분한가? 또는 과다한가? 또는 모순되는가?
- 그림을 그려 보아라. 적절한 기호를 붙여라.
- 조건을 여러 부분으로 분해하여라. 그것을 써서 나타낼 수 있는가?Polya, 1986, p.14

② 계획 수립

계획을 수립하는 단계는 문제를 해결할 수 있을 것으로 예상되는 방법을 생각하는 단계이다. 문제를 해결할 것으로 예상되는 방법이 떠올랐다면 문제가 거의 성취된 것이지만, 이 방법은 점진적으로 떠오르기도 하고 여러 가지 시행착오나 실패에 머물다가 갑작스럽게 떠오르기도 한다. 주어진 문제와 관련된 수학적 지식이나 과거 문제 풀이 경험이 도움이 된다. 주어진 것과 구하려는 것 사이의 관련성을 즉각적으로 찾기 어렵다면 보조 문제를 고려하거나 여러 개념을 활성화시킬 수 있도록 변형해 볼 수 있다. 다음은 계획 수립 단계에서 유용한 발문들이다.

- 전에 그러한 문제를 본 적이 있는가? 약간 다른 형태로 된 유사한 문제를 본 적이 있는가?
- 관련된 문제를 알고 있는가? 유용하게 쓸 수 있는 듯한 어떤 정리를 알고 있는가?
- 미지인 것을 살펴보아라. 친숙한 문제 중에서 미지인 것이 같거나 유사한 문제를 생각해 보아라.
- 관련된 문제를 풀어본 적이 있다면, 그것을 활용할 수 있는가? 그 결과를 활용할 수 있는가? 그 방법을 활용할 수 있는가? 어떤 보조 요소를 도입하면 그것을 활용할 수 있겠는가?
- 문제를 다르게 진술할 수 있는가? 좀 더 다르게 진술할 수 있는가? 정의로 다시 돌아가 보자.
- 이 문제를 풀 수 없다면 먼저 이 문제와 관련된 문제를 풀어보아라. 보다 접근하기 쉬운 관련 문제를 생각해 낼 수 있는가? 보다 일반적인 문제가 있는가? 보다 특수한 문제가 있는가? 유사한 문제가 있는가? 문제를 부분적으로 풀 수 있는가?

- 문제 조건 가운데 일부분만 남기고 다른 것을 버려보아라. 그렇게 한다면 미지의 것이 어느 정도 정해지는가? 자료로부터 무언가 유용한 것을 이끌어낼 수 있는가? 미지의 것을 결정하는 데 적절한 다른 자료를 생각해 볼 수 있는가? 새로운 미지의 것과 새로운 자료가 보다 더 가깝게 될 수 있도록, 새로운 미지의 것이나 자료 또는 필요하다면 둘 다를 변형할 수 있는가?
- 자료는 모두 다 사용했는가? 조건을 모두 사용했는가? 문제에 포함된 핵심적인 개념을 모두 고려했는가?Polya, 1986, pp.14–16

③ 계획 실행

이전 단계의 계획 수립에서는 수학적 지식, 사고 습관, 목적을 향한 집중력이 요구되며 종종 행운도 따라야 한다. 이에 비하여 계획 실행 단계는 수월할 듯하지만, 이 단계에서는 세부 사항을 주의 깊게 살피고 인내를 가져야 한다. 풀이의 각 단계가 옳다는 확신을 가져야 하고 왜 그런지 질문하고 답해보도록 한다. 계획이 실행되지 않을 때에는 계획을 수정하도록 해야 한다. 다음은 계획 실행 단계에서 유용한 발문들이다.

- 문제 해결 계획을 실행하고 각 단계를 점검하여라. 각 단계가 올바른지 명확하게 알 수 있는가? 그것이 옳다는 것을 증명할 수 있는가?Polya, 1986, p.16

④ 반성

문제해결을 반성하는 단계는 해결한 결과와 그 해결 과정을 검토하고 더 나아가서 자신의 풀이가 최선의 과정이었는지 또 다른 풀이 방법이 없는지를 반성한다. 문제해결이란 단지 답을 구하는 것으로 끝나는 것이 아니라, 반성의 단계를 통하여 문제를 확장하고 수학적 사고력을 향상시킨다. 주어진 문제, 자신이 해결한 답, 자신의 해결 과정, 자신의 사고 과정 등에 대하여 검토하고 반성하는 단계이다. 다음은 반성 단계에서 유용한 발문들이다.

- 결과를 점검할 수 있는가? 논증 과정을 점검할 수 있는가?
- 결과를 다른 방법으로 이끌어 낼 수 있는가? 그것을 한 눈에 할 수 있는가?

• 결과나 방법을 어떤 다른 문제에 활용할 수 있는가?Polya, 1986, p.16

Polya의 문제해결 4단계는 학교 수학의 문제 해결 접근에서 주요하게 다루어진다. 문제 해결을 하나의 과정으로 볼 수 있게 해 주는 장점이 있다. 하지만 문제해결 단계를 엄밀한 순서를 지켜서 따르려고 한다면 유용하지 않을 수 있다. 각 단계는 필수적으로 모든 단계를 실행해야만 하는 것도 아니고 순서대로 거쳐야만 해를 얻는 것도 아니다. 예를 들어 문제를 이해하다가 계획을 수립하기도 하고 문제를 이해하는 것만으로 해를 얻기도 한다. 문제해결과정의 각 단계를 이용하려면 특별한 전략이 필요하고 Polya 자신도 문제 해결을 위한 많은 전략을 제시하고 있다. 문제해결과정 4단계는 문제를 어떻게 해결하는지에 대한 일반적인 큰 그림을 제공해 주는 것이라면 학생들이 문제해결 과정에서 전진하려면 구체적인 문제해결전략이 필요하다.Reys et al., 2012

ACTIVITY Q 토의문제 2

• 아래 [문제]를 초등학교 4학년 학생에게 제시하였다. Polya가 문제해결과정 4단계에서 제시한 발문이나 권고를 참고하여, 학생들의 문제해결과정에서 가능한 발문 목록을 만들어 보아라.

[문제] 성냥개비로 모양을 만들었다. 정사각형은 모두 몇 개 찾을 수 있는지 구하시오.

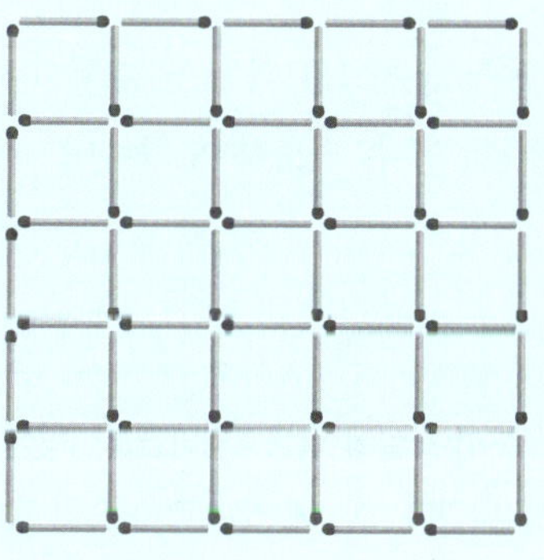

① 문제 이해 단계에서 가능한 발문을 만들어 보시오.
② 계획 수립 단계에서 가능한 발문을 만들어 보시오.
③ 계획 실행 단계에서 가능한 발문을 만들어 보시오.
④ 반성 단계에서 가능한 발문을 만들어 보시오.

• Polya는 문제해결에서 반성의 단계가 중요하다고 강조하였다. 수학적 문제해결에서 풀이과정과 답을 찾는 것으로 끝나지 않고 이후 반성의 단계를 강조하는 이유를 논의해 보자.

3 수학적 문제해결 전략

문제해결에 필요한 지식과 개념을 알고 있다고 하더라도 그것을 문제의 조건과 연결하고 문제 해결의 단서를 찾아내도록 하는 것을 사고 전략이라고 할 수 있다. 하나의 문제를 해결하는 데에 여러 가지 문제해결 전략이 동시에 활용될 수도 있으며, 하나의 문제에 대하여 문제해결자에 따라 다른 문제해결 전략으로 접근하여 해결할 수 있다. 수학과에서 문제해결이 강조된 이래로 국내외 많은 문헌과 교과서를 통하여 문제해결에 유용한 여러 가지 전략들이 제시되어 왔다. 그 중 우리나라 수학과교육과정에서 제시하고 있는 문제해결전략을 중심으로 소개하기로 한다. 실제로 해보기, 그림 그리기, 식 만들기, 규칙 찾기, 거꾸로 풀기, 표 만들기, 예상과 확인, 단순화하기 등의 문제해결 전략을 알아보고, 덧붙여서 하나의 문제를 여러 가지 문제해결 전략을 사용하여 해결해 보기로 한다.

(1) 실제로 해 보기

'실제로 해 보기' 전략은 문제 장면의 대상들을 직접 사용하거나 모델이나 구체물로 바꾸어서 실행해 보는 것으로, 문제에 제시된 행동을 직접 수행하거나 대상을 조작해 보면서 직접 답을 얻거나 다른 전략을 유도할 수 있게 한다. 문제를 시각화할 수 있도록 도와주며, 추상적인 문제를 구체화하는 데 도움이 된다.

[문제 7-4] 교실에 학생 4명이 있다. 학생 2명이 교실로 들어오고 학생 3명이 교실 밖으로 나갔다. 교실에 있는 학생은 몇 명이 되었는가?

위의 문제는 저학년에서 볼 수 있는 간단한 문제이다. 이 문제를 해결하면서 실제로 해보기 전략을 활용하고 개발할 수 있다. 저학년 학생들은 실제로 교실에 들어오고 나가는 행동을 실행하면서 덧셈과 뺄셈 상황을 이해하고 해결해 볼 수 있다. 그러나 문제가 복잡하고 어려워지면 실제로 해보기 전략이 비현실적인 것이 될 수도 있다. 이 경우 문제를 간단하게 바꾸어 실제로 해 보기 전략을 활용할 수 있고 또는 실제로 해 본다면 어떻게 될지 생각하면서 기록해 볼 수도 있다. 실제로 해 보기 전략을 지도할 때에는 문제에서 제시한 실제 구체물을 반드시 사용할 필요가 없다는 점을 강조하고 쉽게 대체할 물건을 활용하게 한다. 예를 들어 동전 문제가 제시되었다고 반드시 실제 동전을 활용하는 것이 아니라 실행할 수 있는 물건을 활용할 수 있다. 이 때 중요한 점은 학생의 관심이 물건이 아니라 학생의 실행에 있어야 한다.

ACTIVITY Q 토의문제 3

• 아래 [문제]를 해결하고 풀이 과정과 문제해결 전략을 이야기해 보자. '실제로 해보기' 전략을 활용하여 해결하고 어떻게 해결하였는지 이야기해 보자.

[문제] 경희네 반 26명이 한 줄로 둥글게 서 있다. 경희부터 시작하여 한 바퀴 돌면서 번호 1을 붙이면서 짝수 번호인 사람은 자리에 앉는다. 다시 경희부터 번호 1을 붙이면서 짝수 번호인 사람이 자리에 앉는다. 이제 경희네 반 친구 중에 서 있는 학생은 몇 명인가?

(2) 그림 그리기

문제가 간단한 경우에는 머릿속에서 떠올리고 처리하는 것이 가능할 수 있지만 문제가 복잡하다면 여러 관계를 동시에 세세하게 고려하고 결합하는 것은 쉽지 않다. '그림 그리기' 전략은 주어진 자료와 조건이 복잡할 때 그림으로 나타내면 정보들을 분명하게 나타나게 함으로써 정보 사이의 관계를 알게 된다. 세부 사항을 검토하거나 관계를 통찰하는데 도움을 주고 기억하기도 쉽다.

[문제 7-5] 오른쪽 그림과 같이 4명이 둘러앉을 수 있는 책상이 있다. 이 책상 5개를 한 줄로 붙여서 의자를 놓으려고 한다. 의자를 몇 개 놓을 수 있는가?

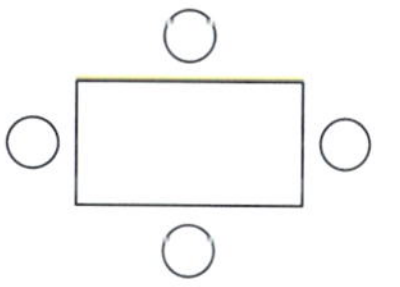

[문제 7-6] 높이가 32m인 곳에서 고무공을 떨어뜨렸다. 이 고무공은 바닥에 닿으면 떨어진 거리의 절반만큼 다시 튀어 오른다. 고무공이 바닥에 닿고 최고 높이 1m를 튀어 올랐을 때 공을 잡았다. 공은 몇 번 바닥에 닿았는가?

그림 그리기 전략은 도형 문제에서 주로 활용된다. 주어진 조건들의 관계가 잘 드러나도록 그림을 그리는 것이 문제해결에서 유용하다. 그러나 그림 그리기 전략을 지도할 때에 상황을 자세하게 그릴 필요가 없으며 문제를 표현하는 데 필수적인 것을 그리도록 한다. 예를 들어 문제 7-5에서 책상과 의자를 배열하는 문제를 그림 그리기 전략으로 해결하고자 한다면, 책상과 의자를 단순한 사각형이나 원을 그리고 그 밖의 것을 자세히 그릴 필요가 없다. 문제 7-6과 같은 문제 해결에서 교사는 문제에 그림을 제시함으로써 학생들이 문제해결에서 기초 자료로 활용하도록 도와줄 수 있다.

ACTIVITY Q 토의문제 4

- 다음은 디오판토스 묘비 문제로 알려져 있다. 아래 [문제]를 해결하고 풀이 과정과 문제해결 전략을 이야기해 보자. '그림 그리기' 전략을 활용하여 해결하고 어떻게 해결하였는지 이야기해 보자.

  [문제] 디오판토스는 그 생애의 $\frac{1}{6}$은 소년이었고, 그 후 $\frac{1}{12}$이 지나서 수염이 나기 시작하였다. 다시 $\frac{1}{7}$이 지나서 결혼하였다. 그가 결혼한 5년 뒤에 아들이 태어났으나 그 아들은 아버지의 반 밖에 살지 못하였다. 아들이 죽은 지 4년 후 그도 죽었다. 디오판토스의 일생은 몇 년을 산 것인지 구하시오.

(3) 식 만들기

'식 만들기' 전략은 수학 문제해결에서 보편적으로 사용되는 전략이다. 식을 옳게 만들고 나면 그 다음 풀이 과정은 거의 기계적으로 진행되어 답을 구할 수 있으므로 수학 문제해결에서는 중요한 전략으로 활용된다. 주어진 문제 장면이나 수량적 관계를 찾아 등식이나 부등식으로 나타내면, 형식적인 처리가 쉽고 찾아낸 관계를 일반화하기에도 편리하다. 식 만들기 전략을 지도할 때에는 최종 결과가 같더라도 식은 다를 수 있다는 점을 강조하고, 문제해결의 최종 결과에만 집중하지 않고 식 자체에도 관심을 갖도록 한다.

[문제 7-7] 연속된 세 자연수의 합은 420이다. 세 자연수를 구하시오.

위의 문제 7-7을 식 만들기 전략으로 해결한다면, 세 자연수 중 어떤 수를 중심으로 문제를 해결하는가에 따라 아래와 같이 여러 가지 다른 식을 만들 수 있다.

- 세 자연수 중 가장 작은 수를 □로 정하였다면, □+(□+1)+(□+2)= 42
  가장 작은 수 □는 13이고, 구하는 세 자연수는 13, 14, 15이다.
- 세 자연수 중 가운데 수를 ○으로 정하였다면, (○−1)+○+(○+1)= 42
  가운데 수 ○는 14이고, 구하는 세 자연수는 13, 14, 15이다.
- 세 자연수 중 가장 큰 수를 △로 정하였다면, (△−2)+(△−1)+△= 42
  가장 큰 자연수 △는 15이고, 구하는 세 자연수는 13, 14, 15이다.

[문제 7-8] 아래와 같은 그림에서 도형의 넓이를 구하여라.

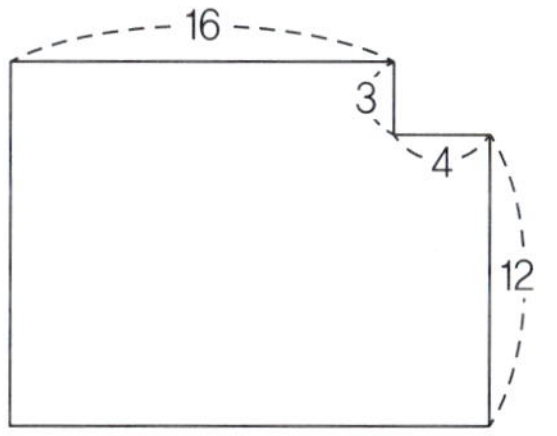

주어진 그림에서 도형의 넓이를 다음과 같이 서로 다른 식을 세워서 풀 수 있다.

- $12\times4+16\times(3+12)=288$
- $16\times3+12\times(4+16)=288$
- $12\times4+16\times3+12\times16=288$
- $20\times15-4\times3=288$

정동권 외, 2010, p.216

위의 문제 7-8에서 복잡한 도형의 넓이를 단순한 다각형으로 분할하여 구할 수 있고 어떻게 분할하는가에 따라 서로 다른 여러 가지 식을 만들어서 해결할 수 있다. 같은 답을 구했을지라도 식을 살펴보면 도형을 분할하는 방식의 차이를 찾을 수 있다. 교사는 식 만들기 전략으로 문제를 해결한 이후에 학생들이 만든 여러 가지 식을 다른 관점에서 해석하고 새로운 문제 해결의 방법으로 활용할 수 있다.

ACTIVITY Q 토의문제 5

- 아래 [문제]를 해결하고 풀이 과정과 문제해결 전략을 이야기해 보자. '식 만들기' 전략을 활용하여 해결하고 해결 과정에서 만들었던 여러 가지 식을 비교하여 보자.

  [문제] 주스 한 병을 달았더니 무게가 650g이었다. 주스를 반을 마신 후에 달아보니 350g이었다. 주스 병의 무게는 몇 kg인가?

(4) 규칙 찾기

'규칙 찾기' 전략은 문제에 주어진 조건을 분석하여 규칙을 찾아내고 이 규칙을 이용하여 계산함으로써 문제를 해결해 가는 전략이다. 학교수학에서 규칙·관계·함수는 모든 학년에 걸쳐서 이어지는 하나의 흐름이며, 대수적 사고에서 규칙을 찾고 확장하고 일반화하는 것은 중요한 부분이다. 규칙 찾기 전략은 다른 전략과 병행하여 종종 활용된다. 예를 들어 그림 그리기 전략이나 표 만들기 전략을 통하여 규칙을 찾기도 하고, 또는 규칙을 찾아서 식으로 나타내고 식 만들기 전략을 진행하는 데에 보조적인 전략으로서 이용되기도 한다. 규칙 찾기 전략을 지도할 때에는 학생들이 능동적으로 여러 전략을 활용할 수 있도록 격려한다. 예를 들어, 다음 문제 7-9와 문제 7-10의 해결에서 규칙 찾기 전략이 도움이 될 수 있다.

[문제 7-9] 아래 그림과 같이 바둑돌을 계속 놓아간다면 10번째에는 바둑돌을 몇 개 놓아야 하는가?

[문제 7-10] 아래 식의 배열을 보고 아홉째 줄의 곱은 얼마인지 구하시오.

$$
\begin{array}{rcl}
1 \times 1 & = & 1 \\
11 \times 11 & = & 121 \\
111 \times 111 & = & 12321 \\
1111 \times 1111 & = & 1234321 \\
11111 \times 11111 & = & 123454321 \\
111111 \times 111111 & = & 12345654321 \\
1111111 \times 1111111 & = & 1234567654321
\end{array}
$$

ACTIVITY Q 토의문제 6

• 아래 [문제]를 해결해 보고 활용한 전략을 이야기해 보자. '규칙 찾기' 전략을 활용하여 해결하고 어떤 규칙을 찾았는지 비교해 보자.

[문제] 아래 그림은 시어핀스키 삼각형을 만들어 가는 규칙이다. 처음 0단계 삼각형에서 색칠된 넓이가 1이라면, 3단계 삼각형의 색칠된 부분의 넓이는 얼마인가?

0단계 1단계 2단계 3단계

(5) 거꾸로 풀기

'거꾸로 풀기' 전략은 수학적 절차의 결과나 답을 제시하고 그 초기 조건이나 시작 상태를 구해야 할 때 유용한 전략이다. 결론에서 조건으로 거꾸로 생각하여 나가는 전략으로서, 문제의 마지막 결과와 문제 해결로 가는 규칙이 있는 상태에서 처음의 조건을 구하는 문제라면 거꾸로 풀기 전략으로 해결할 수 있다. 거꾸로 풀기 전략을 지도할 때에는 이 상황이 성립하려면 무엇이 성립하여야 하는지, 그 이전 단계에서 어떻게 되었는지 등을 질문해 보도록 한다.

[문제 7-11] 민이가 처음 가지고 있던 구슬 중에서 수현이에게 3개를 주었다. 다시 형에게 구슬 5개를 받았다. 민이가 갖고 있는 구슬을 지영이와 민호랑 셋이서 똑같이 나누어 가졌더니 민이는 4개가 되었다. 민이가 처음에 가지고 있던 구슬은 몇 개인가?

위의 문제 7-11은 하나의 식으로 간결하게 표현할 수 있다면 쉽게 해결할 수 있을 것이다. 그러나 하나의 식으로 표현하기 어려울 경우에는 거꾸로 상황을 따라 가면서 해결할 수 있다.

- 구슬을 3명이 똑같이 나누어가졌더니 4개가 되었다. 나누어 갖기 전이었다면 민이는 4×3=12, 12개이다.
- 형에게 5개를 받아서 12개가 되었다. 형에게 받기 전이었다면 12−5=7, 7개이다.
- 수현이에게 3개를 주고 7개가 되었다. 수현이에게 3개를 주기 전이었다면 7+3=10, 10개이다. 따라서 처음 가지고 있던 구슬은 10개이다.

거꾸로 풀기 전략은 단지 순서를 뒤집어서 풀어가는 것만을 의미하는 것이 아니다. 고대 바빌로니아 시대에는 방정식을 가정법을 이용하여 해결하였고 고대 그리스 수학자들은 환원적인 분석을 통하여 상대적인 출발점을 찾거나 구체적인 문제에서 일반적인 문제로 나아가는 기회를 얻기도 하였다정동권 외, 2009, p.225.

ACTIVITY Q 토의문제 7

- 아래 [문제]를 해결하고 풀이 과정과 문제해결 전략을 이야기해 보자. '거꾸로 풀기' 전략을 활용하여 해결하고 어떻게 해결하였는지 이야기해 보자.

  [문제] 계산기를 잘못 눌러서 [+]7을 해야 할 것을 [×]7을 하였더니 [5][6]이 나왔다. 올바르게 계산기를 눌렀다면 얼마가 나오겠는가?

(6) 표 만들기

'표 만들기' 전략은 많은 양의 정보를 분류하거나 체계적으로 조직하는 데 효과적인 전략이다. 문제를 구조화하거나 답을 직접 구할 수 있다. 표를 만들 때 시도한 것을 기록하게 됨으로써, 동일한 계산을 반복하지 않을 수 있으며 모든 경우를 빠뜨리지 않고 고려할 수 있다. 표 만들기 전략은 다른 전략과 병행하여 활용된다. 표를 만드는 중간에 규칙을 찾기도 하고 예상과 확인 전략으로 표를 설정하기도 한다.

[문제 7-12] 동전 지갑에 50원짜리, 100원짜리 500원짜리 동전이 있다. 동전은 모두 7개이고 1000원이었다. 동전은 각각 몇 개인지 구하시오.

위의 문제 7-12를 해결하기 위하여 조건에 맞는 표를 어떻게 그릴지 설정해야 한다. 동전의 개수 7개의 조건을 따라서 개수를 조정할 수도 있고, 어느 동전을 중심으로 개수를 늘려 갈 것인지 또는 줄여 갈 것인지를 정하여 표를 만들어 간다.

500원짜리 동전의 개수(개)	100원짜리 동전의 개수(개)	50원짜리 동전의 개수(개)	총액(원)
2	4	1	1450
2	3	2	1400
2	2	3	1350
1	4	2	1000 V
1	2	4	900

표 7-1.

표 만들기 전략을 지도할 때 종종 완성된 표를 읽거나 빈 곳을 완성하는 것에 치중하기도 한다. 그러나 그 이전에 어떤 형태의 표를 만들 것인지 또는 열과 행에 어떤 자료를 넣을 것인지 등의 표를 구성하는 방법을 학생 스스로 결정하는 기회를 제공해야 한다. 학생들이 정보를 수집하고 수집한 정보를 표로 정리해 볼 수 있는 문제를 제공해 보도록 한다.

ACTIVITY Q 토의문제 8

- 아래 [문제]를 해결하고 풀이 과정과 문제해결 전략을 이야기해 보자. '표 만들기' 전략을 활용하여 해결하고 어떤 표를 그렸는지 비교해 보자.

[문제] 주연이는 다트를 네 번 던져서 16점을 얻었다. 몇 점짜리를 몇 번 맞힌 것인지 가능한 경우를 모두 구하시오.

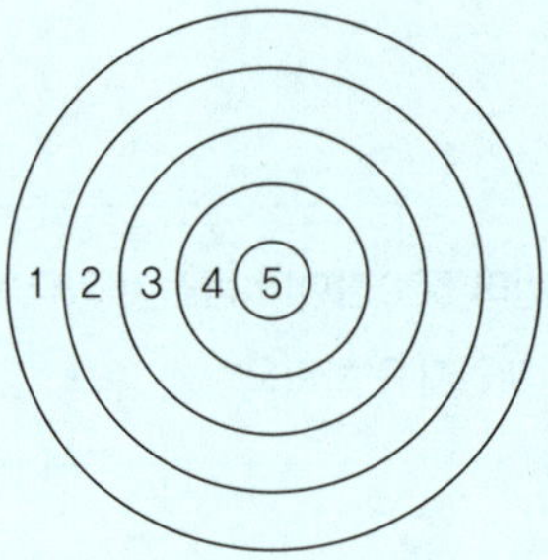

(7) 예상과 확인

'예상과 확인' 전략은 문제의 답을 미리 예상하고 그 답이 문제의 조건에 적절한지 확인하는 과정을 반복하면서 문제해결의 단서를 구하는 전략이다. 어떤 문제에 직면했을 때 흔히 사용하는 자연스럽고 유용한 전략이다. 예상은 막연한 추측이 아니라 이전의 경험과 지식을 기초로 문제와 관련된 것을 조직적으로 예상해 가는 것이다. 빗나간 예상이라도 이전의 예상이나 이후의 예상과 비교하면서 문제해결의 단서를 얻을 수 있다는 장점이 있다.

[문제 7-13] 고궁 입장료가 어른 800원, 어린이 500원이라고 한다. 진수네와 서연이네 가족 10명이 가서 입장료 7100원을 냈다. 어른과 어린이는 각각 몇 명인가?

위의 문제 7-13을 해결하기 위하여 어른과 어린이가 인원수가 같다고 예상하여 입장료를 구해보자.

- 어른 5명은 4000원, 어린이 5명은 2500원이고 입장료는 6500원이다.
- 입장료가 더 많아야 하므로 어른의 인원수를 늘려본다. 어른 6명, 어린이 4명이라고 예상해 본다. 어른 6명은 4800원, 어린이 4명은 2000원이므로 입장료는 6800원이다.

- 입장료가 더 많아야 하므로 어른 인원수를 늘려서 8명, 어린이 2명으로 예상해 본다. 어른 8명은 6400원, 어린이 2명 1000원이므로 입장료는 7400원이다.
- 지불한 입장료보다 많아졌으므로 어른의 수를 줄여본다. 어른 7명은 5600원, 어린이 3명은 1500원이므로 입장료는 7100원이다.

예상과 확인 전략을 지도할 때에는 빗나간 예상을 반복하는 것은 두려워하지 않도록 격려해야 한다. 오히려 빗나간 예상에서 답을 찾아가는 기쁨을 경험하고 이후의 추측을 효율적으로 정교하게 하는 방법을 배울 수 있도록 도와주도록 한다.

ACTIVITY Q 토의문제 9

- 아래 [문제]를 해결하고 풀이 과정과 문제해결 전략을 이야기해 보자. '예상과 확인' 전략을 활용하여 해결하고 어떻게 해결하였는지 이야기해 보자.

[문제] 1부터 6까지의 수를 한 번씩 사용하여 아래 그림의 삼각형 각 변에 있는 세 수의 합이 9가 되도록 만드시오.

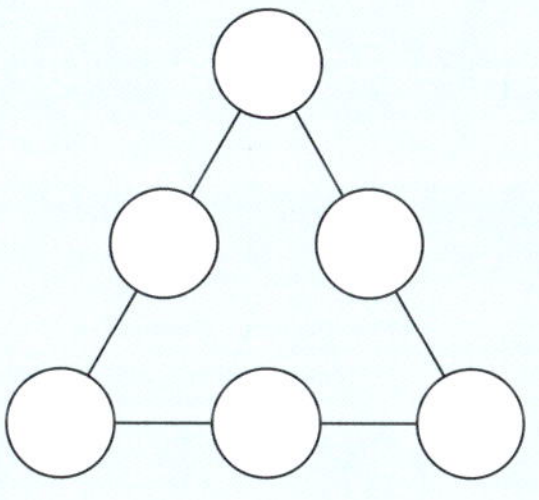

(8) 단순화하기

'단순화하기' 전략은 문제가 낯설고 복잡하여 문제해결의 단서를 찾기 어려울 때 익숙하고 간단한 문제로 단순하게 바꾸어서 해결하고 다시 원래의 문제를 해결해 보는 방법이다. 어떤 문제들은 큰 수가 있거나 복잡한 규칙이 있어서 해결의 단서를 찾기 어려울 수 있다. 큰 수나 복잡한 규칙을 단순화한 문제로 바꾸어 해결하고 통찰이나 이해를 얻고 원래의 복잡한 문제를 해결할 수 있게 된다.

[문제 7-14] 1부터 17까지의 수를 한 번씩 사용하여 한 줄에 오는 세 수의 합이 모두 같게 되도록 만드시오.

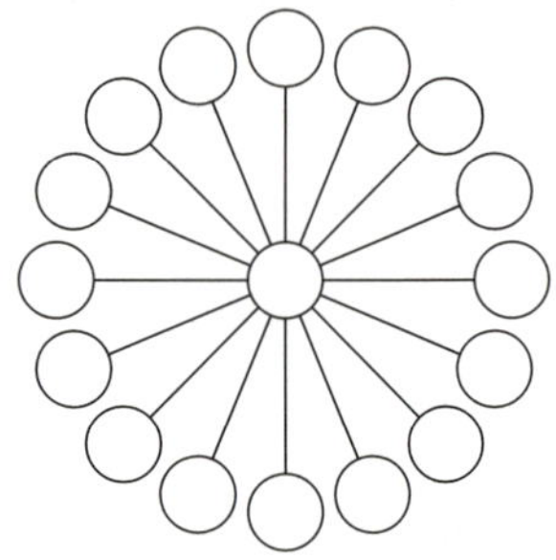

위의 문제 7-14에서 1부터 17이 큰 수라서 쉽게 해결되지 않는다면 1부터 5까지의 수, 1부터 7까지의 수로 줄여서 간단한 구조로 만들어 본다. 아래 그림과 같이 수가 줄어들면 문제가 단순하게 되어 해결하기 수월해진다. 만약 1부터 5까지의 수를 사용하여 해결하였다면 가운데에 3이 온다는 것을 찾을 수 있다. (1, 5), (2, 4)의 쌍을 마주 보게 하면 세 수의 합이 모두 같게 된다. 만약 1부터 7까지의 수를 사용하였다면 가운데 5가 오고, (1, 7), (2, 6), (3, 5)의 쌍을 마주 보게 하면 해결된다. 이제 1부터 17까지의 수라면 어떻게 해결할 수 있을지 원래의 문제가 수월해진다.

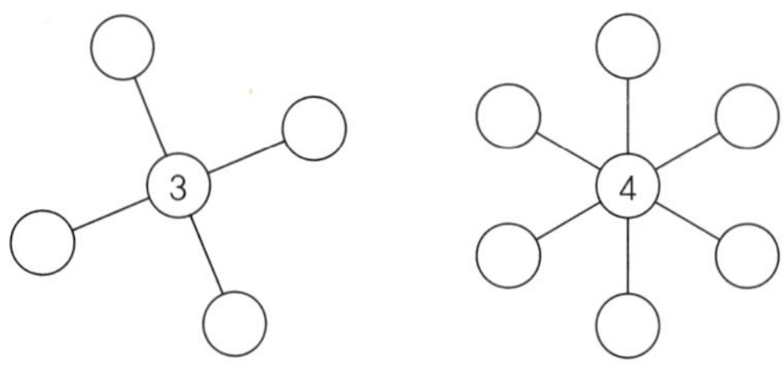

규칙이 복잡하여 해결이 어렵다면 관계가 분명히 드러나게 단순화하여 해결하고 그 과정에서 원래 문제해결의 단서를 찾게 된다. 단순화하기 전략을 지도할 때에는 학생들이 자신의 말로 문제를 진술해 보게 하고 학생이 쉽게 이해할 수 있는 문제로 단순화할 수 있도록 도와주도록 한다.

ACTIVITY Q 토의문제 10

- 아래 [문제]를 해결하고 풀이 과정과 문제해결 전략을 이야기해 보자. '단순화하기' 전략을 활용하여 해결하고 어떻게 해결하였는지 이야기해 보자.

[문제] 한 변이 220m인 정사각형 모양으로 된 학교 둘레에 5m 간격으로 나무를 심으려고 한다. 나무 몇 그루가 있어야 하는가?

(9) 논리적 추론

'논리적 추론' 전략은 가능한 모든 해법을 점검하고 불가능한 해법을 제거하면서 하나의 해법에 이를 때까지 차례로 고찰해가는 방법이다. 추론은 이미 알려진 사실이나 판단을 전제로 이치에 맞게 새로운 사실이나 판단을 이끌어 내는 사고과정이다. 논리적 추론 전략을 지도할 때에는 초등학생의 수준이나 특성을 고려하여 엄밀한 연역 논리만을 강조할 것이 아니라 학생들의 경험과 지식을 바탕으로 합리적인 태도를 갖도록 한다.

[문제 7-15] 가은, 나은, 다은 세 자매는 국악기 연주자이다. 한 사람은 가야금을 연주하고, 다른 한 사람은 해금을 연주하고, 또 다른 한 사람은 대금을 연주한다. 가야금을 연주하는 사람은 가장 어리고, 나은이는 대금을 연주하는 언니보다 어리고, 다은이보다 언니이다. 가은, 나은, 다은이가 연주하는 악기는 각각 무엇인가?

문제 7-15를 해결하기 위하여 가능한 모든 경우를 생각하고 해당하지 않는 것들을 지워간다. 세 명의 연주악기로 가능한 것과 가능하지 않은 것을 논리적으로 추론하고 추론 결과를 표에 기록하면서 찾아갈 수 있다.

	가야금	해금	대금
가은			
나은	×	○	×
다은	○		

표 7-2.

- 나은이는 대금 연주자 언니보다 어리고, 다은이보다 언니이므로, 대금 연주자가 아니고 가야금 연주자도 아니다. 나은이는 해금 연주자이다.
- 가야금 연주자가 가장 어리므로 다은이는 가야금 연주자이다.
- 나머지 한 명 가은이는 대금 연주자이다.

ACTIVITY Q 토의문제 11

- 아래 [문제]를 해결하고 풀이 과정과 문제해결 전략을 이야기해 보자. '논리적 추론' 전략을 활용하여 해결하고 어떻게 해결하였는지 이야기해 보자.

[문제] ㉮, ㉯, ㉰, ㉱ 네 명의 친구는 햄버거, 음료수, 튀김 각각을 모두 다른 맛으로 한 가지씩 주문하였다. 개인 쟁반에 받고 보니 모두 다른 사람의 것이었다. ㉮는 ㉯의 햄버거를 받았고, ㉯는 ㉱의 음료수를 받았고, ㉱는 ㉰의 튀김을 받았다. ㉮, ㉯, ㉰, ㉱ 네 명의 친구들이 각각 누구의 음식을 받은 것인지 찾아보시오.

(10) 여러 가지 문제해결 전략 비교하기

지금까지 문제를 해결할 수 있는 단서가 되거나 단서를 찾을 수 있도록 도와주는 여러 가지 전략을 예를 들어 살펴보았다. 문제 유형이나 문제해결자에 따라 우선적으로 시도하는 전략이 있을 수 있겠으나 특정 문제에 따라 고정된 문제해결 전략이 있는 것은 아니다. 하나의 문제를 해결하는 데 하나의 전략만을 활용하는 것도 아니고, 하나의 전략으로 모든 문제를 해결할 수 있는 것도 아니다. 여러 가지 전략들을 소개한 것은 어떤 문제 유형을 특정한 문제해결 전략으로 해결해야 한다는 것이 아니라, 여러 가지 문제해결 전략을 고려하여 다양한 측면에서 문제에 접근할 수 있다는 것이다. 문제를 해결하여 같은 답을 얻었을지라도 그 해결과정에서 어떤 전략을 활용하였는지 또는 그 전략은 문제해결하는 데 어떤 장점과 어려운 점이 있는지를 점검해 볼 수 있다. 문제 7-16을 그림 그리기, 예상과 확인, 표 만들기, 식 만들기 전략 등 여러 가지 방법으로 해결하고 서로 비교해보자.

[문제 7-16] 두발자전거와 세발자전거가 10대 있다. 바퀴의 수를 세어보니 모두 26개 이다. 두발자전거와 세발자전거는 각각 몇 대인가?

- 그림 그리기

두발자전거와 세발자전거의 바퀴를 ○으로 표시하여 그림을 그릴 수 있다. 먼저 두발자전거 10대의 바퀴를 ○표 20개로 그리고, 세발자전거의 바퀴를 하나씩 추가하면서 26개를 만들어 간다. 세발자전거가 6대가 되면 바퀴의 수는 26개이다. 두발자전거 4대, 세발자전거 6대이다.

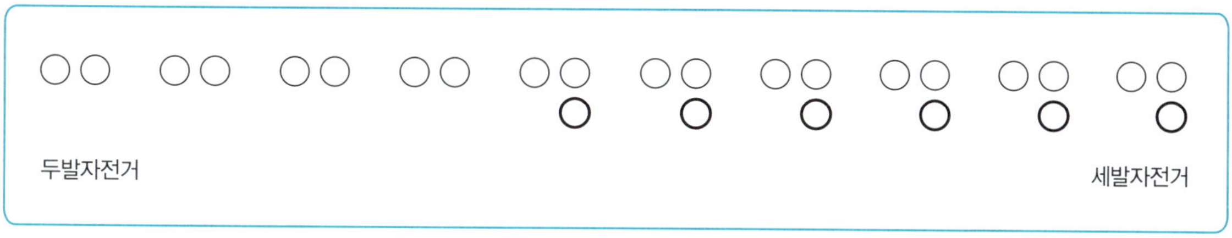

그림 7-2.

- 예상과 확인

두발자전거와 세발자전거의 수가 같다고 예상하면 두발자전거 5대, 세발자전거 5대이고 바퀴의 개수는 두발자전거 바퀴 10개와 세발자전거 바퀴 15개이다. 바퀴의 개수는 25개이므로, 세발자전거의 수를 늘려본다. 두발자전거 4대와 세발자전거 6대라고 예상해 본다. 두발자전거 바퀴 8개와 세발자전거 바퀴 18개이고 바퀴의 개수는 26개가 된다. 따라서 두발자전거 4대이고 세발자전거는 6대이다.

- 표 만들기

아래와 같이 두발 자전거, 세발 자전거, 바퀴의 수를 나타내는 표를 만들어서 문제를 해결할 수 있다. 표를 만드는 과정에서 두발 자전거의 수가 증가하면서 총 바퀴의 수가 줄어드는 규칙을 찾을 수 있다. 만약 자전거의 수나 바퀴의 수가 큰 경우라면 표에서 규칙을 찾아서 이후의 표를 만들지 않고도 구할 수 있다.

두발 자전거	0	1	2	3	4
세발 자전거	10	9	8	7	6
바퀴의 개수	30	29	28	27	26

표 7-3.

- 식 만들기

두발자전거의 수를 □, 세발자전거의 수를 △라고 하자.

자전거 수의 합은 10이므로, □+△ = 10 ······································ ①

자전거 바퀴 개수의 합은 26이므로, $2\times\square+3\times\triangle=26$ ⋯⋯⋯⋯⋯⋯⋯ ②

두 식 ①, ②를 이용하여 풀면, $\triangle=6$, $\square=4$

ACTIVITY Q 토의문제 12

• 이 장에서 제시되었던 문제들 중에서 하나를 정하여 자신의 문제해결전략으로 해결하고 다른 친구들의 전략과 비교해보자. 초등학생이 그 전략들을 활용하여 해결한다면 어떤 장점과 어떤 어려운 점이 있을지 이야기해 보자.

4 수학적 문제설정

(1) 수학적 문제설정의 의미

수학교육에서 문제해결은 그동안 그 자체를 목적으로 하였다기보다는 학습한 내용을 연습하고 다른 학습목표를 위한 수단으로서 주로 활용되어 왔다. 학교 수학은 교육과정에서 설정한 목표에 따라 문제를 구성하고 학생들은 주로 주어진 문제를 해결하고 새로운 것을 만들어 낼 기회를 갖기 어려웠다. 보다 최근에는 문제해결의 강조점을 확장해야 한다고 주장하면서 주어진 문제를 해결하는 것을 넘어서서 문제를 변형하고 만들어보는 기회를 포함하여야 할 것을 제기하고 있다. 문제 설정은 문제를 변형하고 새로운 문제를 만들면서 원래의 문제를 재해석하고 새로운 관점에서 문제를 보고 새로운 단서를 찾아가도록 제안하고 있다. 이 주장은 학자에 따라 'problem posing'Brown & Walter, 1983, 1993, 'problem formulation'Kilpatrick, 1987 등의 용어로 제기되었으며, 우리나라에서는 '문제 설정', '문제 제기', '문제 생성', '문제 형식화', '문제 만들기' 등으로 언급된다. 우리나라 초등학교 수학과 교육과정은 '문제 만들기'라는 초등학생에게 익숙한 용어로 사용하고 있으며, 수학교육의 관련 국내서적들은 관심사인 원어를 중심으로 '문제 설정', '문제 제기'라는 용어를 종종 사용한다.

문제설정에 관하여 가장 널리 알려진 것은 Brown & Walter의 책 『The art of problem posing1983』과 최근의 『Problem posing: Reflections and applications1993』가 있다. 문제 설정의 단계를 밝히고 효과적인 문제설정 전략으로서 'What-If-Not' 질문을 제시하였다. 아동들이 문제 만들기 과정을 개발할 수 있는 구체적인 예들을 보여주고 있다. Silver & Mamona1989는 문제 설정을 촉진하는 수단으로써 학생들이 구조를 추가할 수 있는 개방형 문제의 사용을 주장하고 있다. 교과서의 폐쇄형 문제도 개방형 문제로 바꾸어서 활용할 있다고 예를 통하여 보이고 있다. Kilpatrick1987은 문제 설정에 대한 접근으로서 '그 문제는 무엇인가', '관련된 문제를 만들어 보시오.'와 같은 활동을 포함하고 있다. 문제의 설명이 없이 문제에 대한 답이 주어졌을 때 학생들은 다양한 가능성을 찾을 수 있다. 예를 들어 '문제의 답이 54이다. 문제는 무엇이었겠는가?'와 같은 질문을 하고, 학생들이 문제를 만드는 방법이다. 이 학습활동에서 소집단 협력 활동의 환경은 혼자서 문제를 해결할 때에는 놓칠 수 있는 것을 감지하도록 도와주고 사고를 명료하게 할 수 있다고 한다.English & Halford, 2003, pp. 390~391

(2) 수학적 문제설정의 단계

Brown & Walter1983, 1993는 문제설정의 중요성을 강조하고, 문제설정의 단계를 아래 표 7-4와 같이 '수용'과 '도전' 두 단계로 나누어 해설하였다. 제1단계 '수용'은 주어진 문제를 이해하고 분석하는 단계를 말하고, 제2단계 '도전'은 주어진 문제를 질문하고 변형하는 과정으로서 'What-If-Not'만약 ~이 아니라면 전략을 제안하였다.

단계	단계명	전략 또는 하위 단계
1단계	주어진 것을 수용하기	전략1: 관찰-질문-추측하기 전략2: 내적 탐구와 외적 탐구 전략3: 정확한 탐구와 근사적 탐구 전략4: 역사적 탐구(실제적 대 가설적)
2단계	주어진 것에 도전하기	0단계: 출발점 선택하기 1단계: 속성 찾아 열거하기 2단계: 속성 부정하기 (What-If-Not) 3단계: 질문하기 혹은 문제설정하기 4단계: 설정한 문제 분석하기

표 7-4.

문제 설정에서 'What-If-Not'만약 ~이 아니라면 전략을 활용하는 과정을 피보나치 수열을 예로 살펴보자.

1, 1, 2, 3, 5, 8, 13, 21, 34, 55, …

[0단계] (출발점 선택하기)

[1단계] (속성 찾아 열거하기)

문제를 구성하고 있는 요소나 속성을 모두 열거해 본다.

- 두 개의 수에서 출발한다.
- 시작하는 두 수는 같다.
- 처음 두 항으로 그 다음 항을 구한다.
- 덧셈 연산으로 다음 항을 구한다.

[2단계] (속성 부정하기)

전 단계에서 열거한 속성 중에서 몇 가지를 택하고 '만약 ~이 아니라면' 의문을 가져본다.

- (두 번째 속성을 부정해 보자) 같은 수 1, 1 이 아니라면,
- 처음 수를 다른 수 2, 1 이라고 하자. 다른 수 2, 1에서 시작하여 두 항의 합이 다음 항이 되도록 수열을 만들어 보자.

2, 1, 3, 4, 7, 11, 18, 29, 47, 76, 123, …

[3단계] (문제 설정하기)

전 단계의 의문을 기초로 새로운 질문 또는 문제를 만든다.

- (변형된 수열에 대하여 질문을 제기한다) 피보나치 수열에서 성립되는 규칙들이 새로 만든 수열에서도 성립할까?
- 새로운 수열에서 연속된 항의 비에 대한 극한값은 어떤 값이 되는가?
- 새로운 수열에서 n항까지의 합은 어떤 값을 갖는가?

[4단계] (설정한 문제 분석하기)

전 단계의 새로 만든 질문 또는 문제를 분석하거나 해를 구한다.

- 처음 시작하였던 피보나치 수열은 연속된 항의 비에 대한 극한값은 황금비의 값을 갖는다. 첫 번째항과 두 번째 항을 다른 두 수 2, 1로 바꾸어서 만든 새로운 수열에서 연속된 항의 비에 대한 극한값을 구한다면, 놀랍게도 바꾸기 이전의 피보나치 수열과 마찬가지로 황금비의 값을 갖는다.
- 새로운 수열에서

1항까지 합 2 2 (3항 3에서 1을 뺀 수)

2항까지의 합 $2+1$ 3 (4항 4에서 1을 뺀 수)

3항까지의 합 $2+1+3$ 6 (5항 7에서 1을 뺀 수)

4항까지의 합 $2+1+3+4$ 10 (6항 11에서 1을 뺀 수)

5항까지의 합 $2+1+3+4+7$ 17 (7항 18항에서 1을 뺀 수)

6항까지의 합 $2+1+3+4+7+11$ 28 (8항 29항에서 1을 뺀 수)

7항까지의 합 $2+1+3+4+7+11+18$ 46 (9항 47항에서 1을 뺀 수)

⋮

n항까지의 합 (n+2)항의 수에서 1을 뺀 수

- 새로운 수열에서 n항까지의 합은 (n+2)항의 수에서 1을 뺀 수이다. 피보나치 수열에서도 n항까지의 합은 (n+2)항의 수에서 1을 뺀 수이다. 흥미롭게도 새로운 수열과 피보나치 수열에서 n항까지의 합은 같은 규칙으로 구할 수 있다.

ACTIVITY Q 토의문제 13

- Walter & Brown의 What-If-Not 전략을 활용하여 기하판(지오보드)이나 칠교조각(탱그램)을 변형하면서 문제설정 단계를 실행해 보자.

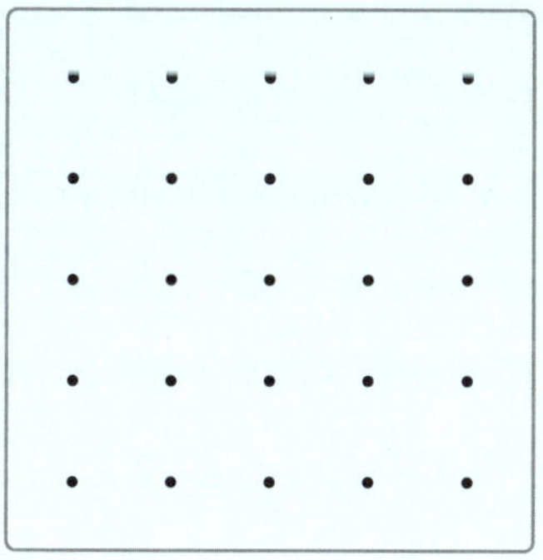

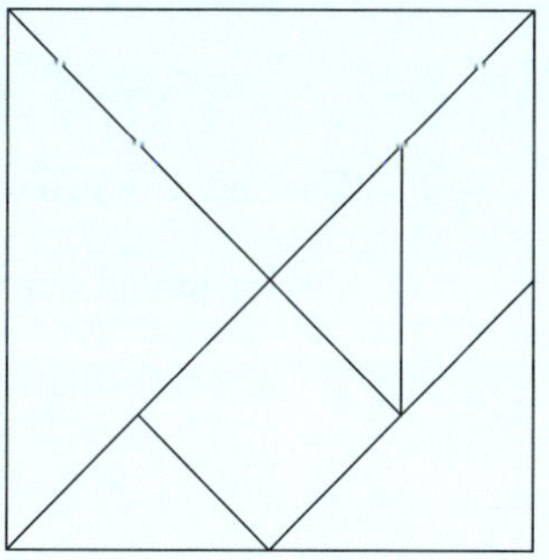

[참고문헌]

정동권, 김수미, 김지원(2010). 수학 문제해결 지도의 이해. 서울: 학지사.

Brown, S. I., & Walter, M. I.(1983). The art of problem posing. Philadelphia, PA: Franklin Institute Press.

Brown, S. I., & Walter, M. I.(1993). Problem posing: Reflections and applications. Hillsdale, NJ: Lawrence Erlbaum Associates.

Charles, R. & Lester, F. K.(1982). Teaching problem solving: What, why, and how. Palo Alto, CA: Dale Seymour Publishing Co.

Charles, R., Lester, F., & O'Daffer P.(1987). How to evaluate progress in problem solving. 강완, 김진호, 신혜진(공역)(1997). 문제해결과정의 평가 기법. 서울: 동명사.

English, L. D. & Halford, G. S.(1995). Mathematics education: Models and processes. 고상숙, 고호경, 박만구, 이중권, 정인철, 황우형(공역)(2003). 수학교육론. 서울: 경문사.

Kilpatrick, J.(1987). Problem fomulating: Where do good problems come from? In A. H. Schoenfeld(Ed.), Cognitive science and mathematics education(pp.123-147). Hillsdale, NJ: Lawrence Erlbaum Associates.

National Council of Teachers of Mathematics(1980). An agenda for action: Recommendations for school mathematics of the 1980s. Reston, VA: The National Council of Teachers of Mathematics.

National Council of Teachers of Mathematics(1989). Curriculum and evaluation standards for school mathematics. Reston, VA: The National Council of Teachers of Mathematics. 구광조, 오병승, 류희찬(공역)(1992). 수학교육과정과 평가의 새로운 방향. 서울: 경문사.

National Council of Teachers of Mathematics(2000). Principles and standards for school mathematics. Reston, VA: The National Council of Teachers of Mathematics. 류희찬, 조완영, 이경화, 나귀수, 김남균, 방정숙(공역)(2007). 학교수학을 위한 원리와 규준. 서울: 경문사.

Polya, G.(1957). How to solve it: A new aspect of mathematical method(2nd ed.). 우정호(역)(1986). 어떻게 문제를 풀 것인가: 수학적 사고 방법. 서울: 천재교육.

Reys, R. E., Suydam, M. N., Lindquist, M. M., & Smith, N. L.(2009). Helping children learn mathematics, 9th edition. 박성선, 김민경, 방정숙, 권점례(공역)(2012). 초등 교사를 위한 수학과 교수법. 서울: 경문사.

Silver, E. A. & Mamona, J.(1989). Stimulating problem posing in mathematics instruction through open problems and 'what-if-not', In G. W. Blume & M. K. Heid(Eds.), Implementing new curriculum and evaluation standards(pp.1-7), University Park, PA: Pennsylvania Council of Teachers of Mathematics.

Schroeder. T. L & Lester. F. K.(1989) Developing understanding in mathematics via problem solving. In P. R. Trafton & A. P. Shutle(Eds.), New directions for elementary school mathematics: 1989 yearbook(pp.31-42). Reston, VA: The National Council of Teachers of Mathematics.

제8장 |

수학교구와 공학적 도구를 활용한 수학의 지도

수업 활동

단원: 5학년 1학기 약수와 배수

교구: 트라이팩타

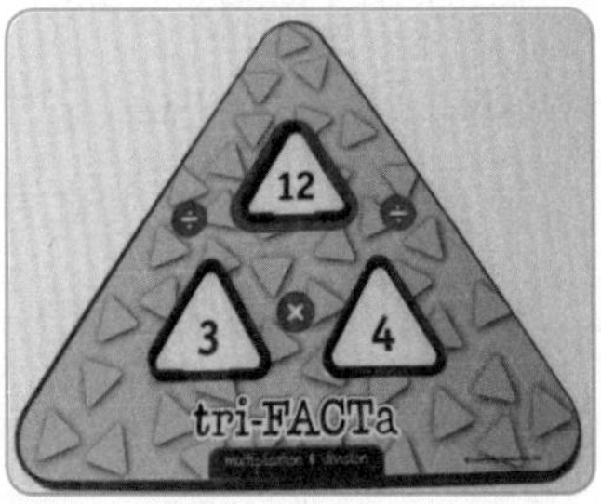

그림 8-1. 트라이팩타

교구 소개: 각자 숫자 카드 6장씩 받은 뒤 자신의 차례가 되면 게임판 위의 빈 칸에 숫자 카드를 채우거나 채울 수 없을 때는 새로운 숫자카드를 1장 가져온다. 가장 먼저 자신의 숫자 카드를 모두 사용한 사람이 이기는 게임이다. 그림 8-1과 같이 게임판은 세 개의 칸이 삼각형 모양으로 배치되어 있는데, 자신의 숫자 카드로 그 칸을 채웠을 때, 아래 칸의 두 숫자의 곱이 윗 칸의 숫자와 같아야 한다. 이를 만족할 수 있는 카드가 없을 경우는 숫자카드를 1장 더 받고 기회는 옆 사람에게 넘어간다. 자신의 차례에서 최대 3개의 카드를 사용할 수 있고, 1개 또는 2개의 카드만 사용하는 것도 가능하다.

학습 기회: 트라이팩타에서 사용하는 숫자 카드는 총 100장이고 최솟값이 1이고 최댓값이 100이다. 그러나 1부터 100사이의 모든 수가 포함되어 있는 것은 아니고 1부터 10까지의 수는 중복되어 있다. 따라서 게임을 하면서 학생들은 대부분 한 자리수와 한 자리수의 곱셈을 하고, 가끔 한 자리수와 두 자리수의 곱셈을 하게 된다. 자신의 카드를 사용하려면 곱셈을 해야 하므로 트라이팩타는 학생들에게 자연스럽게 곱셈 계산 기회를 제공한다. 그러나 이 게임에서 학생들은 단순히 주어진 곱셈 계산을 수행하는 역할에 머물지 않고, 자신의 수를 사용해서 만들 수 있는 여러 가지 곱셈식을 생각하고 가장 적절한 식을 선택하게 된다.

수업 에피소드: A학생은 그림 8-2와 같은 상황에서 게임판 위의 3은 그대로 두고 $6\times3=18$라는 곱셈을 이용하여 자신의 패에서 6과 18을 사용하였다. 이 상황에서 A학생이 게임판 위의 3은 그대로 두고, 2와 6을 선택하여 $3\times2=6$을 이용하는 것도 가능하다. 또는 2, 6, 12를 선택하여 $2\times6=12$를 이용하여 게임판 위의 모든 수를 바꿀 수도 있었다. A학생에게 왜 그렇게 했는지를 물었다.

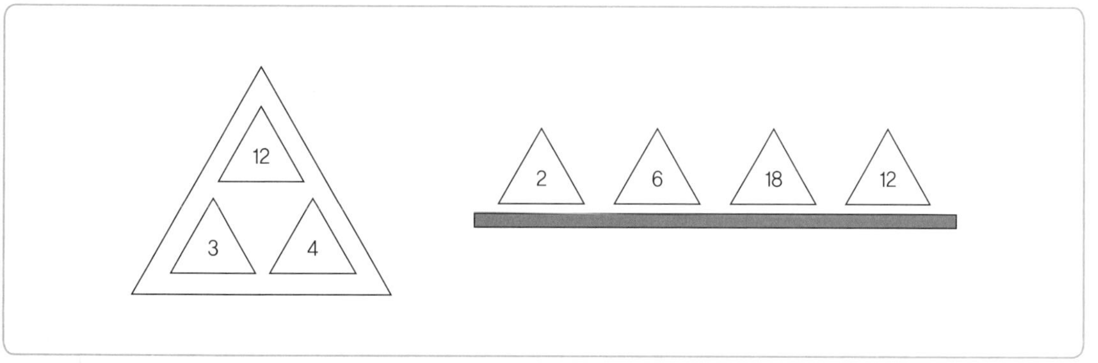

그림 8-2.

A: 저도 처음엔 2, 6, 12 세 장을 모두 쓰는게 좋겠다고 생각했어요. 그런데 그렇게 하면 18만 남는데, 다음 차례에서 18을 쓰기가 어려울 것 같았어요.

교사: 그래도 다음 차례에서 한 장만 쓰면 되니까 더 좋은 거 아닌가?

A: 18은 맨 위에 쓸 수밖에 없거든요. 그러려면 아래에 3, 6이나 2, 9가 나와야 하는데 그 두 경우가 나온다는 보장이 없죠. 아마도 이 친구들이 그런 좋은 숫자는 저에게 안 넘겨줄 거에요. 근데, 제가 $6 \times 3 = 18$로 6, 18을 쓰면, 저한테 2, 12가 남는데 다음 차례에 6만 있으면 제가 2, 12 한꺼번에 쓸 수 있거든요. 그리고 2와 12는 위, 아래 모두 쓸 수 있어서 활용도가 높아요.

교사: 그럼 $3 \times 2 = 6$을 해서 12, 18을 남겨두지 않은 이유는 뭐지?

A: 그 경우는 최악이죠. 12, 18은 활용도도 낮고, 12에 뭘 곱해서 18을 만들 수도 없잖아요.

수업 에피소드 분석: A학생의 설명에서 '활용도'라는 말에 주목할 필요가 있다. A학생은 활용도가 높은 수와 그렇지 않은 수를 구분하고 있었는데, 게임에 참여한 대부분의 학생들 역시 수의 '활용도'라는 용어의 의미를 이해하고 있었고 이러한 활용도에 따라 자신의 전략을 선택하고 있었다. A학생에게 활용도가 높은 수는 그 수가 게임판의 빈 칸 어느 곳에도 쓰일 수 있고 자주 사용된다는 것이다. 다시 말해 다른 수의 약수가 될 가능성이 큰 수 또는 어떤 두 수의 곱으로 나타내기 편한 수가 활용도가 높은 수이다. 예를 들어, 6은 $3 \times 2 = 6$에서 보면 맨 위칸에 들어갈 수도 있고, $6 \times 3 = 18$에서 보면 아래 칸에 들어갈 수도 있으며 $6 = 1 \times 6$, $6 = 2 \times 3$과 같이 두 수의 곱으로 나타내는 방법도 여러 가지이므로 활용도가 높은 수에 해당한다. 이러한 관점에서 학생들에게 12, 24는 활용도가 높은 수이고 7, 11과 같은 수는 활용도가 낮은 수이다. 학생들은 이 게임을 하면서 수를 활용도의 관점에서 해석하게 되는데, 활용도가 높은 수라는 것은 곧 약수가 많아서 두 수의 곱으로 표현되는 방법이 여러 가지인 수가 된다. 따라서 학생들은 자신의 패에 홀수가 들어오는 것이 불리하다고 생각하였다.

게임을 종료한 뒤 교사는 학생들에게 숫자카드에 1부터 100까지의 모든 수가 포함되어 있는지를 물어보았다. 대부분의 학생들은 그렇지 않다고 대답했다. 학생들 스스로 게임을 하면서 2, 3, 6과 같이 여러 장 나오는 수와 27과 같이 자주 나오지 않는 수를 보았기 때문에, 한 번도 안 나오는 수가 있을 것이라고 예상했다. 그래서 학생들에게 이 게임에 포함되지 않는 것이 확실한 수를 생각해보라는 질문을 던졌다. 조별로 상의한 숫자를 발표하도록 했을 때, 그 수는 91, 79, 59, 73, 29, 37 등이었다. 왜 그러한 수는 이 게임에 없을까라는 질문에 '그런 수가 생기면 게임이 안 돼요', '다른 수로 곱해서 만들 수가 없어요' 등으로 답하였다. 학생들이 이 게임에 없다고 답한 수는 대부분 소수였다. 그리고 그 이유 역시 소수의 특징인 약수가 1과 자기 자신밖에 없어서 다른 수로 곱해서 만들 수 없기 때문이었다. 이 게임을 하면서 학생들은 수를 선택할 때, 약수가 많은 수를 '활용도'가 높은 수로 개념화하였고, 이러한 수를 적극적으로 활용하였다. 이 게임에서 명시적으로 학생들에게 제공된 수학 학습 기회는 곱셈 연산이지만, 게임이 진행되면서 학생들은 수를 약수와 배수의 관점에서 해석하게 되었다. 3과 4의 곱을 계산하는 것이 중요한 것이 아니고 12라는 수가 주어졌을 때, 이 수를 어떤 두 수의 곱으로 분해할 것인가를 생각하는 것이 중요하였다. 실제로 학생들은 게임을 진행하면서 점차 곱셈보다는 나눗셈을 하는 횟수가 증가하였다.

트라이팩타가 학생들에게 제공한 수학 학습 기회를 정리하면 다음과 같다. 트라이팩타를 통해 학생들은 곱셈과 나눗셈 연산에 대한 '의미 있는 연습'을 할 수 있었다 Freudenthal, 1991. 이 게임에서 학생들이 연습하는 것은 곱셈과 나눗셈의 빠르고 정확한 계산이 아니라 하나의 수를 두 수의 곱으로 표현하는 여러 가지 방법을 연습하고, 특정 수가 곱셈과 나눗셈에서 하는 역할 등을 연습한다. 즉, 학생들은 이미 자신이 알고 있는 곱셈과 나눗셈의 연산 지식에 근거하여 곱셈과 나눗셈의 관계 또는 약수와 배수라는 개념의 토대를 다지는 '예견학습'의 기회를 얻게 되었다Freudenthal, 1991. 학생들은 약수와 배수, 소수 등의 용어는 사용하지 않았지만, 수의 '활용도'를 언급하면서 해당 개념의 의미와 역할을 활용하고 있던 것으로 볼 수 있다.

1 수학교육에서 교구의 활용

수학교구는 학생들의 지각적 감각에 자극을 주고, 학생들이 조작할 수 있으며 수학적 아이디어를 표현할 수 있는 구체적인 사물이라고 볼 수 있다. 수학교육에서 교구를 사용한 역사는 오래 되었다. Montessori, Piaget, Dienes, Bruner 등의 교육학자들이 수학교육에서 교구의 중요성을 강조하였다. 이들은 학습에서 활동과 경험의 중요성을 강조하였고 구체적 사물의 조작이 아동의 인지 발달에서 필수적임을 주장하였다. Piaget 1952는 아동이 구체적인 수준에서 아이디어를 경험한 다음에 기호나 추상적인 개념을 이해할 수 있다고 보았다. Dienes 1960는 수학교구에 대한 경험이 충분한 아동은 추상적인 수학의 세계와 구체적인 현실의 세계를 관련지어 이해할 수 있다고 주장하였다. 이와 같이 학생들은 수학교구를 다루면서 추상적인 수학적 아이디어와 개념에 대한 인지적 모델을 형성할 수 있을 뿐만 아니라 수학에 대한 관심과 흥미를 느낄 수 있다.

교구의 질은 그것이 사용되는 방법 또는 학생들이 교구를 어떻게 활용하는가에 따라 결정된다. 조약돌이나 색종이, 주사위라도 그것으로 수학적 활동을 경험할 수 있다면 훌륭한 수학교구가 될 수 있다. 반면에, 정교하게 설계된 수학교구라도 적절하게 사용되지 않는다면 수학교구의 역할을 할 수 없다. 따라서 수학교구를 활용할 때는 다음과 같은 점에 유의할 필요가 있다.

첫째, 수학교구는 수학적 개념에 대한 구체적인 모델일 뿐, 수학적 개념 그 자체는 아니다. 수학적 개념은 이런 모델이 아니라 이러한 모델을 조작하는 학생의 활동에 있다. 따라서 학생들이 교구를 조작하는 활동을 반성할 수 있도록 기회를 제공해야 한다. 학생들은 수학교구를 조작하는 자신의 활동 과정과 결과를 다양하게 표현하면서 자신의 사고 과정을 반성할 수 있다. 따라서 학생들이 수학교구와 수학적 개념을 관련지어 이해할 수 있도록 교사의 적절한 질문과 개입이 필요하다.

둘째, 수학교구가 오히려 학생의 수학학습을 방해할 수도 있음에 유의해야 한다. 예를 들어, 학생들에게 받아올림이 있는 덧셈을 가르치기 위해서는 초기에 수모형 등과 같은 수학적 교구가 필요하다. 그러나 학생들이 받아올림 개념과 자릿값 개념을 이해했다면 덧셈을 할 때 교구를 계속해서 사용하는 것이 오히려 덧셈 계산을 방해할 수 있다.

셋째, 수학교구를 조작하는 학생들의 예상치 못한 반응에 적절하게 대응해야 한다. 학생들은 수학교구를 의도와 다르게 조작할 가능성이 높은데, 오히려 이러한 유연한 활용 가능성이 수학 학습의 기회를 높일 수 있다. 예를 들어, 도형판 위에 다양한 다각형을 만들어보면서 어떤 학생들은 정삼각형을 만들려고 시도할 수 있다. 정사각형 격자로 이루어진 도형판에서는 정삼각형을 만들 수 없으므로, 교사는 이러한 상황이 발생하지 않도록 주의하거나 학생들이 만든 삼각형이 정삼각형이 아닌 이유를 논의하는 학습기회로 삼는 융통성을 발휘할 필요가 있다.

다음에서는 초등학교 수학 수업에서 활용할 수 있는 수학교구를 소개한다.

그림 8-3.

(1) 도형판(지오보드, Geoboard)

도형판이란 다음 그림과 같이 가로, 세로 일정한 간격으로 배열된 격자점에 못을 박아 놓은 것이다. 격자점에 고무줄 등을 걸어서 다양한 도형을 만들거나 도형의 성질을 탐구하는 데 사용된다. 도형판은 고무줄을 가지고 자유롭게 도형을 만들 수 있을 뿐만 아니라 바로 수정도 가능하기 때문에 학생들이 자신의 잘못을 쉽게 수정할 수 있고, 자신의 다양한 아이디어를 바로 확인할 수 있다. 도형판은 도형을 만들고 성질을 탐구하는 활동, 도형의 넓이와 둘레를 탐구하는 활동에서 활용될 수 있다.

1) 도형을 만들고 성질을 탐구

① 격자점 3개만 이용해서 도형을 만들어보고 그 성질을 이야기해 봅시다.

② 격자점 4개만 이용해서 도형을 만들어보고 그 성질을 이야기해 봅시다.

③ 도형판 위의 삼각형에서 꼭짓점의 수를 하나씩 늘려가며 사각형, 오각형, 육각형을 만들어 봅시다.

④ 예각삼각형, 직각삼각형, 둔각삼각형을 도형판 위에 만들어 봅시다.

⑤ 2개의 직각, 1개의 예각, 1개의 둔각을 가진 사각형을 도형판 위에 만들어 봅시다.

도형판 위에서 고무줄로 도형을 만들면서 학생들은 자연스럽게 꼭짓점의 개수와 변의 개수에 관심을 가질 수 있다. 예를 들어, 삼각형을 만들기 위해서는 3개의 꼭짓점이 필요하고, 사각형은 4개의 꼭짓점이 필요하다는 것을 알 수 있다. 이와 같이 꼭짓점을 1개씩 늘려 가면서 오각형, 육각형을 만들고 그 성질을 알 수 있다. 또한 도형판 위에서는 다양한 도형을 만들 수 있고, 만든 도형을 변형하는 것도 쉽기 때문에, 학생들에게 다양한 도형의 예를 제시하기에 적합하다. 또한 도형판의 격자점 간격이 일정하므로 도형판 위에서는 예각, 직각, 둔각삼각형 또는 직사각형, 정사각형, 마름모 등을 쉽게 구별할 수 있다.

2) 도형의 넓이와 둘레를 탐구

① 도형판 위의 도형 중 넓이가 가장 넓은 도형을 찾아봅시다.

② 넓이가 12cm^{2}인 직사각형을 3가지 만들어봅시다.

③ 넓이가 24cm^{2}인 사다리꼴을 3가지 만들어봅시다.

④ 직사각형의 둘레가 길수록 넓이도 더 넓은지 알아봅시다.

이 과제는 단위넓이를 이용하여 도형의 넓이를 구하는 활동으로 적절하다. 도형판의 격자점은 일정한 간격으로 배치되어 있으므로 모눈종이처럼 단위넓이를 쉽게 확인할 수 있다. 또한 도형판은 도형을 쉽게 변형할 수 있으므로, 넓이가 동일하지만 모양이 다른 도형을 여러 가지 만들 수 있다. 이러한 활동을 통해 밑변과 높이에 따른 넓이의 변화와 둘레와 넓이의 관계 등을 탐구할 수 있다.

ACTIVITY Q 토의문제 1

• 정사각형 격자로 이루어진 도형판에서 정삼각형을 만들 수 있을까? 만들 수 없다면 그 이유는 무엇인가?

(2) 칠교판(탱그램, tangram)

칠교판은 정사각형 판자를 7개 조각으로 나눈 것으로, 직각이등변삼각형 5개, 정사각형 1개와 평행사변형 1개로 이루어져 있다. 각각의 조각으로 동물, 식물, 건축물과 같은 여러 가지 모양을 만들 수 있다. 칠교판은 도형의 기본 개념이나 성질을 학습하고 공간감각을 길러주는 교구로 활용된다. 칠교판으로 직각삼각형, 직사각형, 평행사변형, 사다리꼴, 오각형, 육각형 등 여러 가지 다각형을 만들면서 다각형의 성질을 탐구할 수 있으며, 주어진 모양을 여러 가지 방법으로 만들어 보게 할 수 있다. 특히, 칠교판의 7개 조각의 도형들은 서로 변의 길이가 같거나 정수 배의 길이를 가지기 때문에 서로 다른 도형 사이의 성질, 넓이들 간의 관계를 지도하는 데 효과적으로 사용될 수 있다. 또한 주어진 도형을 조각들로 채우는 활동을 통해서 전체와 부분간의 관계를 파악할 수 있는 학습 기회를 제공할 수 있다.

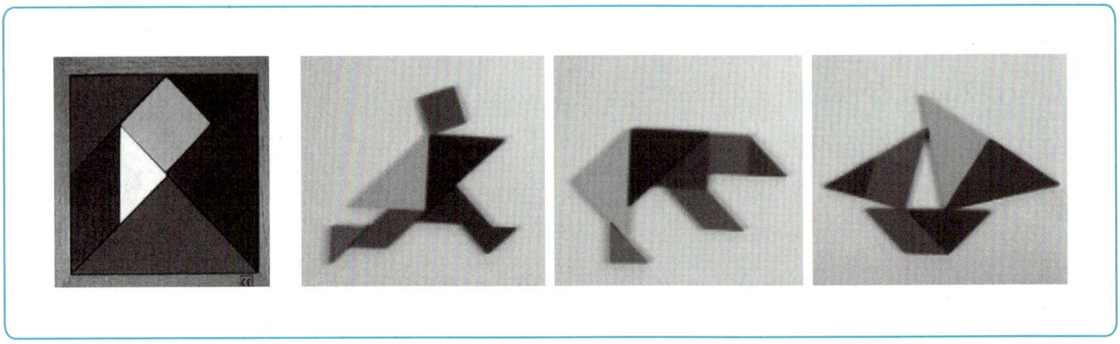

그림 8-4.

1) 칠교판으로 여러 가지 모양 만들기

① 칠교판 조각으로 다음과 같은 모양을 만들어 봅시다.

② 칠교판 조각으로 내가 만들고 싶은 동물이나 식물 모양을 만들어 봅시다.

③ 칠교판 조각으로 직사각형, 정사각형, 사다리꼴을 만들어 봅시다.

④ 다음 그림을 보고, 색종이를 잘라서 칠교판을 만들어 봅시다.

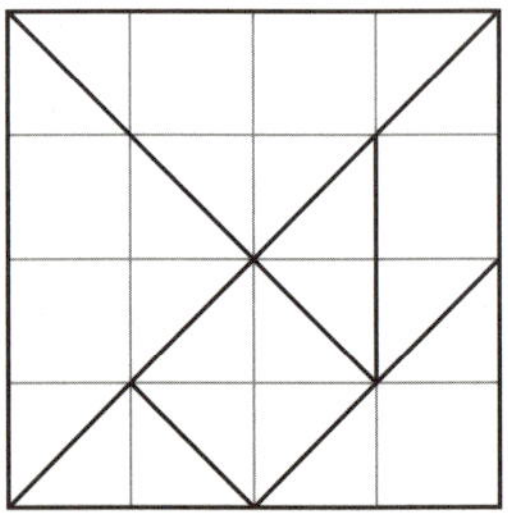

칠교판을 이용하여 여러 가지 모양을 자유롭게 꾸미거나 주어진 모양을 채우는 활동을 통하여 평면도형에 대한 감각을 기를 수 있다. 특히, 주어진 도형을 칠교판의 삼각형, 사각형 조각으로 만드는 활동은 넓이의 등적변형을 이해하는 토대가 될 수 있다. 또한 활동 ④는 색종이를 접는 활동을 통해 직각삼각형, 정사각형, 평행사변형 등을 만들고 각각의 넓이와 변의 길이를 확인할 수 있다.

2) 여러 가지 다각형의 성질과 넓이를 탐구

① 2개의 칠교판 조각을 사용하여 정사각형을 만들어 봅시다.

② 4개의 칠교판 조각을 사용하여 정사각형을 만들어 봅시다. 5개의 칠교판 조각을 사용하여 정사각형을 만들 수 있을까?

③ 칠교판의 가장 작은 삼각형의 넓이를 1이라고 할 때, 나머지 조각들의 넓이를 구해 봅시다.

④ 넓이가 2, 4, 8인 삼각형을 만들어 봅시다.

⑤ 넓이가 4인 직사각형을 만들어 봅시다. 모두 몇 가지를 만들 수 있을까요?

⑥ 칠교판의 정사각형 조각의 한 변의 길이를 1이라고 할 때, 둘레가 4인 도형을 만들어 봅시다.

이 과제는 칠교판 조각으로 넓이나 둘레가 주어진 다각형을 만드는 것이다. 주어진 조건을 만족하는 도형을 만들면서 학생들은 칠교판 조각 사이의 관계를 탐구할 수 있다. 또한 주어진 조건을 만족하는 도형을 만드는 방법이 여러 가지 존재하므로, 학생들은 이 과제를 해결하면서 체계적인 사고와 창의력을 기를 수 있다.

(3) 패턴 블록(pattern block)

패턴 블록은 6가지 색으로 구분된 6가지 도형을 모아 놓은 것이다. 녹색 정삼각형(50개), 주황색 정사각형(25개), 파란색 평행사변형(50개), 갈색 마름모(50개), 빨간색 사다리꼴(50개), 노란색 정육각형(25개) 등 총 250개로 구성되어 있다. 패턴 블록은 사다리꼴의 아랫변의 길이만 2인치이고, 나머지 도형의 변의 길이는 모두 1인치이다. 각 도형의 한 각의 크기는 마름모의 각의 크기가 150°인 것을 제외하고는 모두 360°의 약수인 120° 90°, 60°, 30°중 하나이다.

정삼각형	정사각형	평행사변형	마름모	사다리꼴	정육각형
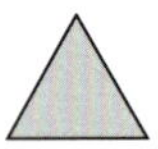		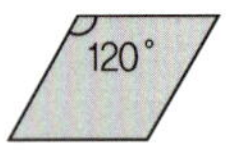			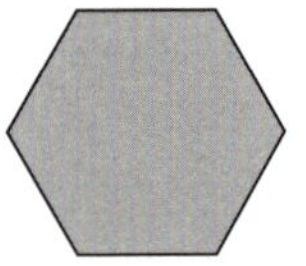

표 8-1.

1) 패턴 블록으로 모양 덮기

① 패턴 블록을 이용하여 정육각형을 만들어 봅시다. 모두 몇 가지 방법으로 만들 수 있는지 탐구해 봅시다.

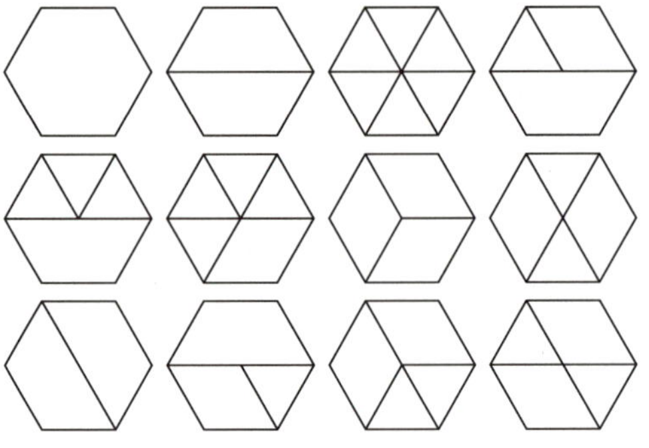

② 패턴 블록으로 별 모양의 도형을 덮고 그 사이의 규칙성을 알아봅시다.

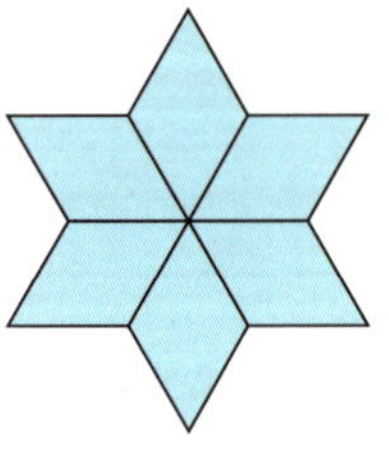

③ 위 그림의 별 모양을 정삼각형과 평행사변형으로만 덮어보고 각 블록의 개수를 기록해보자. 각 블록의 개수 사이의 규칙성을 찾아보자.

④ 위 그림의 별 모양을 정삼각형과 사다리꼴로만 덮어보고 각 블록의 개수를 기록해보자. 각 블록의 개수 사이의 규칙성을 찾아보자.

이 과제에서 패턴블록을 사용하여 모양을 덮을 때 학생들은 각 또는 모서리의 조합을 생각하면서 평면도형에 대한 감각을 익힐 수 있다. 또한 패턴 블록은 규칙을 인식하고, 규칙성을 찾는 데 효과적으로 사용할 수 있다. 특히, 활동②에서 학생들은 패턴블록을 조합하면서 블록들 간의 관계를 이해할 수 있다. 예를 들어, 정삼각형과 평행사변형으로 채우면 (정삼각형의 수, 평행사변형의 수)는 (2,5) (4,4) (6,3) (8,2) (10,1)이 된다. 평행사변형의 개수가 1개씩 줄어들면, 삼각형의 개수는 2개씩 늘어나는 규칙을 발견할 수 있고, 이러한 규칙성은 두 도형의 넓이 관계 때문이라는 것을 알 수 있다.

2) 패턴 블록으로 분수 표현하기

①  =1이라고 할 때, 패턴블록을 이용하여 $\frac{1}{2}$, $\frac{2}{3}$, $\frac{5}{6}$, $\frac{1}{6}$을 나타내어 봅시다.

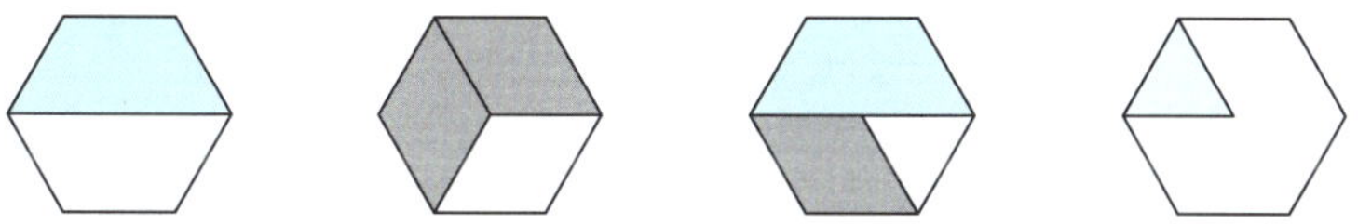

$\frac{1}{2}$ $\frac{2}{3}$ $\frac{5}{6}$ $\frac{1}{6}$

② 평행사변형 1개의 크기를 $\frac{2}{3}$라고 할 때, 아래 그림의 왼쪽 모양에서 오른쪽 모양을 빼는 것을 뺄셈식으로 나타내어 봅시다.

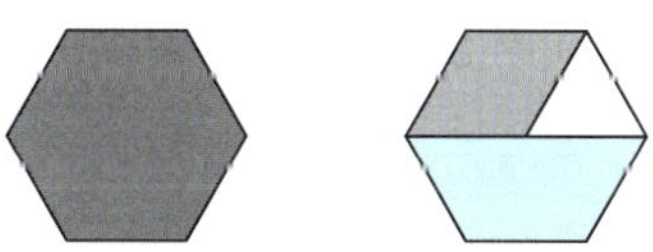

이 과제는 패턴블록 간의 넓이 관계를 파악하고 이를 이용하여 분수를 표현하는 활동이다. 활동 ①에서는 정육각형 전체가 1을 뜻하고, 활동 ②에서는 정육각형 전체가 2를 뜻한다. 따라서 학생들은 전체와 부분 사이의 관계에 따라 분수의 표현이 달라질 수 있음을 이해하는 기회가 될 수 있다.

ACTIVITY Q 토의문제 2

- [그림 1], [그림 2]는 패턴 블록으로 만든 합동인 도형이다. 이를 이용하여 패턴 블록의 정사각형 1개의 넓이에 대한 마름모 1개의 넓이의 비를 구해봅시다.

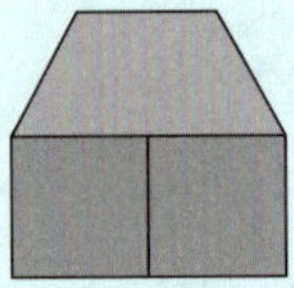
그림 1

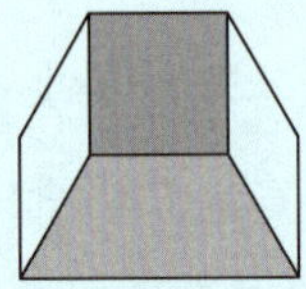
그림 2

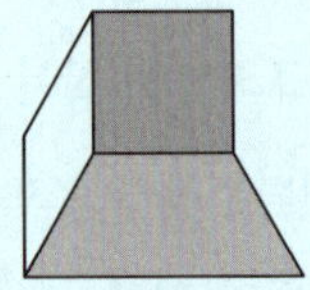
그림 3

- [그림 2]에서 마름모 1개를 빼낸 [그림 3]과 같은 모양도 육각형인가? 그 이유는 무엇인가?

그림 8-5.

(4) 연결큐브

연결큐브는 정육면체로 이루어진 입체도형에 한 면에는 다른 큐브에 끼울 수 있는 돌기가 있고 6면 전체에 큐브를 연결할 수 있는 구멍이 있는 교구이다. 각각의 큐브를 6방향으로 모두 연결할 수 있기 때문에 다양한 모양을 만들 수 있고 총 10가지 색으로 이루어져 있다. 각각의 큐브를 연결하여 수 개념 지도에 활용할 수 있으며, 다양한 입체도형을 만들어서 그 성질을 탐구할 수 있고, 쌓기나무 조각으로 활용할 수도 있다.

1) 수 개념 이해하기

① 자릿값 개념 지도

수를 보고 10개씩 묶음과 낱개로 나타내어 보시오.

수	10개씩 묶음(개)	낱개(개)
12	1	2
17		

② 수 모형으로 15+7 지도

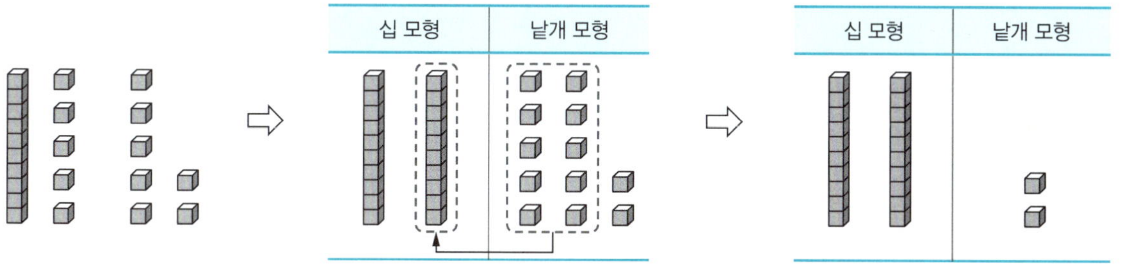

연결큐브는 저학년에서 양감을 기초로 자연스럽게 수 감각을 개발하는 모형으로 활용할 수 있다. 예를 들어, 1에서 10까지 각각의 수에 대응하는 큐브를 연결하여 수를 지도하고 수의 크기를 비교할 수 있다. 또한 덧셈과 뺄셈 연산의 원리를 설명하는 수 모형으로 활용할 수 있다.

2) 쌓기 나무 탐구

① 옆의 친구에게 설명하여 다음 쌓기 나무를 쌓아보게 합시다.

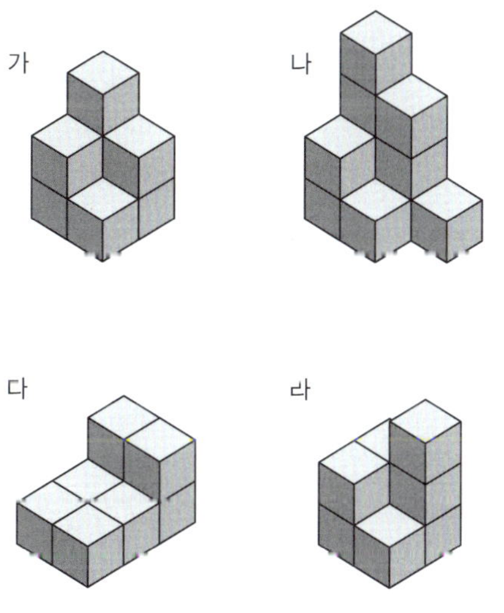

② 그림과 같은 모양을 만들었을 때 위, 앞, 옆에서 본 모양을 그려 봅시다.

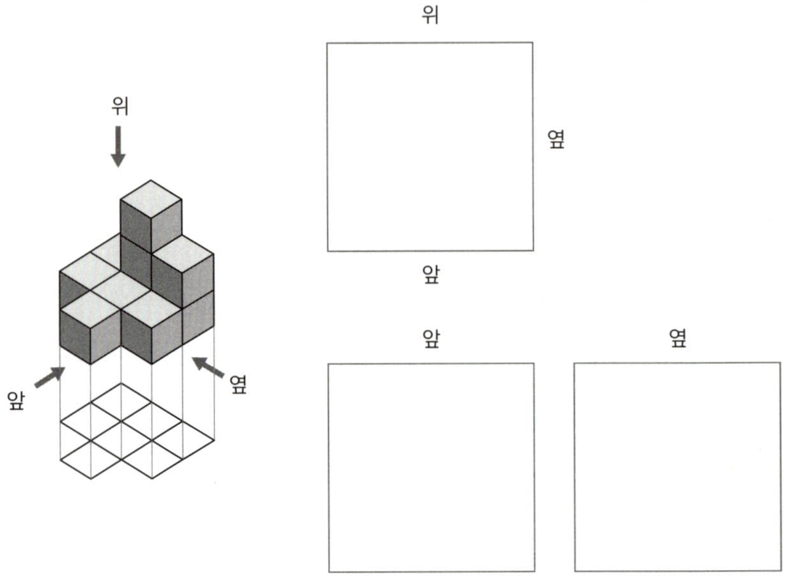

③ 연결큐브 4개로 만들 수 있는 모양을 모두 찾아봅시다.

④ 연결큐브 5개로 여러 가지 모양을 만들어 봅시다.

이 과제는 정육면체로 쌓여진 공간 도형에 대한 감각을 키우는 데 적합하다. 공간도형을 말로 설명하여 전달하고 이러한 설명을 이해하는 활동 그리고 공간도형의 위, 아래, 옆에서 본 모습을 그림이나 수로 나타내고 반대로 수나 그림으로 나타낸 것을 보고 그에 맞는 공간도형을 만들 수 있는 능력은 공간 감각을 키우는 데 핵심적이다. 특히, 활동 ③과 활동 ④는 주어진 조건을 만족하는 공간도형을 모두 찾는 과정에서 논리적인 사고와 공간 감각을 키우는 기회가 될 수 있다.

(5) 폴리오미노(polyomino)

합동인 정사각형들을 변과 변을 연결하여 다양하게 만든 도형을 폴리오미노라고 부른다. 우리에게 잘 알려진 '테트리스' 게임은 4개의 합동인 정사각형을 연결한 테트로미노를 이용하여 공간을 덮는 게임이다. 폴리오미노는 정사각형의 개수에 따라 표 8-2와 같이 이름이 구분된다. 폴리오미노의 종류는 그림 8-6과 같다. 초등학교에서는 주로 테트로미노와 펜토미노를 사용한다. 예를 들어, 평면도형의 밀기, 뒤집기, 돌리기 활동을 통하여 도형의 변화를 이해하는 활동에서 폴리오미노를 활용할 수 있다. 또한 폴리오미노를 활용하여 여러 가지 평면도형을 만들어보는 활동을 할 수도 있다.

정사각형의 개수	이름	종류
1	모노미노(monomino)	1
2	도미노(domino)	1
3	트로미노(tromino)	2
4	테트로미노(tetromino)	5
5	펜토미노(pentomino)	12
6	헥소미노(hexomino)	35

표 8-2. 폴리오미노

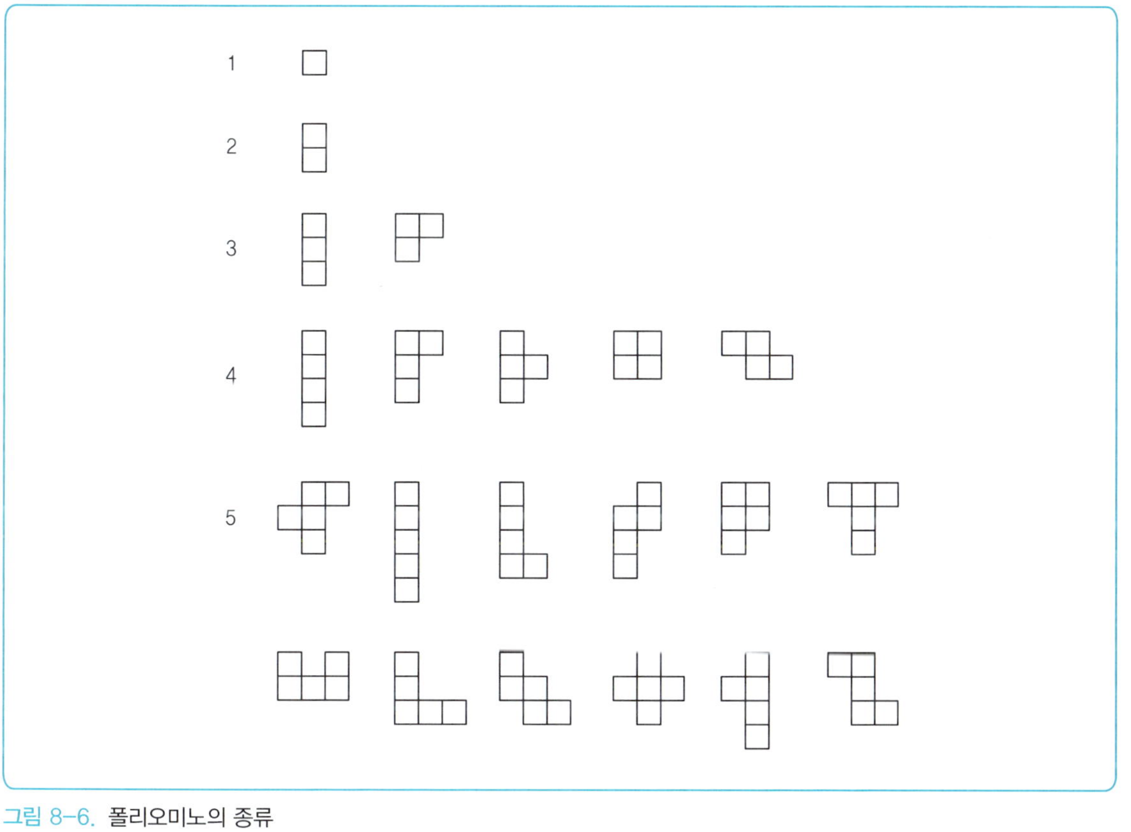

그림 8-6. 폴리오미노의 종류

① 도형의 뒤집기

뒤집었을 때 퍼즐의 빈칸에 들어갈 수 있는 도형은 무엇인지 알아보시오.

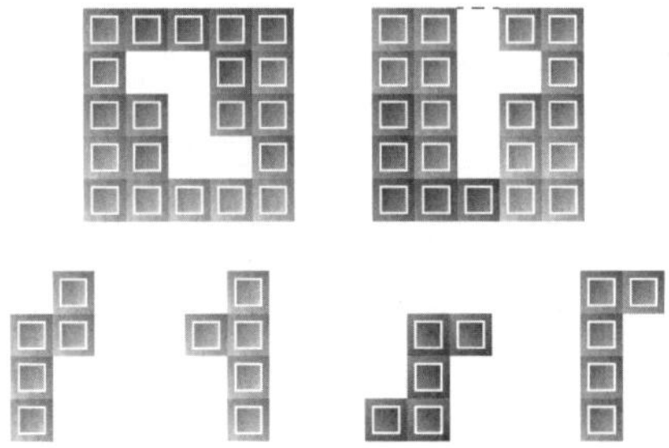

가 나 다 라

② 도형의 돌리기

주어진 도형을 와 같이 돌리면 어떻게 되는지 알아보시오.

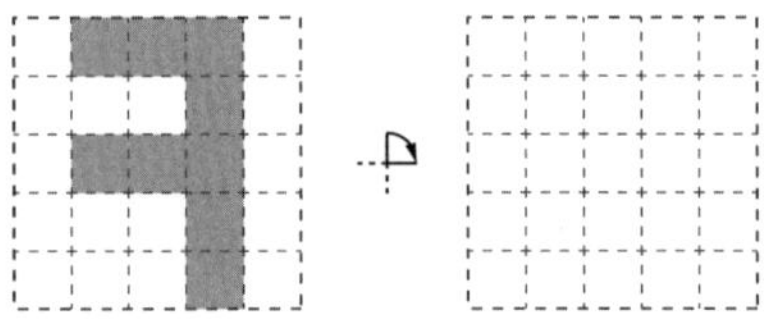

③ 펜토미노로 도형 만들기

펜토미노 조각 중에서 3개를 골라 밀기, 뒤집기, 돌리기를 이용하여 보기 와 같이 직사각형을 만들어 보시오.

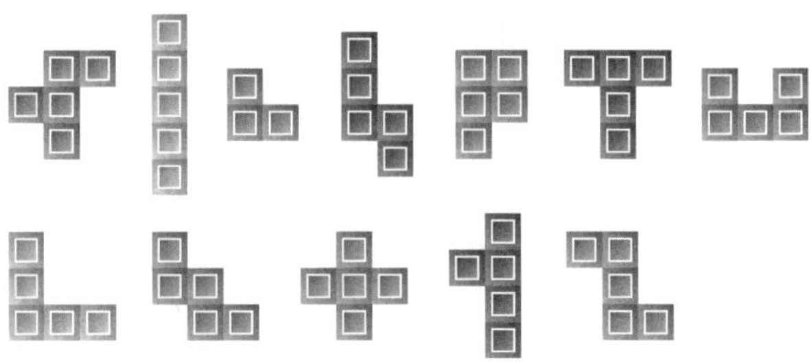

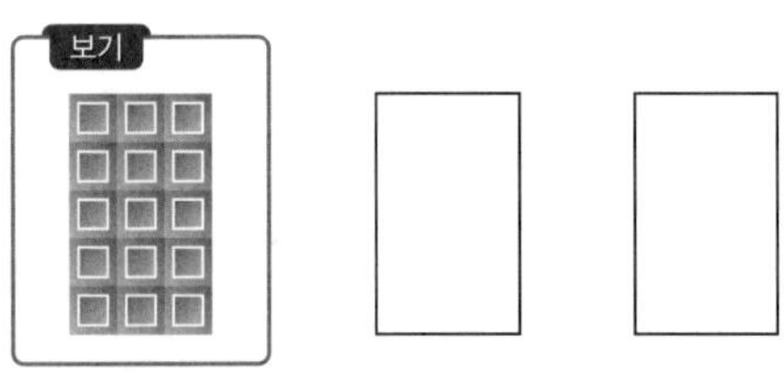

이 과제는 학생들에게 평면도형의 이동밀기, 뒤집기, 돌리기에 의해 도형의 모양과 크기가 변하지 않음을 경험시키는 활동이다. 이는 평행이동, 대칭이동, 회전이동에 대응하는 것으로 합동변환에 해당한다. 학생들은 평면도형의 밀기, 뒤

ACTIVITY Q 토의문제 3

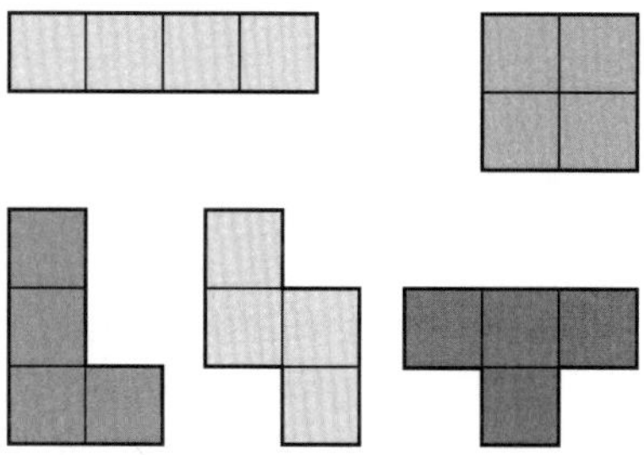

• 서로 다른 테트로미노 2개를 사용하여, 2×4의 직사각형을 채울 수 있는가?

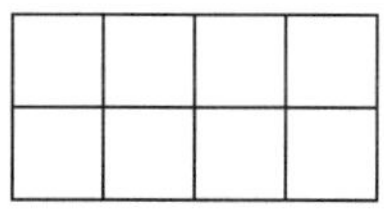

• 서로 다른 테트로미노 3개를 사용하여, 2×6, 3×4의 직사각형을 채울 수 있는가?

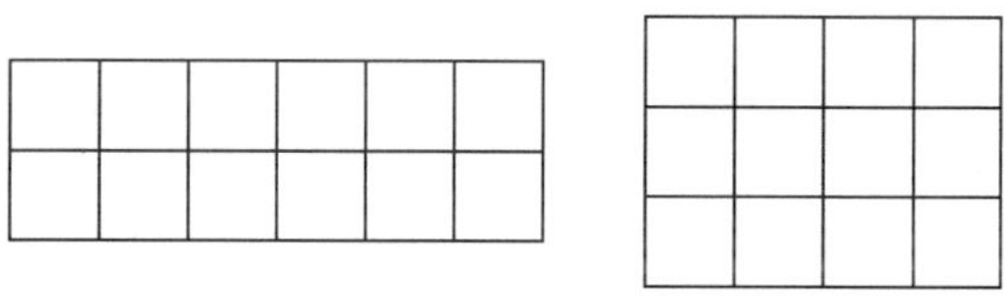

• 서로 다른 테트로미노 4개를 사용하여, 4×4의 정사각형을 채울 수 있는가?

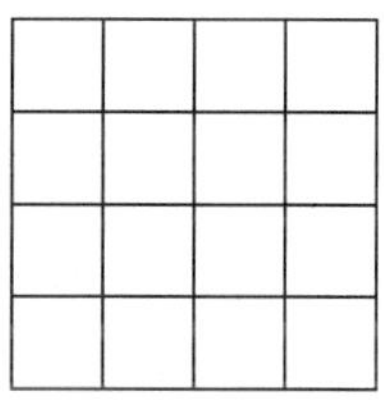

• 서로 다른 테트로미노 5개를 사용하여, 5×5의 정사각형을 채울 수 있는가?

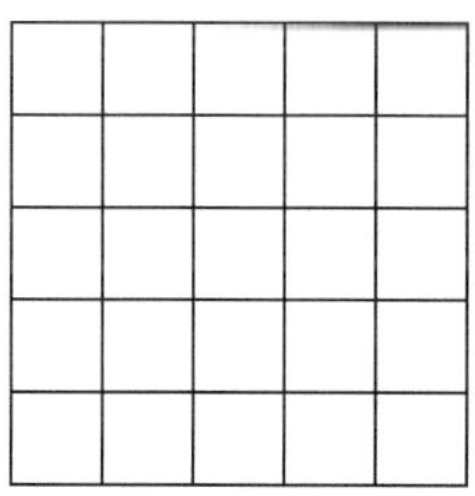

집기, 돌리기를 하면서 공간에서 도형의 위치를 지각하는 능력을 기르고 이동의 결과를 예상하고 확인하면서 공간감각을 기를 수 있다. 특히, 활동 ③은 퍼즐 형태로 변형할 수 있는 과제이다. 예를 들어, 펜토미노 12개를 모두 사용하여 6×10 형태의 직사각형을 채우는 퍼즐을 생각할 수 있다.

2 수학교육에서 공학적 도구의 활용

수학 수업의 고질적인 문제 중의 하나는 수학 내용을 성급하게 형식화, 기호화하는 것이다. 이를 보완할 수 있는 방안 중의 하나가 공학적 도구를 교수-학습에 적극적으로 활용하는 것이다. 공학적 도구의 이용은 여러 면에서 장점을 갖는다김남희, 박경미, 2008. 첫째, 공학적 도구를 이용하여 추상적인 수학 내용을 시각화 하는 것은 학습자가 수학의 개념, 원리, 법칙을 구체화하여 이해하는 데 도움을 줄 수 있다. 둘째, 복잡한 계산이나 대수적인 문자식의 처리가 문제 해결의 본질적인 부분이 아닐 때, 계산기나 컴퓨터를 활용해 이를 신속하게 대행하게 함으로써 사고력 중심의 교수-학습 활동에 전념하게 할 수 있다. 또한 컴퓨터 프로그래밍 활동은 절차적 사고를 강조하고, 학생들의 수학적 사고를 신장시키는 데 활용될 수 있다. 셋째, 활동 중심의 수학교육 이론들이 주장하는 수학교육 학습 원리를 구현하는 데에 도움을 줄 수 있다. 예를 들어 Dienes의 '지각적 다양성의 원리'나 '역동성의 원리'의 구현에 공학적 도구가 활용될 수 있다. 또한 가상현실을 이용한 현실적 문맥을 강조하는 현실적 수학교육RME 이론과도 연결할 수 있다. 넷째, 공학적 도구는 형식적인 증명이나 개념 학습의 전 단계에서 그래프, 애니메이션, 동영상, 시뮬레이션 등을 통한 직관적인 탐구활동을 제공해 줄 수 있다. 공학적 도구의 시각적인 기능을 활용하면 증명 이전에 연역해야 할 사실에 대한 직관적 이해 또는 관찰에 의한 발견의 과정을 제공할 수 있다.

수학교육에서 공학적 도구를 활용하는 것은 단순히 시대적인 요구에 부응하기 위해서가 아니라, 학생에게 효율적인 수학 학습을 제공하기 위한 것이다. 이와 같이 공학적 도구는 수학 수업에서 효과적으로 사용될 수 있지만 수업의 목표나 학생의 수준 등을 고려하지 않을 경우 오히려 수학 학습에 방해가 될 수 있다. 다음은 공학적 도구를 활용할 때의 유의점이다.

- 공학적 도구를 활용하는 목적을 명확하게 해야 한다. 예를 들어, 컴퓨터를 통해 다양한 예와 시뮬레이션으로 수학적 개념의 직관적인 이해를 도와줄 수 있지만 연역적이고 형식적인 측면을 간과해서는 안 된다.
- 수학 수업에서 공학적 도구의 한계를 명확하게 인식해야 한다. 공학적 도구로 모든 수학적 내용을 지도할 수 있다고 생각해서는 안 된다.
- 학생 수준을 고려하지 않고 공학적 도구를 사용할 때 일어날 수 있는 메타 인지적 이동의 위험을 인식해야 한다. 학생들이 수학적 개념을 이해하는 데 초점을 두지 않고 공학적 도구의 사용법을 익히는 데 집중한다면, 오히려 공학적 도구가 수학학습을 방해할 수 있다.

(1) 계산기를 활용한 수학 학습

전통적으로 초등학교 수학의 대부분의 시간은 계산 기능의 숙달을 위해 사용되었다. 그러나 계산기가 광범위하게 사용되면서 이러한 학교 수학의 목표는 수정될 필요가 있다. 사칙계산의 의미와 기본 원리를 지도할 때를 제외하고는 학교 수학에서 계산기를 적극적으로 활용할 필요가 있다. 수학교육에서 계산기가 유용한 상황을 정리하면 다음과 같다.

- 계산기를 활용하여 현실적인 문제를 해결할 수 있다. 현실의 문제 상황은 수치가 복잡한 경우가 많은데, 계산기를 활용하면 복잡하고 긴 계산을 쉽게 할 수 있어서 학생들이 문제 자체에 더 집중할 수 있다.
- 계산보다 개념의 발달에 주목할 수 있다. 예를 들어, 평균값이나 분산을 구하는 경우, 복잡한 계산을 하느라고 정작 다루고 있는 개념의 의미는 소홀해 질 수 있다.
- 규칙성이나 패턴 찾기의 기회를 제공할 수 있다. 예를 들어, 계산기를 사용하여 34×34, 334×334, 3334×3334의 값을 구해보고, 패턴을 추측하여 33334×33334의 결과를 예측하고 확인할 수 있다.

ACTIVITY Q 토의문제 4

- 다음의 문제들은 공통적으로 나눗셈을 해야 하고, 그 몫이 자연수로 나오지 않는다. 이 문제들을 해결하기 위해서는 정확한 계산능력 보다는 어떤 연산이 필요하고 그 결과를 어떻게 해석해야 하는가를 이해해야 한다. 계산기를 사용하여 다음 문제를 해결하여라.

[문제 1] 구슬 876개를 한 상자에 16개씩 종이 상자에 담으면 종이상자는 몇 개가 필요한가?

[문제 2] 600명의 학생을 64명씩 조를 짜면 몇 개의 조가 나오고, 몇 명이 남을까?

[문제 3] 57300원으로 270원짜리 연필을 몇 개까지 살 수 있는가?

(2) 탐구형 소프트웨어

학생들은 탐구형 소프트웨어를 사용하여 컴퓨터에 명령어를 입력하고 그 결과를 관찰하면서 자신의 사고 과정을 반성할 수 있다. 기하 탐구학습 환경을 제공하는 소프트웨어로 지오지브라Geogebra가 해당한다. 지오지브라는 도형, 측정, 대수, 통계 등을 다루는 무료 교육용 수학 소프트웨어이다. 지오지브라는 2002년에 오스트리아 짤스부르크 대학의 마르쿠스 호헨바터Markus Hohenwarter 교수가 개발한 프로그램으로서, 그 후 전 세계의 많은 지오지브라 팀원들이 이 프로그램을 개선하고 있다. 지오지브라는 기본 대상점, 직선, 선분, 원 등으로부터 도형을 작도할 수 있고, 작도한 도형을 움직여서 도형이 어떻게 변화하는지를 관찰할 수 있다.

2015 개정 수학교육과정의 주요 개정 방향 가운데 하나가 실생활 중심의 통계 내용 재구성이다. 이는 우리나라의 기존 통계 교육이 주어진 자료의 수동적인 처리에 머무는 경향이 있다는 점을 반성한 결과이다. 실제로 통계는 실생활 맥락에서 지도하기에 가장 적합한 주제이며, 현실 세계의 자료를 대상으로 수집, 정리, 분석, 해석 등의 과정을 지도해야 한다. 이를 위해 통계에서 소프트웨어를 활용할 필요가 있다.

통계청에서 개발한 통그라미는 웹 기반의 통계교육 소프트웨어이다. 학생들이 현실의 자료를 쉽게 수집할 수 있도록 설문지 작성 도구를 인터넷으로 제공하고, 실시간으로 설문조사를 할 수 있도록 하였다. 또한 설문으로 수집한 자료를 정리하고 그래프로 표현하는 기능을 갖추고 있다. 그림 8-7은 통그라미를 이용하여 학생들이 좋아하는 패스트푸드를 조사하고 그 결과를 막대그래

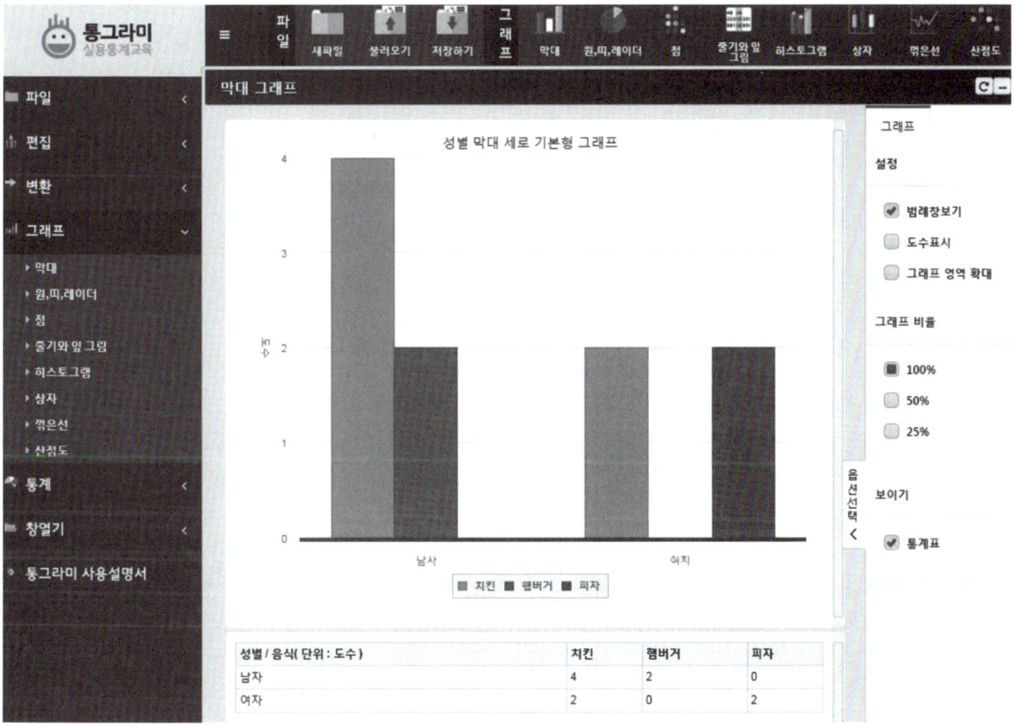

그림 8-7. 통그라미

프로 표현한 것이다.

(3) 인터넷을 활용한 수학 학습

최근 스마트 기기의 확산으로 우리는 인제 어디시나 인터넷에 접속할 수 있고, 이러한 환경은 수학교육에도 많은 영향을 주고 있다. 수학 소프트웨어가 설치된 컴퓨터가 없더라도 학생들이 소지한 휴대용 스마트 기기를 활용하여 교실에서 인터넷에 접속하여 방대한 내용의 수학교육 자료를 검색할 수 있다. 따라서 수업 시간에 학습 내용이나 학생의 요구에 따라 실시간으로 인터넷 자료를 활용한다면 보다 효과적인 수업이 가능할 것이다.

NRICH https://nrich.maths.org 사이트는 초등학교, 중학교, 고등학교 학년 수준에 따라 다양한 수학학습자료를 제공하고 있다. 특히, 이 사이트에 제시된 활동을 각 교실에서 수행하고 그 결과를 해당 사이트에 공유하는 기능이 있는

데, 이를 통해 학생들의 다양한 문제 해결 전략을 이해하고 논의하는 기회로 활용할 수 있다.

EBS MATH http://www.ebsmath.co.kr 사이트는 우리나라 초등학교, 중학교 교육과정을 반영하여 다양한 교수학습자료를 제공하고 있다. 수업 동기유발을 위한 동영상 자료와 함께 다양한 수학교육용 게임을 제공하고 있다.

이러한 인터넷 사이트 외에도 스마트 기기에서 작동하는 다양한 수학교육용 앱을 수학 수업에서 활용할 수 있다.

3 수학교육에서 게임의 활용

수학수업에서 게임을 활용하는 목적은 다양하다. 학생들은 게임을 하면서 수학에 대한 긍정적인 태도를 기르고 Nisbet & Williams, 2009, 수학수업에 대한 동기부여와 참여도가 신장되며 Bragg, 2003; Provenzo, 1991, 지루할 수 있는 연습을 재미있게 할 수 있게 된다 Lim-Teo, 1991. 대부분의 교사들은 이러한 게임의 역할에 대해서는 쉽게 인정하지만 게임이 수학적 이해를 높여주고 수학 학습 목표를 달성하는 데 효과적이라는 주장에 대해서는 인정하기를 주저한다 이동환, 2016. 그 결과 수학수업에서 게임은 주로 학습목표 달성 이후 학생들에게 보상으로서 제시되거나 기능 숙달을 위한 연습 기회로서 제시되는 경우가 많다. 따라서 수학적 게임의 의미와 역할을 수학학습과 관련하여 이해할 필요가 있다.

(1) 수학적 게임의 의미

수학 교수-학습의 도구로 활용될 수 있는 수학적 게임을 정의하는 여러 가지 관점이 존재한다. McGonigal 2012는 게임의 4가지 본질적 특징으로 '목표, 규칙, 피드백 시스템, 자발적 참여'를 제시하였다. 이러한 특징은 모든 게임이 갖추어야 하는 특징이지만 수학적 게임과 관련하여 시사점을 주는 것은 게임에서 규칙의 역할이다.

> 규칙은 플레이어가 쉽게 목표를 이루지 못하도록 제약을 만든다. 확실한 목표 달성 방법을 없애거나 제한하여 미지의 공간을 탐험하도록 유도하는 것이다. 이로써 창의력이 발휘되고 전략적 사고가 활발히 일어난다 (McGonigal, 2012, p.42).

McGonigal 2012에 따르면, 게임의 규칙은 우리에게 장애물을 제공하고 우리는 자발적으로 그 장애물을 제거하는 과정에서 개인의 강점을 더욱 잘 활용하게 된다는 것이다. 이러한 정의로부터 수학적 게임은 우리가 수학적 수단을 사용하여 해결할 수 있는 장애물을 제공하는 규칙을 갖추어야 한다.

게임의 규칙으로 인해 발생한 장애물을 극복하기 위해 우리는 여러 가지 수단을 강구하게 되는데, 이러한 수단이 플레이어의 의지로 선택될 수 있어야 할 것이다. 이러한 점을 강조하여 Gough 1999, p.218는 게임을 '둘 이상의 사람이 참여해서 각각이 승리를 차지하기 위해 경쟁하고, 참가자는 게임을 하면서 자신의 수를 자유롭게 선택할 수 있다.'고 정의하였다. Gough 1999가 제시한 정의의 핵심은 '선택'에 있다. 이런 의미에서 '뱀 사다리 게임'* 은 수학적 게임이 아니다. 승리가 오로지 운에 달려 있기 때문이다. 뱀 사다리 게임에서 참여자는 주사위 눈에 맞추어 수를 셀 뿐 어떤 선택을 하는 것이 아니고 한 사람의 행위가 다른 사람에게 아무런 영향을 주지 않는다.

Oldfield 1991, p.41는 게임에서 장애물이 상대방이 될 수 있음을 강조한다. Oldfield 1991, p.41에 따르면, 게임은 '상대가 존재하여 상대와 경쟁하며, 규칙이 명확하게 존재하여야 한다.' 게임에서 상대방의 존재는 자신이 선택한 전략이 상대에게 영향을 주고, 또한 상대의 전략을 고려하여 자신의 전략을 선택해야 한다. 이러한 과정에서 상호작용과 피드백이 활발하게 일어나게 된다. Bragg 2006는 수학교육 선행연구를 검토하여 수학적 게임을 정의하는 특징으로 '수학적 목표, 자발적 참여, 규칙, 경쟁, 상호작용, 기술이나 전략의 사용'을 제시하였다 Bragg, 2006b, p.12. Bragg 2006는 수학적 목표와 자발적 참여 보다는 나머지 5가지 특징을 보다 본질적인 게임의 조건으로 보았다.

이러한 다양한 관점을 종합하여, 수학적 게임은 '명확한 규칙과 상대방으로 인해 나타난 장애물을 극복하기 위해 자발적으로 수학적 수단 전략을 사용하는

* 주사위를 굴려 나온 눈만큼 게임 말을 전진하고, 100번째 칸에 도달하면 승리하는 게임. 사다리가 그려진 칸이 걸리면 사다리를 타고 위칸으로 한 번에 올라가고, 뱀이나 미끄럼틀이 있는 칸에 걸리면 아래 칸으로 떨어져 내린다.

과정에서 수학 학습 기회가 창출되는 활동'이라고 정의할 수 있다. 이러한 정의의 핵심적인 요소는 규칙, 수학적 수단전략, 수학적 학습기회, 상호작용이다.

(2) 수학적 게임의 효과

수학적 게임의 교육적 효과에 대한 여러 연구들이 진행되었다. 대다수의 연구에서 공통적으로 언급하는 것은 게임이 학생들의 자발적 참여를 이끌어내는 효과적인 수단이라는 점이다Bragg, 2012; Ernst, 1986; Nisbett & William, 2009.

> 성공적인 수학수업의 열쇠는 학습자의 참여에 있다. 학생들은 활동을 통해 수학을 배운다. 게임을 한다는 것은 곧 자발적으로 참여한다는 것이다. 게임은 학생들의 적극적인 참여를 독려하고 학습이 이루어지게 동기를 부여한다. 적극적인 참여는 학습을 강화할 뿐만 아니라 학습이 일어나기 위한 본질적인 조건이다(Ernst, 1986, p.3).

학생들이 수학적 게임에 참여한다는 것은 그 게임의 규칙이 만들어 놓은 장애물을 극복하기 위해 여러 가지 수학적 수단을 적극적으로 고려한다는 것이다. 수학적 게임에 참여한 학생들 사이의 상호작용이 활발해지면 자신의 직관적 아이디어와 문제해결 전략을 검증하는 과정에서 학습 기회가 풍부해질 수 있다는 것이다. 이는 수학적 게임에서 상대방의 존재가 중요한 역할을 한다는 것을 보여준다. 이러한 상대방의 존재는 서로 다른 생각을 허용하고 이는 곧 서로에게 배우는 기회가 된다. 함께 게임을 하면서 한 학생은 그 개념을 처음 마주할 수 있고, 다른 학생은 자신이 이해한 바를 더 심화시킬 수 있고, 또 다른 학생은 그 개념을 복습할 수도 있다Davies, 1995.

Skemp는 게임으로 인해 발생하는 수학적 논의가 게임의 교육적 효과를 높여준다고 주장하였다.

> 게임은 논의를 유도한다. 게임의 규칙과 전략이 대개 수학적이기 때문에 수학적 논의가 이루어지게 된다. 아이들은 타인의 수에 의문을 제기하고 자신의 수를 정당화하면서 자신의 이해를 정교화하고 강화한다. 아이들은 서로

> 에게 설명한다. 다른 누군가에게 설명하는 것은 나의 이해를 심화시키는 최선의 방법이다(Skemp, 1993, p.13).

Bragg 2006에 따르면, 학생들이 수학수업에서 게임을 하는 것을 좋아하지만, 그 게임이 단순한 계산연습에 불과하거나 학습과 관련 없는 흥미 위주라면 곧 싫증을 내거나 의욕을 잃는다고 하였다. 학생들은 풍부한 수학 학습 기회를 제공하는 게임이 무엇인지 인지하고 이러한 게임을 즐긴다는 것이다. 따라서 교사는 게임과 관련된 학습 목표를 학생에게 명확하게 제시할 수 있어야 한다. 이렇게 하기 위해선 게임을 하는 중 또는 종료 후 게임에서 경험한 내용에 대해 논의하는 시간을 가질 필요가 있다. 게임의 교육적 효과를 분명히 밝힐 수 있는 교사 주도의 논의가 게임의 가치를 높일 수 있다는 것이다.

Freudenthal 1991, p.121은 게임을 가리켜 '상상할 수 있는 가장 풍부한 맥락'이라고 표현하며, 수학교육에서 게임을 역할을 다음과 같이 강조하였다.

> 게임은 의미 있는 연습 기회를 제공한다. 고학년이 작은 수를 가지고 이 게임을 할 수 있는 것과 마찬가지로 어린 아동들도 큰 수를 가지고 이 게임을 할 수 있기 때문에 예견학습과 회고학습을 위한 기회를 제공한다. 게임을 하면서 여러 학습 영역의 연결이 이루어진다. 다양한 수준에서 문제를 해결하기 때문에 개별화가 가능하다(Freudenthal, 1991, p.121)

맥락이 풍부하다는 것은 학생들이 게임으로부터 수많은 수학적 개념과 아이디어를 재발명할 수 있는 기회가 풍부하다는 것이다. 따라서 게임과 놀이를 활용해 수학을 가르치는 방법의 가능성이 그만큼 크다고 볼 수 있다. 실제로 Lim Teo 1991는 수학수업에서 활용할 수 있는 게임의 유형을 그 목적에 따라 '재미를 위한 게임', '연습과 훈련을 위한 게임', '수학지식 활용 게임', '개념을 보강하는 게임', '개념을 형성하는 게임', '수학적 탐구를 자극하는 게임' 등의 6가지로 분류하였다. 그런데 '재미를 위한 게임'은 수학적 의도가 없다는 점에서 그리고 '연습과 훈련을 위한 게임'은 주로 계산 연습에 목적이 있을 뿐 특수한 수학적 사고나 전략, 상호작용 등을 요구하지 않기 때문에 수학적 게임에 해당하지 않는다. '수학 지식 활용 게임'* 은 '연습과 훈련을 위한 게임'과 비슷하지만 수학 지식을 활용해야 하고 고차원적 사고가 요구된다는 점에서 구별된다. '개념을 보강하는 게임'** 은 어떤 개념을 가르친 다음 후속 활동으로 진행하면서 학생들이 해당 개념을 잘 이해할 수 있도록 도와준다. '개념을 형성하는 게임'*** 은 개념의 발견을 유도하는 논의를 자극하도록 사용된다. '수학적 탐구를 유도하는 게임'은 주로 승리 전략이 있는 게임으로서 수학적 탐구를 유발하고 문제해결 전략을 유도할 수 있다. 이러한 탐구를 통해 수학적 개념이나 규칙을 찾거나 이러한 과정에서 논리적 사고, 가설 제기, 패턴 인식 등을 경험할 수 있다. NIM 게임이 대표적이다.

* '수학 지식 활용 게임'의 예로서 구구단을 이용한 'TriMatics' 게임이 있다. 게임판에 49개의 칸에 1부터 9까지의 수가 임의적으로 중복하여 적혀있다. 1부터 50까지 숫자가 쓰여 있는 바둑돌 중에서 하나를 고르고(예를 들어 24) 플레이어는 게임판에서 연속된 3개의 숫자를 찾아서 2개를 곱한 결과에서 한 수를 더하거나 뺀 것이 24가 되도록 한다.

** 예를 들어, 한 사람이 주사위를 던져서 나온 수를 십의 자리 또는 일의 자리에 쓴다. 두 번째 사람도 이와 같이 한다. 첫 번째 사람이 다시 주사위를 던지고 나머지 빈 칸에 수를 쓴다. 두 번째 사람도 반복한다. 더 큰 숫자를 쓴 사람이 승리한다. 게임을 하면서 학생들은 더 큰 수를 십의 자리에 쓰는 것이 이길 확률을 높인다는 사실을 깨닫는다. 이러한 게임을 통해 학생들은 자릿값 개념을 강화할 수 있다.

*** 예를 들어, '많은 상자' 게임은 사각형의 넓이 개념을 유도한다. 2,3명의 플레이어와 1x1 정사각형 모눈종이와 주사위가 필요하다. 각 플레이어는 주사위를 던지고 나온 수만큼 가로선을 그린다. 4가 나왔으면 가로의 길이를 4cm로 그린다. 다시 주사위를 던져서(3cm) 세로를 그리고 직사각형을 완성한다. 여기에 12개의 상자가 포함된다. 직사각형에 포함된 상자가 많은 사람이 승리한다. 플레이어는 상자의 개수가 두 수의 곱과 같다는 것을 깨닫는다.

[약수와 배수 이어달리기]

A, B 두 사람이 교대로 규칙에 따라 자연수를 선택하는 게임이다.

[게임 규칙]

1. A가 1부터 20까지의 자연수 중에서 하나를 선택한다.(단, 한 번 선택한 수는 그 뒤로 선택할 수 없다.)
2. B는 A가 선택하고 남은 자연수 중에서 하나를 선택하는데, A가 선택한 수의 약수 또는 배수 중에서 하나를 선택할 수 있다.
3. 2와 같은 방식으로 A와 B가 교대로 수를 선택하는데, 더 이상 선택할 수 있는 수가 남아 있지 않을 때, 마지막으로 수를 선택한 사람이 이기는 게임이다.

[예시]

(선택할 수 있는 수)

~~1~~	~~2~~	~~3~~	~~4~~	~~5~~	~~6~~	7	~~8~~	9	~~10~~
11	~~12~~	13	14	~~15~~	~~16~~	17	18	19	20

(게임 판)

A:4	B:2	A:10	B:5	A:15	B:3	A:6	B:12	A:1	B:8
A:16	게임 끝 A 승리								

➡ 더 이상 B가 선택할 수 있는 수가 없으므로 A가 이겼다.

출처 | NRICH, 2016

1. 1부터 30까지의 자연수를 이용하여 친구와 게임을 하면서 처음 시작하는 사람이 항상 이길 수 있는 방법이 있는지 생각하여 보자.

(선택할 수 있는 수)

1	2	3	4	5	6	7	8	9	10
11	12	13	14	15	16	17	18	19	20
21	22	23	24	25	26	27	28	29	30

(게임 판)

2. 1부터 20까지의 자연수만 이용하여 수를 가능한 길게 연결하려고 한다. 주어진 예시를 보고, 더 길게 만들 수 있는 방법이 있는지 생각하여 보자.

[1부터 10까지를 이용한 예시]

(선택할 수 있는 수)

~~1~~	~~2~~	~~3~~	~~4~~	~~5~~	~~6~~	7	~~8~~	~~9~~	~~10~~

(게임 판)

8	4	2	6	3	9	1	10	5	

(선택할 수 있는 수)

1	2	3	4	5	6	7	8	9	10
11	12	13	14	15	16	17	18	19	20

(게임 판)

게임이 제공하는 학습 기회

이 게임은 학생들에게 자연수의 약수와 배수를 구하는 연습 기회를 제공하고 동시에 자연수의 성질과 함께 소수 개념을 반성하는 기회로 활용될 수 있다. 초등학교 교육과정에서 소수는 다루지 않지만, 게임을 통해 학생들은 약수의 개수가 2개뿐인 자연수가 중요한 역할을 한다는 사실을 이해할 수 있다. 이 게임에서 첫 번째 사람인 A가 소수인 71을 선택하면, 71의 배수를 100이하에서 찾을 수 없기 때문에 B는 약수인 1을 쓸 수밖에 없다. 이 때, A가 1의 배수로서 73과 같은 50보다 큰 소수를 선택한다면, B는 더 이상 쓸 수 있는 수가 없다. 이처럼 첫 번째 사람이 50보다 큰 소수를 선택하면 이 게임은 항상 A가 이긴다. 따라서 이 게임에서 첫 번째 사람은 50보다 작은 짝수를 써야 한다는 규칙이 추가된다. 게임을 소개할 때 이러한 추가 규칙을 설명하지 않는다면 또 다른 학습 기회를 제공할 수 있다. 예를 들어, 몇 차례 게임이 진행된 뒤에 일부 학생들이 이러한 게임의 문제점을 지적했을 때, 그들에게 이 문제를 해결하기 위해 어떤 규칙이 필요한지 논의하는 시간을 가질 수 있다.

게임의 확장

게임 판의 수를 1부터 100까지로 확장할 수 있다. 처음에는 1부터 10까지의 수로 제한하여 게임에 익숙해진 다음 점점 수를 늘려가면서 자신의 전략을 검증하고 개선할 수 있다. 특히, 수를 가능한 길게 만드는 활동의 경우는 학생들에게 다양한 시행착오의 기회를 제공함으로서 수준 높은 수학적 탐구의 기회를 제공할 수 있다.

ACTIVITY Q 토의문제 5

- '약수와 배수 이어달리기' 게임에서 1부터 10까지의 자연수를 이용하여 가능한 수를 길게 만든다고 할 때, 1부터 10까지의 모든 자연수를 사용할 수 있는지 확인해보시오. 모든 자연수를 사용할 수 없다면 그 이유를 정당화하시오.

[참고문헌]

김남희, 박경미 (2008). 예비교사와 현직교사를 위한 수학교육에서의 컴퓨터 활용. 경문사.

이동환 (2016). 수학적 게임 변형을 통한 초등 예비교사의 수학적 탐구 경험. 수학교육학연구, 26(1), 143-157.

Bragg, L. A. (2003). *Children's perspectives on mathematics and game playing.* In L. Bragg, C. Campbell, G. Herbert & J. Mousley (Eds.), Mathematics education research: Innovation, networking, opportunity-Proceedings of the 26th annual conference of the Mathematics Education Research Group of Australasia (Vol. 1, pp. 160-167). Deakin University, Geelong: MERGA.

Bragg, L. A. (2006). *The impact of mathematical games on learning, attitudes, and behaviours.*, Unpublished Doctoral Thesis. La Trobe University, Bundoora, Australia.

Bragg, L. A. (2012). Testing the effectiveness of mathematical games as a pedagogical tool for children's learning, *International journal of science and mathematics education*, 10(6), pp. 1445-1467.

Davies, B. (1995). The Role of Games in Mathematics, Square One, Vol. 5, No. 2

Dienes, Z. P. (1960). *Building up mathematics*, Hutchinson Educational.

Ell, F. (2007). *Keeping going at country school: Sustaining numeracy project practices Findings from the New Zealand Numeracy Development Project 2006.* Wellington, New Zealand: Ministry of Education.

Freudenthal, H. (2008). 프로이덴탈의 수학교육론. (우정호 외 역), 서울: 경문사. (영어원작은 1991년 출판)

Gough, J. (1999). Playing Mathematical Games: When Is a Game Not a Game?, *Australian Primary Mathematics Classroom*, 4(2), 1999.

Lim-Teo, S. K. (1991). Games in the mathematics classroom. *Teaching and Learning*, 11

McGonigal, J. (2012). 누구나 게임을 한다. (김고명 역), 서울: 알에이치코리아. (영어원작은 2011년 출판).

Nisbet, S. & Williams, A. (2009). Improving students' attitudes to chance with games and activities. *Australian Mathematics Teacher*, 65(3), 25-37.

Oldfield, B. J. (1991). Games in the learning of mathematics-Part 1: Classification. Mathematics in School, 20(1), 41-43.

Piaget, J. (1952). *The origins of intelligence in children*. NY: International University Press.

Skemp, R. (1993). *Structured activities for intelligent learning*. Calgary, Canada: EEC Ltd.

제9장 | 수학과의 평가

1 교육평가의 동향

(1) 교육평가의 이해

교육평가educational evaluation라는 용어는 1930년대 Tyler에 의해 처음 사용되었다. Tyler는 교육평가를 교육목표의 달성 여부를 판단하는 행위라 정의하였다박정, 2003. 그러나 이후 교육평가의 정의는 평가의 목적, 주체, 방법 등에 따라 매우 다양화되었다. 교육에서 평가는 어떤 목적을 가지고 이루어지는지, 어떤 방식으로 실시되는지, 그 결과를 어떻게 활용하는지 등에 따라 학생들을 위해 행하는 가장 유익한 활동이 될 수도 있고 가장 해로운 활동이 될 수도 있다Bidgood, Hunt & Jolliffe, 2010. 평가가 유익한 활동이 될 수 있도록 교수-학습 활동에서 평가의 목적과 방법, 평가 전략 등이 고려되어야 한다.

1) 평가의 목적

평가를 효과적으로 실행하기 위해 가장 먼저 필요한 일은 평가의 목적을 설정하는 것이다. 평가의 목적은 크게 두 가지로 구분된다. 첫째, 학생의 선발, 분류, 배치 등을 위해 학생의 학습 결과를 점수화하거나 서열화하기 위한 목적으로 평가evaluation를 실시한다. 둘째, 교수-학습을 개선하여 학생의 학업 성취수준을 높이고자 학생의 학습 증거를 수집하고 이를 활용하기 위한 목적으로 평가assessment를 실시한다. 전자는 총괄평가의, 후자는 형성평가의 주요 특징이다. 평가의 목적이 책무성을 부여하거나 정책을 결정하기 위한 기초 자료의 수집에만 치중된다면 많은 교육적 문제들이 야기될 수 있다.

2) 평가의 방법

평가의 목적에 따라 다양한 평가 자료를 사용할 수 있으며, 적절한 평가 자료를 근거로 평가를 실시하는 것은 평가의 질을 결정하는데 중요한 영향을 미친다Harlen, 2006; Watson, 2000. 학생들의 성취수준을 점수화하거나 서열화하기 위한 목적을 가진 총괄평가는 주로 단답형 및 선다형의 지필시험을 통해 이루어진다. 총괄적 성격이 강한 평가일수록 수업과 분리된 특정 시간에 치러지는 시험 혹은 과제로부터 증거를 수집한다Harlen, 2006. 반면 학생들의 학습을 돕기 위해 형성적 목적으로 실시되는 평가는 학생들의 학습에 대한 증거를 수집하는 것이 중요하다. 따라서 수업과 분리되지 않고 수업 중에 이루어지며 평가가 학습 과정의 일부가 된다. 관찰이나 면담과 같은 비형식적 방법을 통해 평가 자료를 수집할 수도 있고, 포트폴리오나 수행의 결과를 평가 자료로 활용할 수도 있다. 자기 평가와 동료 평가는 형성평가 관행의 주요 특징 중의 하나이다. 다양한 평가 자료를 활용하기 때문에 평가 자료의 수집과 해석을 위한 교사의 역량이 무엇보다 중요하다.

3) 평가의 전략

평가가 학습 과정의 일부가 되도록 하기 위해 다양한 평가의 전략이 필요하다. 피드백의 활용Harlen, 2006, 평가기준의 공유, 평가의 모범사례 제시Swaffield, 2011 등이 유용한 평가의 전략으로 사용된다.

피드백은 학생들이 어려움을 극복하는데 도움을 주려는 의도적인 대화이다. 그러나 모든 피드백이 효과적인 것은 아니다. 과제, 과정, 자기 조절에 초점을 두는 기술적 성격의 피드백은 학생들이 무엇을 개선해야 하는지, 그리고 그것을 어떻게 할 수 있는지에 대한 정보를 제공하기 때문에 학습에 도움이 된다. 단순히 긍정적인 피드백보다는 의문형 또는 혼합형 피드백이 더 효과적이다.

평가 기준이 요구하는 것이 무엇인지 학생들이 알 수 있는 기회를 주는 것은 학생들의 적극적인 학습을 독려한다. 훌륭한 평가 체계는 우수한 문제 해결, 우수한 산출물 등의 중요한 특성이 무엇인지에 대한 메타인지적 인식을 개발하는데 기초를 제공한다. 더욱이 그러한 평가는 학생이 성취하고자 하는 결과뿐만 아니라 성취하기 위해 어떻게 해야 하는지, 무엇을 해야 하는지 등에 대한 정보 제공의 역할도 함께 한다. 학생들이 평가기준을 참조할 수 있기 위해서는 평가기준이 학생들의 관점으로부터 적절하게 기술되어야 한다. 즉, 평가기준은 학생들이 이해할 수 있는 것이어야 한다.

학생들은 산출물을 생산하는 과정 중에 그들이 생산한 것의 수준에 대해 확인할 수 있어야 하며, 그래야 그들의 실제 수행 정도와 목표로 하는 기준 사이의 간극을 좁힐 수 있는 다양한 전략들을 이끌어 낼 수 있다. 이를 위해 교사는 평가의 답안또는 모범사례을 학생들에게 예시로 제시하여 학생들이 학습 목표를 파악하도록 도울 수 있다. 이는 학생들 스스로 학습에 대해 조절하는 내적 과정으로서의 자기 평가를 독려하게 되어 효과적인 학습을 이끌어낼 수 있다.

ACTIVITY Q 토의문제 1

- 현재 초등학교 수학 수업에서 이루어지고 있는 평가의 문제점을 평가의 목적, 평가의 방법, 평가의 전략 측면에서 논의해 보시오.

(2) 형성평가의 재등장

최근 교육공동체는 '학습을 위한 평가assessment for learning'로서 '형성평가'에 다시 주목하고 있다. 형성평가는 교육현장에서 익숙한 용어지만 학생의 학습을 향상시키고 학습동기를 증진시킬 수 있는 학습을 위한 평가로 새롭게 조명되고 있다. 1960년대에 등장한 형성평가가 90년대에 재등장하여 관심을 끌기 시작하면서 수업과 평가를 연계시키고, 평가를 학습 과정의 일부가 되게 하려는 시도가 있어 왔다박정, 2013; 성태제, 임현정, 2014.

1) 형성평가의 전통적 관점

전통적인 평가에서는 평가를 실시시기와 목적에 따라 진단-형성-총괄평가로 유형화하고 형성평가를 수업 중에 실시하는 평가로 간주한다. 형성평가를 위한 검사는 학생이 중요한 학습요소를 제대로 학습하고 있는지 교사가 직접 간단한 평가문항을 작성하여 평가를 실시한다. 이때 형성평가의 기초가 되는 것은 학습 단원으로 각 단원의 학습을 마칠 때마다 간단한 형성평가를 통하여 교수-학습이 올바른 방향으로 가고 있는지 확인하고 점검한다. 여기에서 형성평가는 학생이 주요한 학습요소를 제대고 학습하고 있는지 학습상태를 파악하기 위하여 수업을 마치거나 단원을 마칠 때 교사가 직접 제작하여 평가하는 검사를 의미한다.

2) 형성평가의 재개념화

형성평가는 평가의 결과를 측정하기 위한 검사나 평가도구가 아니라 과정이다. 형성평가는 수업과정 중에 학생의 학습을 촉진시키기 위한 정보를 제공할 수 있는 행동들로 구성되어야 하며, 이 과정에서 학생의 학습능력을 평가하는 것은 학습을 위한 역동적인 과정에 필요한 하나의 요소이다. 과정으로서의 형성평가는 교수-학습 증진을 목적으로 수업 과정 중에 행해지는 행동에 주목하며, 수업 중에 교사와 학생이 학생의 학습증진을 위해 학생의 학습을 인지하고 반응하는 과정에 초점을 둔다. 또한 계획된 수업의 결과로 학생의 성취를 증진시키기 위하여 교수-학습을 개선하고 피드백을 제공하는 과정에도 초점을 둔다. 형성평가는 교수-학습 개선을 위한 수업을 조절하는데 필요한 피드백을 제공하기 위한 수업 과정의 일부이다. 평가의 궁극적인 목적은 학습능력의 향상이며 이를 위해 수업을 조절하고 개선해야 하며, 그 과정에서 피드백을 제공하기 위해 평가를 실시한다.

(3) 형성평가의 실천 원리

학교현상에서 형성평가를 실천하는 원리를 구체적으로 제시한 사례는 미국 교육평가원 Educational Testing Service, ETS에서 개발한 학습정상화 유지 Keeping Learning on Track; KLT 프로그램이다. KLT 프로그램은 형성평가에 관한 실행이론 theory of action과 구체적인 실례로 구성된다. 여기서 실행이론이란 어떤 조직을 현 상태에서 바람직한 상태로 바꾸기 위한 방법에 관한 일련의 기본 가정을 포함하고 있다. 형성평가에 관한 실행이론에는 1대 핵심 아이디어 big idea, 5대 형성평가 전략, 그리고 100가지 이상의 형성평가 실제 기법으로 점차 세분화된다. KLT 실행이론의 구조는 그림 9-1과 같

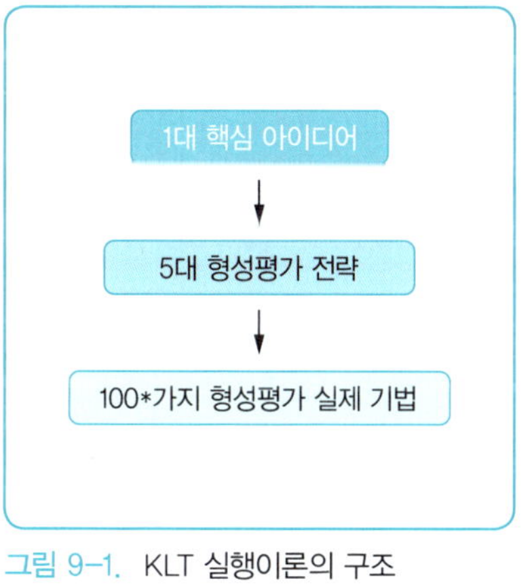

그림 9-1. KLT 실행이론의 구조

다Thompson & Wiliam, 2008.

형성평가의 1대 핵심 아이디어란 교사와 학생들이 학습 증거를 활용하여 매일 그리고 매분마다 즉각적인 학습요구에 대처하여 교실수업을 조절해나가는 것을 말한다. 김진규2014는 실천 전략을 다음과 같이 요약하여 제시한다.

① 명확한 학습목표를 제시하는 것.
② 질문, 대화, 토의, 피드백 등과 같은 다양한 형성평가 기법을 활용하는 것.
③ 자기 평가와 동료 평가 기법을 적극 활용하는 것.
④ 학생의 적극적 참여를 유도하여 자기주도적 학습활동을 전개하는 것.

실제로 교실에서 교사들은 실천 전략과 관련된 다양한 형성평가 기법을 활용하여 수업을 조정해나간다. 교사들이 실제로 교실에서 활용할 수 있는 형성평가 기법은 100여 가지 이상이나 되는 것으로 보고되고 있다.

일반적으로 형성평가의 핵심 아이디어나 실천 전략은 비교적 안정적이어서 교사와 학생들이 수업실제에서 다양한 형성평가 기법을 결정하는 기본방향을 제공하는 역할을 수행한다. 그러나 수업실제에서 적용하기로 결정한 형성평가 기법은 교사의 선호도에 따라 다소 다르게 활용되기도 한다. 또한 모든 학생에게 동일한 형성평가 기법을 일률적으로 적용하기보다는 학생의 수준별로 다르게 적용하기도 한다. 가장 중요한 것은 교사가 교실수업에서 얼마나 다양한 형성평가 기법을 활용하는지가 아니라, 궁극적으로 형성평가를 통하여 학생들이 얼마나 능동적으로 자기주도적인 학습에 참여하도록 유도하는가이다.

ACTIVITY Q 토의문제 2

• 다음은 3학년 2학기에서 올림이 없는 (세 자리 수)×(한 자리 수)의 지도를 위한 교수-학습 과정안(교육부, 한국과학창의재단, 2017)이다. 형성평가의 실천 전략을 참고하여 과정안을 분석해 보시오.

<table>
<tr><td>단원</td><td colspan="2">3-2-1. 곱셈</td><td>차시</td><td>1/8</td></tr>
<tr><td>성취
기준</td><td colspan="4">• 올림이 없는 (세 자리 수)×(한 자리 수)의 계산 원리를 이해할 수 있다.
• 올림이 없는 (세 자리 수)×(한 자리 수)를 형식화하고 계산할 수 있다.</td></tr>
<tr><td>흐름</td><td>내용</td><td colspan="3">교수-학습 활동</td></tr>
<tr><td>도입</td><td>동기유발
학습문제 제시</td><td colspan="3">• 123×3의 계산이 필요한 상황 이해하기
-밤을 한 상자에 123개씩 3상자에 담았을 때, 밤은 모두 몇 개입니까?
• 학습 문제 제시: 123×3을 계산해 보자.</td></tr>
<tr><td rowspan="3">전개</td><td>활동 1
어림하기</td><td colspan="3">• 주어진 문제를 해결할 수 있는 식을 세우고 어림하기
- 한 상자에 담은 밤은 약 몇 백 개입니까?
- 123은 약 몇 백 몇 십입니까?
- 주어진 문제를 해결할 수 있는 식을 만들어봅시다.
- 어림을 하고 그 방법을 짝에게 설명해봅시다.</td></tr>
<tr><td>활동 2
수모형과 기호를
사용하여
형식화하기</td><td colspan="3">• 수모형을 사용하여 123×3의 계산방법 알아보기
- 123을 수모형으로 어떻게 놓을 수 있습니까?
- 123을 수모형으로 세 번 놓아봅시다.
- 백 모형, 십 모형, 낱개 모형은 각각 몇 개입니까?
- 123×3은 얼마라고 생각합니까?
- 123×3을 어떻게 계산하면 좋겠습니까?
• 나만의 기호를 이용하여 112×4의 계산방법 알아보기
- 100, 10, 1을 나타내는 나만의 기호를 만들어봅시다.
- 만든 기호를 이용하여 112×4를 나타내봅시다.
- 112×4를 어떻게 계산하면 좋겠습니까?
• 형식화하기
- 123×3을 세로셈으로 나타내봅시다.</td></tr>
<tr><td>활동 3
계산 익히기</td><td colspan="3">• 마무리 문제 해결하기
- 교과서 마무리 문제를 해결해봅시다.
• 문제 만들고 해결하기
- 자신이 만든 기호를 이용하여 문제를 만들어봅시다.
짝끼리 바꾸어 문제를 해결해봅시다.</td></tr>
<tr><td>정리</td><td>정리 및 차시예고</td><td colspan="3">• 학습 내용 정리하기
• 차시 학습 예고</td></tr>
</table>

2 수학과 평가의 동향

(1) NCTM의 평가 기준

1) 평가 내용

NCTM1989의 『Curriculum and Evaluation Standards for School Mathematics학교 수학의 교육과정과 평가 기준』에서는 수학적 힘, 문제해결, 의사소통, 수학적 추론, 수학적 개념, 수학적 절차, 수학적 성향의 일곱 개의 영역을 평가 내용으로 설정하였다.

수학적 힘이란 수학적 지식이나 성향의 제 측면을 통합하는 능력을 의미한다. 수학적 힘의 평가는 아동들이 배운 정보를 통합하는 정도, 배운 것을 문제 상황에 적용할 수 있는 정도, 수학에 대한 자신감, 수학의 가치를 이해하는 정도를 평가한다.

문제해결력은 아동들이 수학적 지식을 이용하여 문제를 해결하는 능력을 의미한다. 문제해결력의 평가는 문제를 구성하는 능력, 문제를 이해하고 형식화하는 능력, 해를 일반화하는 능력 등을 평가한다.

의사소통은 아동들이 수학적으로 의사소통하는 능력을 의미한다. 의사소통의 평가는 수학적인 생각을 말하고, 쓰고, 설명하고, 시각적으로 표현하는 능력, 지필, 구두 또는 시각적 표현으로 제시된 수학을 이해하고 해석하는 능력, 수학적 어휘와 기호 체계, 구조를 사용하여 사고를 표현하고 관계성을 기술하고 상황을 모델링할 수 있는 능력 등을 평가한다.

수학적 추론 능력의 평가는 규칙성을 인식하고 가설을 설정하는데 귀납적 추론을 사용하는 능력, 수학적 명제에 대한 개연적 논증을 전개하기 위해 추론을 사용하는 능력, 비례추론과 공간추론을 사용하여 문제를 해결하는 능력, 결론을 내리고 논증의 타당성을 판단하며 타당한 논증을 구성하는데 연역 추론을 사용하는 능력, 상황을 분석하여 공통 성질과 구조를 결정하는 능력, 수학의 공리적 성질을 이해하는 능력 등을 평가한다.

수학적 개념에 대한 이해와 지식의 평가는 개념을 정의하고 말로 표현하고 분류하는 능력, 적당한 예와 반례를 확인하고 만드는 능력, 개념을 표현하기 위해 기호와 도식과 모델을 이용하는 능력, 어떤 표현 방식을 다른 표현 방식으로 변환하는 능력, 개념의 다양한 의미나 해석을 인식하는 능력, 주어진 개념의 성질을 밝히고 특정 개념을 결정하는 조건을 인식하는 능력, 그리고 개념을 비교하고 대비시키는 능력 등을 평가한다.

수학적 절차에 대한 지식의 평가는 언제 어떤 절차가 적절한지를 인식하는 능력, 절차의 각 단계에서 이유를 제시하는 능력, 절차를 확실하고 효율적으로 실행하는 능력, 절차의 결과를 경험적으로 또는 분석적으로 입증하는 능력, 옳고 그른 절차들을 인식하는 능력, 새로운 절차를 만들고 기존 절차를 확장 또는 수정하는 능력, 수학에서의 절차의 성질과 역할을 음미하는 능력 등을 평가한다.

아동들의 수학적 성향은 과제에 접근하는 방식이나 자신감, 다른 방법을 찾아보려는 자발성, 지속성, 흥미, 자신의 생각을 반성하려는 경향에서 나타난다. 수학적 성향의 평가는 자신감을 가지고 수학을 사용하여 추론하는 것, 수학적 아이디어를 탐구하고, 다른 문제해결 방법을 찾는 유연성, 수학적 과제를 지속적으로 수행하려는 자세, 수학을 행하는데 있어서의 흥미와 호기심, 창의성, 자신의 생각과 수행결과를 조정하고 반성하려는 경향, 다른 과목과 일상의 경험에서 발생하는 상황에 수학을 적용하는 것의 가치를 아는 것, 우리 문화에서의 수학의 역할과 도구와 언어로서의 수학의 가치에 대한 이해 등을 평가한다.

2) 4단계 평가과정

NCTM1995의 『Assessment Standards for School Mathematics학교 수학을 위한 평가 기준』에서는 네 단계의 평가 과정을 제시하고, 각 단계에서 발생하는 결정과 행동을 다음과 같이 설명하고 있다.

① 평가 계획

- 평가는 어떤 목적에 도움이 되는가?
- 학습활동의 초점과 균형을 위해 어떻게 구성할 것인가?
- 정보를 수집하고 해석하는데 어떤 방법을 사용할 것인가?

- 학습활동의 수행을 판단하는데 어떤 기준을 사용할 것인가?
- 결과를 이용하여 보고서를 작성할 때 어떤 체계를 사용할 것인가?

② 정보 수집

- 학습활동과 과제를 어떻게 선택하고 제작할 것인가?
- 학습활동에 참여할 아동을 위해 어떻게 절차를 선택할 것인가?
- 판단해야 할 수행에 대한 정보를 수집하고 보존하기 위한 방법은 무엇인가?

③ 정보 해석

- 정보의 질을 어떻게 결정할 것인가?
- 정보로부터 추론할 수 있는 성취도(또는 수행)를 어떻게 이해할 것인가?
- 어떤 특정한 준거에 의해 성취도를 판단할 것인가?
- 판단을 어떻게 요약할 것인가?

④ 결과의 사용

- 결과를 어떻게 보고할 것인가?
- 결과로부터 어떻게 추론할 것인가?
- 추론을 기본으로 어떤 행동을 취할 것인가?
- 이 결과가 후속 수업과 평가에 반영되는 것을 어떻게 확신할 수 있는가?

위의 네 단계의 평가 과정이 상호 작용하는 관계를 그림으로 나타내면 다음과 같다.

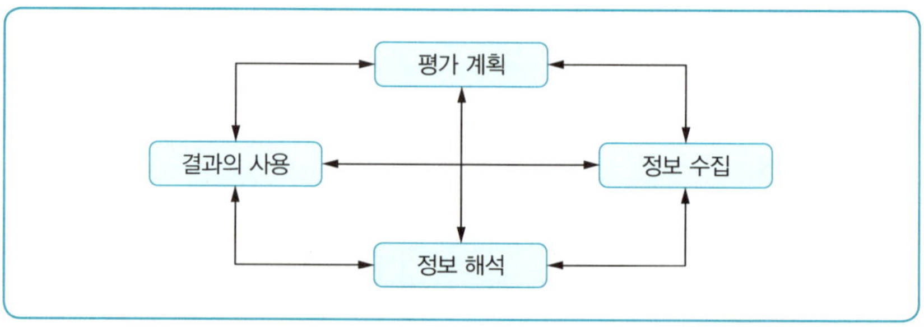

그림 9-2. 평가과정의 상호 관계

ACTIVITY Q 토의문제 3

- [토의문제 2]의 교수-학습 과정안을 이용한 수업은 수학적 힘, 문제해결, 의사소통, 수학적 추론, 수학적 개념, 수학적 절차, 수학적 성향의 어떤 측면들을 평가할 수 있는지 분석해 보시오.

(2) 수행평가

1) 수행평가의 정의 성태제, 2002

본래 의미의 수행평가는 심동적 행동특성을 평가하기 위하여 음악이나 체육 등과 같은 분야에서 학습한 지식이나 습득한 기능, 기술을 얼마나 잘 수행하느냐를 판단하는 평가방법이다. 일반적으로 관찰에 의존하여 행위를 수행하는 모든 과정과 수행이 끝났을 때의 결과를 종합적으로 판단하는 평가방법이다. 그러므로 수행평가는 행위의 정도를 보여주는 분야에서 개발된 평가방법이라 할 수 있다.

수행평가의 장점 때문에 심동적 행동특성을 평가하던 수행평가는 인지적 행동특성뿐 아니라 정의적 행동특성을 평가하는 방법으로 이용되면서 그 정의가 확대되었다. 확대된 수행평가는 참평가, 포트폴리오 평가, 직접평가 등을 모두 포함하고 있으며 다양한 평가방법을 사용한다.

수행평가는 습득한 지식, 기능이나 기술을 실제생활이나 인위적 평가 상황에서 얼마나 잘 수행하는지, 또는 어떻게 수행할 것인지를 서술, 관찰, 면담 등의 방법을 통하여 종합적으로 판단하는 평가방법으로, 지식이나 기능에 의한 정답여부나 산출물에만 관심이 있는 것이 아니라 수행과정과 그 결과를 총체적으로 평가한다.

2) 수행평가의 특징

국립교육평가원1996은 창의성이나 문제해결력과 같은 고등 사고기능을 파악하고 개별적인 학습을 신장하기 위해 사용될 수 있는 수행평가의 일반적인 특징을 다음과 같이 제시하였다.

- 아동이 문제의 정답을 선택하게 하는 것이 아니라 자기 스스로 정답을 작성하거나 행동으로 나타내도록 하는 평가 방식이다.
- 추구하고자 하는 교육목표를 가능한 실제 상황 하에서 달성할 수 있는지의 여부를 파악하고자 한다.
- 교육의 결과뿐만 아니라 교육의 과정도 중시하는 평가 방식이다.
- 단편적인 영역에 대해 일회적으로 평가하기보다는 아동 개개인의 변화, 발달과정을 종합적으로 평가하기 위해 전체적이며 지속적으로 평가하는 것을 강조한다.
- 아동 개개인을 단위로 평가하기도 하지만 집단에 대한 평가도 중시한다.
- 아동의 학습 과정을 진단하고 개별학습을 촉진하는데 그 목적이 있다.
- 아동의 인지적 영역뿐만 아니라 개개인의 행동 발달 상황이나 흥미, 태도 등 정의적 영역과 신체적 영역에 대한 종합적이고 전인적인 평가를 중시한다.

Crehan1991은 수행평가 활동이 수학교육에 기여할 수 있는 이유를 다지 선택형과 비교하여 다음과 같이 요약하고 있다김수환 외, 2009.

- 평가가 수업에 더 잘 통합될 수 있다.
- 고차적 사고에 더욱 초점을 맞출 수 있다.
- 수업활동과 준비학습에 아동이 참여하려는 동기유발을 촉진한다.
- 수업 내용의 타당도를 높일 수 있다.

3) 수행평가의 유형 및 제작

성태제2002는 교과영역에서 적용되는 선다형 문항에 의한 평가를 제외한 서술형 및 논술형 검사, 구술시험, 토론, 실험실습, 면접, 관찰, 자기 평가 및 동료 평가, 연구보고서, 포트폴리오, 프로젝트 등의 모든 평가방법이 수행평가 방법으로 사용가능하다고 하였다.

국립교육평가원1996은 수행평가의 문항제작에 필요한 기본 절차를 다음과 같이 네 가지로 제시하였다.

첫째, 평가의 이유를 명확히 밝힌다. 평가의 목적과 평가의 결과를 활용할 사람, 평가결과의 용도 및 평가대상을 구체적으로 서술하여야 한다.

둘째, 평가할 성취행동을 명확히 밝힌다. 평가의 내용이나 기능을 구체적으로 서술하고, 평가할 성취행동의 유형을 선정하며, 평가기준을 열거해야 한다.

셋째, 평가의 방법을 설계한다. 문제의 형태와 평가시행의 공고 여부를 결정하고, 평가 자료 수집의 양을 결정한다.

넷째, 채점 계획을 수립한다. 채점 방법과 채점자를 결정하고 점수 기록방법을 명확히 밝혀야 한다. 수행평가의 특징이면서 난점이 채점의 객관성 확보이므로, 문항 제작자는 채점계획을 명확하게 세워서 신뢰도와 일관성을 유지하여야 한다.

ACTIVITY Q 토의문제 4

• 다음은 6학년 2학기의 '원기둥, 원뿔, 구' 단원에서 실시한 수행평가의 기준안과 모둠 활동지(교육부, 한국과학창의재단, 2017)이다. 수행평가의 특징과 문항제작 절차의 유의점이 어떻게 반영되어 있는지 분석해 보시오.

[수행평가 기준안]

<table>
<tr><td>단원</td><td colspan="2">6-2-3. 원기둥, 원뿔, 구</td><td>영역</td><td>도형</td></tr>
<tr><td>성취 기준</td><td colspan="4">원기둥, 원뿔, 구와 그 구성 요소를 알고, 그 성질을 이해한다.</td></tr>
<tr><td>평가 내용</td><td colspan="4">• 원기둥, 원뿔, 구의 구성요소와 특징을 이야기 할 수 있는가?
-원기둥, 원뿔, 구의 구성요소와 특징에 대해 이야기하고 맞추며 자기 평가 및 동료 평가하기
• 원기둥, 원뿔, 구를 활용하여 건축물을 만들 수 있는가?
-원기둥, 원뿔, 구를 활용하여 다양하고 창의적인 건축물 만들기
• 원기둥, 원뿔, 구를 활용한 건축물의 특징을 이야기 할 수 있는가?
-원기둥, 원뿔, 구를 활용한 건축물의 특징에 대해 이야기하기</td></tr>
<tr><td rowspan="2">정답 및 해설</td><td>정답</td><td colspan="3">원기둥, 원뿔, 구의 구성요소와 특징을 이해하고 활용하여 여러 가지 모양을 만들 수 있다.</td></tr>
<tr><td>해설</td><td colspan="3">구성요소와 특징에 대해 설명하고 맞추는 활동과 자신의 건축물에 활용한 원기둥(옆면, 밑면, 높이 이해), 원뿔(옆면, 꼭짓점, 밑면, 모선, 높이 이해), 구(중심, 반지름 이해)의 특징을 이야기 할 수 있는지를 확인한다.</td></tr>
<tr><td rowspan="3">성취 수준</td><td>도달</td><td colspan="3">원기둥, 원뿔, 구의 구성 요소와 그 특징을 설명할 수 있다.</td></tr>
<tr><td>발전</td><td colspan="3">원기둥, 원뿔, 구의 특징을 일부 설명할 수 있다.</td></tr>
<tr><td>미도달</td><td colspan="3">제시된 입체도형에서 원기둥, 원뿔, 구를 찾을 수 있다.</td></tr>
</table>

[수행평가 모둠 활동지]

1. 제작할 건축물의 특징을 모둠 친구들과 이야기를 나누며 구상스케치를 해봅시다.

예시

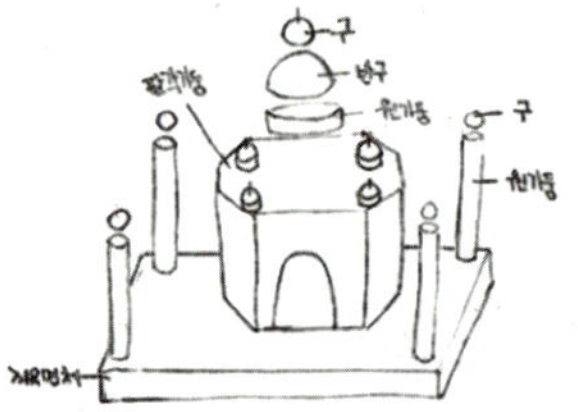

2. 우리 모둠이 입체 도형을 이용하여 만든 건축물을 살펴보며 원기둥, 원뿔, 구의 구성 요소가 어떤 특성을 가지고 활용되었는지 간단하게 적어 봅시다.
예) 원기둥은 밑면이 서로 평행하고 기둥 모양이므로 건물의 기둥으로 활용되었다 등

3. 이번 단원을 공부하면서 원기둥, 원뿔, 구가 문화유산이나 현재의 실생활 속에서 사용되어진 예를 찾아 보았습니다. **사용되어진 예**와 **이를 통해 알게 된 점, 더 조사하고 싶은 점**을 적어봅시다.

사용되어진 예	
알게 된 점	
더 조사하고 싶은 점	

(3) 새 교육과정에서의 평가

여기서는 2015 개정 수학과 교육과정에서의 평가에 대해 살펴본다. 2015 개정 수학과 교육과정에서는 다음과 같이 평가 원칙과 평가 방법을 제시하고 있는데, 과정중심평가의 실행이 핵심 추진 과제이다교육부, 2015a, 2015b.

1) 평가 원칙

① 수학과의 평가는 학생의 인지적 영역과 정의적 영역에 대한 유용한 정보를 수집·활용하여 학생의 수학 학습과 전인적 성장을 돕고 교사의 수업 방법을 개선하는 것을 목적으로 한다.

② 수학과의 평가는 교육과정에 제시된 내용의 수준과 범위를 준수하고, 교

육과정에 제시된 목표, 내용, 교수-학습과 일관성을 가져야 한다.

③ 수학과의 평가에서는 수학의 개념, 원리, 법칙, 기능뿐만 아니라 문제 해결, 추론, 창의·융합, 의사소통, 정보 처리, 태도 및 실천과 같은 수학 교과 역량을 균형 있게 평가한다.

④ 수학과의 평가는 학습자의 수준을 고려하고 평가 목적과 내용에 따라 다양한 평가 방법을 활용한다.

⑤ 평가 결과는 학생, 학부모, 교사 등에게 환류하여 학생의 수학 학습 개선을 도울 수 있게 한다.

2) 평가방법

① 수학과의 평가는 학습 결과 평가뿐만 아니라 과정중심평가도 실시하여 종합적인 수학 학습평가가 될 수 있게 한다.

② 수업의 전개 국면에 따라 진단평가, 형성평가, 총괄평가를 적절히 실시하되, 지속적인 평가를 통해 다양한 정보를 수집하고 수업에 활용한다.

③ 학생의 수학 학습 과정과 결과는 지필 평가, 프로젝트 평가, 포트폴리오 평가, 관찰 평가, 면담 평가, 구술 평가, 자기 평가, 동료 평가 등의 다양한 평가 방법을 사용하여 양적 또는 질적으로 평가한다.

- 지필 평가는 수학의 개념, 원리, 법칙을 이해하고 적용하는 능력과 문제 해결, 추론, 창의·융합, 의사소통 능력 등을 평가하는 데 활용할 수 있고, 선택형, 단답형, 서·논술형 등의 다양한 문항 형태를 활용한다.
- 프로젝트 평가는 수학 학습을 토대로 특정한 주제나 과제에 대해서 자료를 수집하고 분석, 종합, 해결하는 과정과 결과를 평가하는 방법으로, 문제 해결, 창의·융합, 정보 처리 능력 등을 평가할 때 활용할 수 있다.
- 포트폴리오 평가는 일정 기간 동안 수학 학습 수행과 그 결과물을 평가하는 방법으로, 학생의 학습 내용 이해와 수학 교과 역량을 종합적으로 판단하고 학생의 성장에 대한 정보를 얻는 데 활용할 수 있다.
- 관찰 평가, 면담 평가, 구술 평가는 학생 개인 및 소집단을 관찰, 학생과의 대화, 학생의 발표를 통해 학생의 이해 정도와 사고 방법, 수행 과정 등을 평가하는 방법으

로, 의사소통, 태도 및 실천 능력 등을 평가할 때 활용할 수 있다.

- 자기 평가는 학생 스스로 자신의 이해와 수행을 평가하는 방법으로, 문제 해결과 추론 과정의 반성, 자신의 생각 표현, 태도 및 실천 능력 등을 평가할 때 활용할 수 있다.
- 동료 평가는 동료 학생들이 상대방을 서로 평가하는 방법으로, 협력 학습 상황에서 학생 개개인의 역할 수행 정도나 집단 활동에 기여한 정도를 평가할 때 활용할 수 있다.

④ 평가 내용이나 방법에 따라 학생에게 계산기, 컴퓨터, 교육용 소프트웨어 등의 공학적 도구와 다양한 교구를 이용할 수 있게 한다.

(4) 과정중심평가의 의미와 실행

1) 과정중심평가의 의미

이경화 외2016는 과정중심평가를 "수업과 연동된 평가를 실행하고 그 결과를 교수-학습에 반영함으로써 학생의 수학 학습을 돕는 평가"로 정의한다. 과정중심평가는 기존의 평가가 지닌 한계점을 극복하고, 최근 교육평가에서 지향하는 교수-학습과 평가의 상호작용, 그리고 평가의 주요 측면들이 교육현장에서 실현될 수 있도록 하는데 그 목적을 둔 평가이다. 그 목적은 학생의 학습을 돕는 것, 즉 수업의 결과가 아닌 수업 중 나타난 학생의 학습 과정이 평가 대상이어야 하며, 그 결과를 학생에게 알려줌과 동시에 수업에 반영함으로써 학생의 더 나은 학습을 모색하도록 하는 평가이다. 표 9-1은 결과중심평가와 대비되는 과정중심평가의 특징을 나타낸다.

과정중심평가는 학생들의 서열화나 성취 정도를 보고하는 목적으로 행해지기보다 학생들의 학습을 돕기 위한 목적으로 행해진다. 과정중심평가는 학생들의 학습에 대한 증거를 수집하여 피드백을 제공하고 교수 전략을 수정함으로써 학생들의 학습 향상을 이끄는 평가이다. 평가를 통해 얻어진 결과에 기초하여 학생들에게 즉각적이고 실제적인 피드백을 가능한 많이 제공함으로써 평가가 학생의 학습 향상에 기여하도록 한다. 이러한 과정중심평가의 특징은

결과중심평가	범주	과정중심평가
총괄적 평가	**평가의 목적**	형성적 평가
학습의 평가	**학습과의 관계**	학습을 위한 평가, 학습으로서의 평가
성취기준과 관련된 수학적 개념, 원리, 법칙의 이해 및 적용 능력	**평가 내용**	• 성취기준과 관련된 수학적 개념, 원리, 법칙의 이해 및 적용 능력 • 문제해결, 추론, 창의·융합, 의사소통, 정보처리, 태도 및 실천 등의 교과 핵심 역량
지필평가	**평가 방법**	지필평가, 프로젝트평가, 포트폴리오 평가, 관찰 평가, 면담 평가, 구술 평가, 자기 평가, 동료 평가
수업 후에 일회적으로 평가	**평가 시기**	수업 중에 지속적으로 평가
객관적이고 표준화된 양적 정보	**수집된 정보**	비형식적인 질적 정보
교사	**평가 주체**	교사, 학생(동료, 자기 자신)
미래의 학생에게 더 많은 혜택이	**혜택의 분배**	미래의 학생뿐만 아니라 현재의 학생에게 많은 혜택이
즉각적이지 않으며 일반적	**피드백**	즉각적이고 구체적

표 9-1. 결과중심평가와 과정중심평가의 특징 비교

미래의 학생뿐만 아니라 평가의 대상인 현재의 학생에게 평가의 혜택이 많이 돌아갈 수 있도록 한다.

과정중심평가는 수업 전과 수업 중에 이루어지는 일련의 교사의 활동을 평가로 간주한다. 이는 평가가 곧 수업이고 수업이 곧 평가라는, 즉 평가와 수업이 분리된 것이 아니라 통합된 것으로 보는 관점을 반영한다. 따라서 평가는 수업 후에 일회적으로 이루어지는 것이 아니라 수업 중에 지속적으로 이루어진다. 또한 지필 형태뿐만 아니라 프로젝트 평가, 포트폴리오 평가, 관찰 평가, 면담 평가, 구술 평가, 자기 평가, 동료 평가 등과 같이 학생들의 학습에 대한 정보를 수집할 수 있는 모든 것이 평가 방식이 될 수 있으며, 수집된 정보 역시 비형식적인 질적 정보가 대부분이다. 하지만 수업 후에도 과정중심평가는 가능하다. 학생의 수행 과정의 기록이 있다면 그것을 토대로 학습 과정을 평가할 수 있기 때문이다.

과정중심평가에서는 지필 형태에서 주로 평가될 수 있는 성취기준과 관련된 수학적 개념, 원리, 법칙의 이해 및 적용 능력 외에 교수-학습 상황에서 관찰 가능한 문제해결, 추론, 창의·융합, 의사소통, 정보처리, 태도 및 실천 등의 교과역량 등이 평가 내용이 된다. 이에 대한 평가 및 피드백은 즉각적이며 구체적이다.

2) 과정중심평가의 실행

과정중심평가는 교사와 학생들이 수업 중에 학습의 증거를 산출하고 이를 활용하여 교실 수업을 조절해가는 과정을 강조한다. 이러한 과정중심평가의 특징을 실현하기 위해선 학생들의 학습 상태를 파악할 수 있는 과제가 필요하고, 이를 통해 파악한 학습 요구에 맞추어 피드백이 교수-학습 활동으로 구체화되어야 한다. 그리고 이러한 과정은 교사와 학생, 학생과 학생간의 상호작용을 통해 실천될 수 있다. 이처럼 과정중심평가는 평가 문항이나 평가 기법만의 변화가 아니라 이를 포함한 수업 자체의 변화 즉, 교사와 학생의 역할, 교실문화 등의 변화를 요구한다. 과정중심평가의 실행을 위해 고려해야 하는 조건을 크게 세 가지로 구분하여 살펴보면 다음과 같다.

① 학습 상태를 파악할 수 있는 과제의 설계

과정중심평가의 실행을 위해 학생들의 학습 상태를 파악할 수 있는 과제를 설계해야 한다. 과정중심평가에 적합한 과제는 학생의 성취도 도달 여부를 파악하기보다는 그들의 현재 학습 상태와 사고방식을 보여주는 역할을 해야 한다. 이를 위해 다양한 사고와 해법이 가능한 과제를 제공하고, 정답을 요구하기 보다는 그러한 답을 얻게 된 이유를 물어보는 것이 중요하다. 예를 들어, 27과 43중에 어느 수가 더 큰지를 묻는 과제보다는 2, 3, 4, 7의 숫자 카드를 제공하고 학생들이 두 자릿수를 만들어서 크기를 비교하는 과제를 제시했을 때, 수의 크기 비교에 대한 학생들의 학습 상태를 파악하기가 용이하다. 이러한 과제는 두 자릿수 크기 비교와 관련된 학생들의 다양한 사고 전략을 드러낼 수 있고, 이러한 다양한 전략을 중심으로 학생 간의 상호작용을 유도할 수 있다. 이러한 상호작용 과정에서 교사는 학생의 학습 상태를 파악할 수 있고, 학생들 역시 타인의 전략과 자신의 전략을 비교하면서 자신의 학습을 개선할 수 있다.

② 상호작용이 일어나는 수업의 설계

과정중심평가의 실행을 위해 교사와 학생, 학생과 학생 간의 상호작용이 일어나는 수업을 설계해야 한다. 구성주의 관점에서 학습은 학생들이 학습 내용을 단순히 받아들이는 것이 아니라 자신의 이해 구조 속으로 통합시킴으로써 스스로 이해를 구성한다. 이러한 관점에서는 평가가 학생들이 달성한 것을 확인하는 것이 중요한 것이 아니라, 교사의 도움 또는 동료와의 협동을 통하여 그들이 무엇을 달성하고 있고 무엇을 달성할 준비가 되었는지, 무엇을 어려워하고 있는지를 확인하는 것이 중요하다이봉주 외, 2010. 따라서 평가는 수업의 과정에서 교사와 학생의 상호작용 속에서 이루어져야 하며 이것이 과정중심평가의 기본 아이디어이다. 과정중심평가에서 학생은 평가 대상이 아니라 평가 협력자로 볼 수 있다박정, 2013. 교사와 학생 간의 상호작용이 원활하게 이루어질 때, 학생은 자신의 학습을 개선할 수 있고, 교사 역시 자신의 수업을 개선할 수 있다. 과정중심평가는 학생이 성취기준에 도달했는가를 확인하는 것보다는 성취기준에 도달하기 위해 어떠한 일이 진행되었는가를 파악하는 데 목적이 있다. 따라서 그러한 과정을 파악하기 위해 교사와 학생, 학생과 학생 간의 상호작용을 강조하는 것이다.

③ 학습 요구에 맞는 피드백 제공

과정중심평가의 실행을 위해 학생들의 학습 요구에 맞추어 피드백이 이루어져야 한다. 최근 수학교사교육에 관한 연구는 학생이 수학적 사고 과정을 이해하는 능력이 교사에게 중요함을 여러 측면에서 강조하고 있다. 교사가 학생의 생각을 어떻게 해석하는가에 따라 수업의 실제가 결정되고Doerr, 2006, 교사가 지속적으로 학생의 사고에 관심을 가질 때, 학생은 자신에게 적합한 학습 방법을 선택하여 효과적인 수학학습을 하게 된다Clarke, 2008. 또한 유능한 교사일수록 학생에게 자신의 생각을 설명하는 기회를 많이 제공하여 그들의 생각을 구체적으로 파악한다Sowder, 2007. 예를 들어, 분수의 대소비교 문제를 틀린 학생이 분자의 크기만을 비교하여 틀렸다면, 이를 드러낼 수 있는 기회를 제공하고 이에 적합한 피드백이 주어져야 할 것이다. 이처럼 학생의 수학적 사고에 주목하고 해석하여 이를 토대로 적절한 반응을 하는 능력은 수학교사가 갖추어야 할 전문성으로 볼 수 있다Jacobs, Lamb, & Philipp, 2010. 특히, 수학학습 향상에 도움이 되는 피드백은 직접적인 설명보다는 학생의 반성을 유도하는 질문 형식이 더 효과적이다Swan & Burkhardt, 2014.

과정중심평가에서 피드백을 제공하는 역할은 교사에게만 한정되지 않는다. 동료 학생 역시 피드백을 제공할 수 있다. 나와 다른 생각을 가진 동료의 존재는 자신의 학습을 개선하는 데 큰 역할을 할 수 있다. 과정중심평가에서 학생들은 서로 경쟁 상대가 아니라 각각이 서로에게 학습 자원의 역할을 할 수 있다William, 2011. 학생들이 서로에게 학습 자원으로서 적절한 피드백을 제공할 수 있는 환경이 조성된다면, 피드백을 반영해 수업을 조절하고 학습을 증진시켜야 하는 교사의 부담은 줄어들면서 학생들의 학생은 보다 효과적으로 개선될 수 있다. 한정된 시간 동안 모든 학생에게 적절한 피드백을 제공하는 것이 어렵다는 점이 과정중심평가 실행의 가장 큰 어려움 중에 하나인데, 이를 해결할 수 있는 좋은 방안인 것이다.

ACTIVITY Q 토의문제 5

• 학생들은 모둠별로 제기차기를 하여 그 결과를 표로 나타낸 후, 모둠의 평균을 구하는 활동을 하고 있다. 다음은 순회 지도를 하면서 학생들의 모둠별 토론 내용에 대해 교사가 제공한 피드백의 일부이다.

[1모둠]			
민수	진희	영철	상진
7	0	4	6

[2모둠]			
소희	진구	여진	중기
2	5	4	1

- 민수: 얘들아 진희는 제기를 0번 찼으니까 모두 더한 다음에 3으로 나누면 되겠다.
- 영철: 아니야, 4로 나누어야 해.
- 교사: 모둠원이 민수, 영철, 상진일 때의 평균과 민수, 진희, 영철, 상진일 때의 평균이 같을지 다를지에 대해 이야기해 볼까요?

진희와 중기에게는 어떠한 피드백이 적절한지 논의해 보시오.

진희: 제기를 찬 횟수는 1번, 2번, 3번…. 이렇게 되어야 하는데, 어떻게 평균이 4.25번이 나올 수 있지?
중기: 우리 모둠에는 제기를 3번 찬 사람이 없는데 어떻게 평균이 3번이 나올 수 있지?

[참고문헌]

교육부(2015a). 제2차 수학교육 종합 계획.

교육부(2015b). 수학과 교육과정.

교육부, 한국과학창의재단(2017). 2016 과정중심평가 수학교과연구회 초등학교 사례집.

국립교육평가원(1996). 수행평가의 이론과 실제. 대한교과서 주식회사.

김수환, 박성택, 신준식, 이대현, 이의원, 이종영, 임문규, 정은실(2009). 초등학교 수학교육론. 파주: 동명사.

김진규(2014). 형성평가의 101가지 기법. 서울: 교육과학사.

남승인, 신준식, 류성림, 권성룡, 김남균(2004). 초등교사교육을 위한 수학 프로그램 적용 및 확산 연구. 교육인적자원부.

박정(2013) 형성평가의 재등장과 교육 평가적 시사. 교육평가연구, 26(4), 719-738.

성태제(2002). 현대교육평가. 서울: 학지사.

성태제, 임현정 (2014) 형성평가의 재인식에 따른 교사와 학교교육의 변화를 위한 제언. 교육평가연구, 27(3), 597-615.

이경화, 강현영, 고은성, 이동환, 신보미, 이환철, 김선희(2016). 과정중심평가의 실행을 위한 방향 탐색. 수학교육학연구, 26(4), 821-836.

이봉주, 변희현, 류현아, 양명희, 최길찬, 민시은(2010). CRESST 형성 평가 프로그램 적용을 통한 효과적인 교육방안 연구. 한국교육과정평가원 RRI2010-7.

Bidgood, P., Hunt, N., & Jolliffe, F. (2010). *Assessment methods in statistical education: An international perspective*. West Sussex: John Wiley & Sons Ltd.

Clarke, B. (2008). A framework of growth points as a powerful teacher development tool. In D. Tirosh & T. Wood (Eds.), *International handbook of mathematics teacher education: Vol. 2. Tools and processes in mathematics teacher education* (pp. 235-256). Rotterdam, The Netherlands: Sense Publishers.

Doerr, H. M. (2006). Examining the tasks of teaching when using students' mathematical thinking. *Educational Studies in Mathematics*, 62, 3–24.

Jacobs, V. R., Lamb, L. L. C., & Philipp, R. A. (2010). Professional noticing of children's mathematical thinking. *Journal for Research in Mathematics Education*, 41(2), 169–202.

Harlen, W. (2006). On the relationship between assessment for formative and summative purposes. In J. Gardner (Ed.), *Assessment and learning* (pp.87–102). London: SAGE Publications Ltd.

NCTM(1989). *Curriculum and evaluation standards for school sathematics.* Reston, VA: NCTM.

NCTM (1995). *Assessment standards for school mathematics.* Reston, VA: NCTM.

Sowder, J. T. (2007). The mathematics education and development of teachers. In F. K. Lester Jr (Ed.), *Second handbook of research on mathematics teaching and learning* (pp. 157–223). Charlotte, NC: Informational Age.

Swaffield, S. (2011). Getting to the heart of authentic Assessment for Learning. *Assessment in Education: Principles, Policy & Practice*, 18(4), 433–449.

Swan, M., & Burkhardt, H. (2014). *Lesson Design for Formative Assessment.* Educational Designer, 2(7).

Thompson, M., & Wiliam, D. (2008). Tight but loose: A conceptual framework for scaling up school reform(pp.43). In E. C. Wylie(Ed.), *Tight but loose: Scaling up teacher professional development in diverse contexts.* Princeton, NJ: Educational Testing Service.

Watson, A. (2000). Mathematics teachers acting as informal assessors: Practices, problems, and recommendations. *Educational Studies in Mathematics*, 41, 69–91.

Wiliam, D. (2011). *Embedded formative assessment. Bloomington*. IN: Soluton Tree Press.